PRÊTRES ET SOLDATS

PAR

LE CAPITAINE BLANC

PARIS
LIBRAIRIE PLON
E. PLON, NOURRIT et Cie, IMPRIMEURS-ÉDITEURS
RUE GARANCIÈRE, 10
—
1887
Tous droits réservés

PRÊTRES ET SOLDATS

L'auteur et les éditeurs déclarent réserver leurs droits de traduction et de reproduction à l'étranger.

Ce volume a été déposé au ministère de l'intérieur (section de la librairie) en février 1887.

PRÊTRES ET SOLDATS

PAR

LE CAPITAINE BLANC

PARIS

LIBRAIRIE PLON

E. PLON, NOURRIT ET Cie, IMPRIMEURS-ÉDITEURS
RUE GARANCIÈRE, 10

—

1887

Tous droits réservés

AVANT-PROPOS

J'ai écrit les *Souvenirs d'un vieux zouave* pour raconter notre campagne de trente ans en Algérie ;

Généraux et soldats d'Afrique pour glorifier nos chefs et honorer mes camarades morts les armes à la main ;

J'écris aujourd'hui *Prêtres et soldats* pour faire un acte de justice.

Le moment me paraît opportun.

Lorsque le clergé est l'objet d'une persécution odieuse, il est urgent de rappeler les immenses services que, de tout temps, le prêtre a rendus à la civilisation, et les nobles exemples de patriotisme qu'il nous a donnés à une époque trop funeste et trop proche de nous pour que nous puissions l'avoir oubliée.

Dans tout ce que j'ai lu, entendu ou vu du clergé, j'ai reconnu qu'il existe entre le prêtre et le soldat un lien intime, qui les rend solidaires l'un de l'autre, lien fait de courage, de résignation, d'abnégation, de dévouement, et formé par Dieu lui-même pour l'exécution de ses desseins.

Ceux-là vont donc contre les vues de la Providence qui, dans leurs entreprises, séparent le prêtre du soldat; leurs projets échouent ou subissent des retards d'exécution dont le monde s'étonne à bon droit.

C'est ainsi que, malgré la puissance de la France, le talent de ses généraux, la bravoure de ses soldats, la colonisation algérienne a été si lente à s'opérer, même à la surface; car nous ne nous faisons pas d'illusion sur le for intérieur des indigènes et des colons.

Pour prouver cette vérité, j'ai suivi les événements depuis le premier jour de la conquête jusqu'à l'époque actuelle; détruit, par le simple exposé des faits, les sophismes à l'aide desquels l'Évangile a été exclu de l'œuvre civilisatrice; montré cette œuvre marchant ou s'arrêtant, selon que Paris laissait les évêques et les gouverneurs généraux y travailler d'un commun accord, ou qu'il les jetait dans des voies différentes par des instructions et des ordres irréfléchis ou inspirés par un mauvais esprit.

Ce premier point acquis, les autres étaient faciles à gagner.

Plusieurs acteurs et témoins de nos dernières guerres ont pieusement recueilli nombre de faits qui honorent également le prêtre et le soldat; j'ai été assez heureux moi-même pour participer à quelques-uns. Je n'avais donc qu'à les mettre en ordre pour les présenter au public.

Obtiendrai-je le résultat que je me propose? Rendra-t-on au clergé la justice, le respect, la reconnaissance qui lui sont dus, et sa place auprès du soldat?

Les temps sont bien mauvais!... Mais, pas plus que la foi religieuse, la raison ne perd jamais complétement ses droits, et nous voulons croire que Dieu protége toujours la France.

Capitaine BLANC.

PRÊTRES ET SOLDATS

PREMIÈRE PARTIE

L'ARMÉE ET LE CLERGÉ. — LEUR ACTION EN ALGÉRIE.

CHAPITRE PREMIER

LA COLONISATION.

Il y a plus d'un demi-siècle que, réalisant cette prophétie de Bossuet dans une de ses plus célèbres oraisons funèbres, « Tu céderas ou tu tomberas sous ce vainqueur, « Alger, riche des dépouilles des nations! » la France vengeait l'humanité outragée par un nid de forbans, et exonérait à jamais la chrétienté du tribut humiliant qu'elle payait à la barbarie.

Il y a plus d'un demi-siècle que la main d'un soldat français plantait sur les murs démantelés du Fort-l'Empereur le drapeau blanc fleurdelysé, et depuis plus d'un demi-siècle, économistes et politiques discutent sur les causes des retards excessifs de la colonisation de l'Algérie et de l'assimilation des indigènes. Les uns voient ces causes dans notre défaut d'aptitudes colonisatrices ; les autres, dans la longue irrésolution du gouvernement qui reçut en héritage la dernière conquête des Bourbons.

La vérité est des deux côtés, mais elle n'y est pas tout entière. Les argumentateurs oublient ou négligent un troisième facteur du problème qui se posait devant nous au lendemain de la conquête : l'élément religieux, la croix, chassée de l'Algérie en même temps que le drapeau blanc.

On ne peut vraiment pas dire que les Français ne soient pas aptes à la colonisation. L'histoire est là pour détruire cette opinion absolument erronée, en nous montrant, toujours à la tête d'entreprises coloniales, des Français commençant brillamment l'œuvre, sans tirer de ce travail, par suite d'un trop grand désintéressement, le parti que savent en obtenir les Anglais dans leur féroce égoïsme.

Nous devons, malgré cela, reconnaître que nous avons en général peu de goût pour les pays étrangers, lors même que ces pays font partie, politiquement et administrativement, de ce tout qui s'appelle la France, cela se conçoit. L'émigration s'impose généralement par la nécessité de se créer des ressources en rapport avec les besoins que l'on ressent. Un ciel inclément, une terre ingrate, la domination de la grande propriété sont des causes très-compréhensibles d'émigration, et l'on n'est pas surpris des nombreux convois d'Allemands et d'Irlandais allant demander aux vastes solitudes de l'Ouest américain l'espace et la terre qui leur sont nécessaires pour s'y nourrir, eux et leurs familles. Mais pourquoi les agriculteurs français, — car nous ne reconnaissons comme colons, que les cultivateurs de la terre et les gens exerçant des métiers se rapportant à l'agriculture, — pourquoi des ruraux sérieux quitteraient-ils de gaieté de cœur le hameau où ils sont nés, la maison, le champ qu'ils ont hérités de leurs pères, pour courir des aventures en pays étrangers? Est-il un climat meilleur que celui de la France, une terre plus généreuse que celle de leur pays? L'excessive divisibilité de la propriété foncière ne leur permet-elle pas d'en acquérir une part, tant petite soit-elle, due à leur travail, à leurs économies?

LES COLONS.

Deux esprits sérieux, deux hommes justement illustres, le maréchal Bugeaud et le général Lamoricière, se rencontrèrent pour déterminer un courant sérieux de colonisation. Chacun avait son système à lui, qu'il exposa, en l'accompagnant d'un projet de décret n'ayant besoin que de l'assentiment de la Chambre et de la signature du gouvernement.

Des camps agricoles (1847) furent créés avec des soldats ayant encore trois ans de service à faire, — c'était renouvelé des vétérans romains, — mais comme il est difficile de faire de la colonisation avec des célibataires, il leur était octroyé un congé de trois mois, au bout desquels ils étaient disciplinairement tenus de revenir en Algérie, muni chacun d'une épouse légitime.

Cette utopie n'eut aucun résultat; quelques soldats cherchèrent des femmes sans en trouver; la masse entrevoyait sans enthousiasme la perspective de labourer, le fusil en bandoulière, la terre qu'elle arrosait depuis cinq ans de ses sueurs et de son sang, et les officiers se montraient insensibles aux avantages, véritablement considérables, qu'on leur offrait. Le projet des camps agricoles fut retiré.

Le projet du général Lamoricière préconisait les centres populeux, offrant un moyen plus solide de résistance et pouvant, par le peu d'éloignement les uns des autres, se prêter un mutuel appui. Ce projet eût été sans doute enterré dans les cartons ou renvoyé aux calendes grecques, si la révolution de 1848 n'avait fourni à son inventeur l'occasion et les moyens de le mettre à exécution. Le général Lamoricière, étant devenu ministre de la guerre, obtint de la Chambre 50 millions et l'autorisation d'envoyer treize mille colons en Algérie. Ce fut un coup de maître. Ces treize mille pseudo-colons encombraient le pavé de Paris et embarrassaient furieusement le gouvernement.

Que sont devenus ces doreurs sur métaux, ces horlogers, ces mécaniciens, etc.? Je pourrais le dire de beaucoup d'entre eux, ayant dirigé pendant deux ans un cercle formé de quatre de leurs villages; mais il me faudrait pour cela un volume spécial, et je n'écris cette digression sur la colonisation de l'Algérie que comme une introduction à mon sujet principal dont elle doit faire ressortir la vérité. Je me bornerai donc à ce simple renseignement : beaucoup sont morts en peu de temps, n'ayant rien changé à leurs habitudes d'intempérance, plus funestes dans les pays chauds que dans le Nord; quelques-uns n'eurent pas la constance d'attendre l'expiration des trois années de présence au bout desquelles ils étaient de droit propriétaires de leur maison et de leurs hectares, et se firent presque aussitôt rapatrier en tout abandonnant. Les mieux avisés attendirent, et, maîtres de leur concession, la vendirent. Quatre ans après, il ne restait pas un vingtième des colons de 1848; tous les villages créés pour eux à si grands frais, toutes les terres défrichées par la troupe appartenaient à de rares nouveaux venus, qui les avaient acquises pour le dixième de ce qu'elles avaient coûté.

Deux partis s'ouvraient devant nous au lendemain de la conquête, ou refouler les indigènes dans le désert, ou nous les assimiler. Le premier ne pouvait venir à l'esprit de quiconque se sent dans la poitrine un cœur humain. Refouler les Arabes dans le désert, c'était les condamner à une mort affreuse; il fallait donc nous les assimiler, et cela nous était plus facile que ne veulent en convenir les exploiteurs de la conquête, contre lesquels lutte en ce moment la *ligue de la protection des indigènes*.

Il y a trois choses devant lesquelles l'Arabe s'incline parce qu'il voit en elles des manifestations de la puissance divine : la force, la justice, le culte religieux. Vingt ans de luttes meurtrières lui ont prouvé que nous avions la force; mais, pendant vingt ans aussi, il s'est demandé où était notre culte; aujourd'hui encore, il cherche notre justice sans la trouver, puisqu'on l'opprime, on le dépouille, on le vole aujourd'hui comme il y a trente ou quarante ans. La forme de l'exaction a seule varié; de brutale elle s'est faite hypocrite; mais le fond reste toujours le même, c'est l'injustice.

L'Arabe a tout de suite aimé le soldat qui le domptait; il n'a cessé d'avoir un mépris ouvert ou caché pour l'administrateur civil, une haine profonde pour le colon. C'est qu'il trouvait dans le soldat, à tous les degrés, la magnanimité et la justice jointes à la force; qu'il ne rencontrait que très-rarement ces qualités chez l'administrateur, et jamais chez le colon.

En guerre contre nous, il avait vu ce soldat, terrible

dans les combats, redevenir bon, doux, humain, secourable après la victoire, donner la dernière goutte d'eau de son bidon aux femmes que nous ramenions par centaines de nos razzias, prendre même les enfants qu'elles avaient dans les plis de leur haïk, les porter dans leurs bras, sur leur sac, pour soulager leurs mères. Rien de plus risible et de plus attendrissant à la fois que les mines gracieuses, les airs bonnes d'enfants que se donnaient nos rudes zouaves pour calmer ces petits êtres effrayés et jetant des cris perçants pendant le premier quart d'heure, puis finissant par s'endormir.

Le soldat victorieux passait, et il ne restait à côté de l'Arabe vaincu que le colon, parasite de l'armée. Quelle idée de la France pouvait donner aux indigènes le colon, tel que nous l'avons vu pendant près de trente ans? Quel progrès pouvait imprimer à l'œuvre d'assimilation le contact d'hommes sans culte religieux et sans moralité? La partie distinguée, aristocratique de la population indigène s'en éloignait avec dégoût; la masse prolétaire, dans les villes, en prenait tous les vices, l'ivrognerie surtout. C'est des colons que le populaire a appris les subtilités par lesquelles il prétend être fidèle aux prescriptions du Coran tout en les transgressant. Ces étranges éducateurs lui ont appris que le vin de Champagne est de l'*eau folle;* le kirsch, de l'*eau de cerises;* l'absinthe, de l'*eau verte,* et qu'il peut en boire impunément sans violer la loi de Mahomet.

L'ADMINISTRATION.

Soumis par nos armes et résigné à notre domination, l'Arabe était le jouet d'un gouvernement sans conviction et sans plan arrêté de colonisation, en même temps que d'une administration ignorante du caractère, des mœurs, des aptitudes de la population indigène. Les membres de cette administration n'avaient pas le temps de s'instruire, même en supposant qu'ils en eussent l'aptitude et la volonté.

Un Arabe de grande famille, consulté par le maréchal Clausel, se crut en droit de lui répondre en ces termes :

« Vous voulez mon opinion sur les Français et leur
« gouvernement, je vais vous la donner et vous parler
« franchement.

« Lorsque vous êtes venus ici, vous avez publié partout
« que vous vouliez délivrer les Arabes de la tyrannie des
« Turcs, établir un gouvernement juste, faire fleurir le
« commerce, rendre la paix et la tranquillité aux peuples.
« Ceci, c'était bien. Mais les Arabes n'ont pas compris votre
« gouvernement et ne pouvaient pas le comprendre. Ils
« étaient accoutumés à un régime de fer, il est vrai, mais
« c'était un gouvernement, tandis que vous les avez plon-
« gés dans l'anarchie. Ce n'est pas la liberté que vous leur
« avez accordée, c'est la licence : vous vous êtes attachés
« aux petites choses et vous avez négligé les grandes. Il y a
« cinq ans que vous êtes en Afrique, et vous ne connais-
« sez pas les Arabes. Ce n'est pas par la guerre seulement
« que vous les aurez, c'est par un régime bien entendu et
« par l'argent. Les Arabes sont comme les enfants, il faut
« les allécher pour les captiver. Si chez vous il n'est pas
« reçu de gouverner de la sorte, établissez des hommes
« qui sachent la marche à tenir, et soyez persuadés qu'avant
« peu vous n'aurez à vous occuper que de votre commerce.

« Puis, vous changez trop souvent vos chefs ; à peine
« un de vos grands a-t-il commencé à connaître le pays,

« vous le rappelez; s'il veut faire quelque chose de bien,
« il doit en référer au ministre; c'est une des causes de
« votre peu de succès en Afrique. Vous avez perdu la
« grande renommée de votre gouvernement dans ce pays.
« Vos mesures administratives, vos lettres aux Arabes ne
« sont pas raisonnées et ne répondent pas à leurs affec-
« tions; aussi ils ne comprennent rien à ce que vous vou-
« lez, parce que vous ne dites ni ne faites jamais rien de
« ce qu'ils peuvent comprendre. »

Cette lettre, si judicieuse, si réfléchie, où est apprécié avec tant de naïve vérité le vice de l'administration française en Algérie, fut montrée à un des principaux hommes d'État de France, à qui elle n'arracha que cette simple réflexion : « Peuh ! que voulez-vous attendre de barbares !... « Ils ne comprennent rien à la civilisation. » Cette réponse explique d'avance tout ce que nous allons dire de l'absence d'idées sérieuses qui a présidé à l'administration de l'Algérie. Le gouvernement, duquel dépendait cette administration, n'y voyait qu'une machine à emplois, à sinécures, à règlements futiles et à budget. Là était pour lui la civilisation.

Dans tout cela, rien de la religion, ni dans les instructions émanant du pouvoir central, ni dans les règlements des gouverneurs généraux. Pas un rayon divin qui vînt percer ces ténèbres voulues, et mettre l'ordre par la lumière dans ce chaos administratif.

LE GOUVERNEMENT.

Ainsi, tout concourait à laisser inféconde cette terre arrosée du sang de nos soldats, illustrée pendant des siècles par les plus grands saints du christianisme, endormie aussi depuis plusieurs siècles dans l'abrutissement de l'islamisme, et dont Dieu avait confié le réveil à son soldat... la France.

Que fallait-il pour que ce réveil fût immédiatement suivi de ce qui constitue la vie, la pensée, le sentiment, l'action? Que la révolution de Juillet, en extirpant du sol de la France le vieux chêne bourbonnien qui depuis mille ans le couvrait de son ombre protectrice, n'enlevât pas, en même temps que le drapeau blanc, la croix qui brillait sur Alger.

Louis-Philippe voulait faire de l'Algérie un camp retranché.

Napoléon III, un royaume arabe.

Quels étaient les desseins de Charles X?

La révolution ne lui a pas laissé le temps de nous les dire; mais pour quiconque connaît l'histoire de cette monarchie très-chrétienne, son esprit, son cœur, sa sagesse, les motifs élevés qui l'armèrent contre Alger, il est évident que son premier acte eût été de déclarer l'Algérie unie à la France.

Cette question résolue, l'avenir se dessinait naturellement. Le vieux peuple arabe, séparé depuis si longtemps du reste du monde, vivant, intrépide, mais pauvre, indépendant, mais orgueilleux, sans besoins, mais avare, sur une terre jadis féconde, luxueuse, artistique et alors inculte, misérable, sauvage, par une de ces commotions violentes qui bouleversent et changent l'état des lieux, des hommes et des choses, aurait fait un retour sur lui-même. A la vue de cette commotion nouvelle, qui promettait de lui rendre les biens et l'éclat dont il savait se passer, mais qu'il regrettait, il se serait demandé si ce n'était pas là le signal de la renaissance arabe. Alors, ce vieux peuple dont la croyance vive et neuve accepte les faits accomplis comme un irrévocable arrêt du ciel, dont l'orgueil et la vanité sommeillent et ne demandent qu'à se réveiller, se serait empressé auprès de cette civilisation nouvelle venant à lui, escortée de la justice, dont il est privé depuis si longtemps, de mœurs dont il ne soupçonnait même pas l'honnêteté, d'une religion toute de charité, qu'ont suivie ses aïeux, dont il a, dans ses coutumes, dans certains mots de sa langue, comme un vague ressouvenir, et qui, s'il la consulte un jour, lui dira : « Crois et vis », au lieu du barbare : « Crois ou meurs » du Coran.

LE PARLEMENT.

Mais il n'était plus, le temps des résolutions viriles. Il n'était plus, le temps d'un ministre des affaires étrangères, — le prince de Polignac, — refusant le concours que lui offraient les puissances continentales, et répondant aux représentations de la Grande-Bretagne « que la France « insultée ne demandait le secours de personne pour venger « son injure, et qu'elle n'aurait besoin de consulter per« sonne pour savoir ce qu'elle aurait à faire de sa nouvelle « conquête ».

Il n'était plus, ce temps d'un ministre de la marine, — d'Haussez, — répondant crânement à une démarche presque comminatoire de l'ambassadeur d'Angleterre, lord Stuart : « Milord, tel jour (qu'il désigna) nos escadres « seront réunies aux Baléares, pour marcher de conserve « sur Alger. Prévenez-en votre gouvernement, et venez « nous empêcher de passer, si vous l'osez. »

Oui, à cette époque d'affolement, il n'a tenu qu'à un fil que nous n'abandonnassions l'Algérie. On comprend sans peine combien notre domination sur la côte sud de la Méditerranée contrariait l'Angleterre, et l'on s'explique que son gouvernement ait mis tout en jeu d'abord pour nous empêcher de nous en emparer, ensuite pour entraver notre établissement dans ces parages. Après les protestations, elle employa les menaces, puis les intrigues. Un instant elle put croire réussir; mais la France pressentit d'instinct que par cela seul que l'Angleterre essayait de s'y opposer, il y avait nécessité nationale à ne pas se départir de cette conquête. En tout et pour tout, la France n'a qu'à prendre la contre-partie de ce que veut l'Angleterre pour être sûre de faire une œuvre utile.

L'affaire se traitait en même temps entre les cabinets et les parlements anglais et français. Tandis que de fréquentes notes aigres-douces s'échangeaient entre ministres, la tribune des deux Chambres retentissait de discours souvent sans modération de part et d'autre, et surtout sans bonne foi de la part des Anglais.

La Chambre française était le théâtre d'une lutte vive et incessante entre les *progressistes*, résolus à la conservation de notre conquête, et les *économistes*, partisans de son abandon. Après de longues séances, perdues en discussions stériles parce qu'elles manquaient d'une base solide, les deux partis se mirent d'accord, en juillet 1833, pour envoyer une commission d'enquête en Algérie. M. Camille Doucet a raconté cette phase de la question algérienne dans la *Revue des Deux Mondes* du commencement de 1885, et nous ne pouvons que gagner à reproduire cette page de l'éminent écrivain :

« La commission d'enquête, instituée au mois de juillet 1833, avait pour mission de recueillir les éléments d'une réponse aux questions suivantes : 1° Notre conquête doit-elle être conservée? 2° Si l'occupation est avantageuse, quel est le système à suivre? 3° Doit-on se borner à la soumission des indigènes? 4° Doit-on consolider notre établissement par la colonisation? 5° Quelle est l'organisation administrative la plus convenable? 6° Quel est enfin l'état général du pays sous les différents rapports?

« Une commission supérieure, composée de dix-neuf membres et présidée par le duc Decazes, fut instituée pour entendre et discuter le dire des commissaires enquêteurs. Les travaux de la commission supérieure, résumés dans un rapport de son président, aboutirent à ces conclusions : 1° L'honneur et l'intérêt de la France commandent de conserver les possessions sur la côte septentrionale d'Afrique. Ce paragraphe, duquel découlaient les sept autres que nous croyons superflu de reproduire, fut adopté à la majorité de dix-sept voix contre deux. »

CONSÉQUENCES.

Un tel conflit de volontés, de projets et d'idées ne devait rien avancer. Il ne pouvait avoir qu'un résultat : empêcher que quelque chose s'établît, se complétât, s'enracinât en Afrique. Les conséquences en étaient inévitables et se firent immédiatement sentir. Les indigènes ne pouvaient comprendre qu'un peuple, qui se disait intelligent et fort, se trouvât embarrassé d'une terre qui obéissait à 18,000 Turcs. S'ils s'inclinaient devant la bravoure de l'armée, ils n'avaient aucune confiance dans une administration incapable et tracassière, nulle estime pour les colons avides et débauchés, nul respect pour un gouvernement qui leur envoyait de tels spécimens de la civilisation. Ils étaient surtout frappés de l'insigne rareté, pour ne pas dire de l'absence de tout exercice d'un culte quelconque envers la divinité. Ils doutèrent de la volonté de leurs vainqueurs, ne virent plus dans les Français que des maîtres provisoires, et n'étant plus sûrs qu'ils resteraient, ils leur créèrent des embarras de toute sorte pour hâter leur départ.

Dès ce moment, l'espoir de voir pacifier le pays par la colonisation dut s'évanouir : les quelques cultures cessèrent; l'embryon de civilisation dépérit ; et alors commença pour l'armée une tâche longue, pénible, terrible, suspendue aujourd'hui, mais dont le terme absolu est un secret du ciel.

Oui, c'est un secret du ciel : car si après cinquante-cinq ans d'occupation, le calme paraît à la surface de l'Algérie, le fond en est singulièrement troublé. Les mêmes fautes de 1835 se reproduisent en 1886, avec cette circonstance aggravante que les indigènes, mieux instruits des règles générales de la civilisation, nous pardonnent moins de les violer envers eux. Deux causes doivent principalement être attribuées à cette sourde agitation d'où la haine peut un jour éclater, armée du même poignard et de la même torche qu'aux insurrections de 1839, 1845, 1864 et 1871. Ces causes sont l'élévation des Juifs algériens au rang de citoyens français, et les expropriations des terres arabes au profit des colons.

Il semblerait qu'une des préoccupations principales de la France, dès les premiers jours de la conquête, eût dû être de ne pas froisser les sentiments de ses 3 millions de sujets indigènes au profit de 460,000 colons européens, sur lesquels on ne compte que 234,000 Français; il n'en fut rien alors, il n'en est rien encore. La colonie est moins débraillée aujourd'hui ; l'aspect général du personnel européen est plus correct, grâce aux 20,000 individus remplissant des fonctions salariées par le gouvernement ou employés à des travaux publics ; mais c'est la même concupiscence, la même ardeur à s'enrichir par les indigènes et au détriment des indigènes.

Nous venons d'exposer, avec l'impartialité de l'historien et la fidélité d'un témoin, les fautes commises en Algérie par les gouvernements qui se sont succédé depuis 1830. Avons-nous été injuste ou même seulement trop sévère? Si quelqu'un pouvait le croire, nous nous couvririons d'une autorité devant laquelle tout le monde, sans distinction de partis, s'incline avec la plus respectueuse confiance : S. Ém. le cardinal Lavigerie, archevêque d'Alger, primat d'Afrique.

Dans son DISCOURS SUR L'ARMÉE ET LA MISSION DE LA FRANCE EN AFRIQUE, prononcé devant le corps d'officiers, pour l'inauguration du service religieux dans l'armée d'Afrique, l'illustre prélat fait des travaux de cette armée et de l'histoire de notre conquête un tableau pour lequel il a pris les couleurs et le pinceau de Bossuet. C'est dans une page de ce brillant discours que nous avons trouvé la justification de notre jugement sur les hommes d'après juillet 1830.

« Quelle page, — dit Mgr Lavigerie, — eût ajoutée à
« nos annales l'histoire de notre conquête, si rien n'eût
« arrêté ces premiers élans ; si nous avions pu sans ob-
« stacle poursuivre les succès qui en vingt jours avaient
« mis entre les mains de Bourmont Bone, Oran, et
« même la lointaine province de Titteri, par l'investiture
« de leurs chefs ; si, sans laisser aux Arabes le temps de

« douter de notre puissance, nous avions remplacé le
« gouvernement des Turcs par le nôtre ; si en assurant
« aux populations indigènes l'ordre, la paix, la prospérité,
« nous les avions gagnées peu à peu par nos bienfaits, par
« les exemples d'un peuple chrétien ! C'eût été une croi-
« sade, la dernière, la plus noble, la plus digne de la
« France et des aspirations de l'Évangile.

« En un jour tout change d'aspect. La France ébranlée
« tremble sous les coups de la révolution, de nouveau dé-
« chaînée. Au dedans, l'esprit d'impiété se réveille et
« repousse toute pensée religieuse, pendant que notre
« faiblesse encourage les exigences jalouses du dehors. Il
« semble qu'une entreprise si glorieusement commencée
« doive avorter dans l'impuissance et dans la honte, et
« que Dieu en va retirer sa main.

. . . .

« Tout semble donc se liguer d'abord contre l'Algérie.
« Le prince, incertain de lui-même et de sa propre durée,
« les députés de la nation, effrayés des sacrifices à faire,
« conspirent pour rejeter, comme un fardeau, la noble
« mission qu'avait acceptée l'ancienne monarchie ; seul,
« l'instinct national, toujours fidèle au fond malgré ses
« erreurs à notre vieux génie missionnaire et guerrier,
« proteste contre la pensée de cet abandon. Chaque fois
« qu'une voix plus hardie le propose, elle est couverte
« par la voix du peuple, j'allais dire par la voix de Dieu.

« Cela dure dix années, années de contradictions, de
« doutes, de démarches sans gloire, de souffrances, de
« travaux stériles, et où rien ne reste digne de la France
« que la constance de ses soldats.

. . . .

« Ces incertitudes ne retarderont pas seulement la con-

« quête; elles la rendront plus sanglante, en permettant
« à de formidables obstacles de se dresser devant nous. »

N'est-ce pas là, dans un langage admirable, la condamnation, par nous balbutiée, des fautes qui ont suivi la prise d'Alger? Parmi ces fautes, il en est une, et des plus graves, que nous n'avons fait qu'indiquer, que Mgr Lavigerie désigne plus clairement, et que nous devons mettre au grand jour pour atteindre le but que nous nous proposons.

CHAPITRE II

LA RELIGION MISE EN INTERDIT.

L'armée faisait son devoir. Par sa bravoure dans les combats, sa constance dans les fatigues, sa résignation dans les privations de toutes sortes, inséparables d'une guerre dans un pays presque désert et contre un ennemi sauvage et insaisissable, elle conquérait à l'agriculture d'immenses espaces improductifs depuis des siècles, elle rouvrait à la civilisation une vaste contrée illustrée jadis par les génies les plus puissants du christianisme, et plongée depuis lors dans les ténèbres épaisses de l'islamisme.

Le soldat remplissait sa mission; mais le collaborateur que la Providence lui a assigné manquait à la sienne; le prêtre était retenu sur la rive française de la Méditerranée par un gouvernement dont les erreurs devaient nous coûter bien cher. Tandis que les semeurs de la bonne parole se voyaient interdire l'exercice de leur ministère, résumé dans ce précepte du divin Maître : « Allez, enseignez toutes les nations », la terre nouvellement conquise recevait avec une déplorable profusion ces pseudo-colons dont nous avons reproduit le portrait. Ainsi, l'absence de prêtres d'un côté, et la présence de colons immoraux de l'autre, détruisaient dans l'esprit des Arabes l'impression de crainte respectueuse produite par la bravoure et les vertus guerrières de nos soldats, et le gouvernement faisait l'office de cet ennemi dont parle l'Évangile, qui vient, la nuit, semer de l'ivraie dans le champ du père de famille. L'ivraie, c'étaient les colons, transportés en Afrique, aux frais de l'État, sans enquête préalable de leurs aptitudes et de leur moralité.

Lorsque, après la révolution de juillet 1830, le drapeau blanc partit d'Alger pour l'exil, la croix le suivit. Les successeurs de Bourmont ne firent rien pour la retenir; à peine si un ou deux prêtres restèrent, cachant leur caractère et adorant en secret le signe de notre rédemption. Ce silence dura un an.

Le 1er mai 1831, jour de la fête du Roi, le général Berthezène, alors commandant de l'armée d'Afrique, jugea bon de revenir aux anciennes pratiques. Après la revue des troupes, il y eut, dans une pauvre petite chapelle, une messe militaire. C'était, depuis le temps du maréchal Bourmont, le premier acte religieux auquel les vaincus, étonnés d'une indifférence qui choquait leur esprit, eussent vu s'associer les vainqueurs. Eux, qui allaient à la mosquée, ne pouvaient pas comprendre que des chrétiens n'allassent pas à l'église.

L'étonnement des Algériens devait être d'autant plus grand qu'ils avaient été témoins de la constance des esclaves chrétiens dont nous venions de briser les fers, et que la tradition leur avait transmis l'histoire de nombreux martyrs ayant couronné par une mort héroïque dans les bagnes d'Alger la confession inébranlable de leur foi. Cette tradition leur avait appris le nom de saint Vincent de Paul, esclave ramenant dans le sein de l'Église son maître renégat. Elle leur avait encore enseigné que tandis que les gouvernements chrétiens laissaient dans les fers un grand nombre de leurs sujets, soit par impuissance de les racheter, soit par insouciance de leur sort, la religion, qui veille toujours comme une tendre mère sur tous ses enfants, se chargeait de porter des consolations à ces malheureux, de soulager leurs souffrances, de les délivrer de la captivité.

Une autre année se passe sans culte extérieur; on dirait que l'effort d'une messe militaire a épuisé la séve religieuse chez nos gouverneurs généraux.

Cependant il arrive trois ou quatre prêtres de Malte et des Baléares à la suite des indigènes de ces îles, accourus dès les premiers jours de la conquête; et, en 1832, sous le gouvernement général du duc de Rovigo, la mosquée d'Hassen devient église catholique. « Cette mesure, dit « l'auteur des *Annales algériennes*, choqua moins les « *musulmans qu'on n'aurait pu le croire*, car notre « indifférence religieuse était ce qui les blessait le plus. « Ils furent bien aises de voir que nous consentions enfin « à prier Dieu. »

Ce n'est pas sans intention que nous avons souligné ces mots : « qu'on n'aurait pu le croire. » Nous voudrions fixer l'attention de nos lecteurs et la nôtre sur ce point, en nous demandant si cette crainte de choquer les musulmans était réelle, et si ceux qui l'affectaient ne s'en servaient pas comme d'un voile pour cacher leur scepticisme, pour ne pas dire leurs sentiments antireligieux. Nous inclinons, en ce qui nous concerne, vers cette seconde hypothèse, en nous rappelant que les ministres d'alors étaient, à divers degrés, imbus de la philosophie du dix-huitième siècle, et qu'ils venaient d'assister, impassibles, au pillage de l'archevêché de Paris ainsi qu'aux saturnales de Saint-Germain l'Auxerrois.

Nous ajoutons qu'à cette même époque un groupe de jeunes officiers, dont quelques-uns devaient devenir plus tard des illustrations de l'armée, avaient l'esprit bourré des théories du *Père Enfantin*, théories qui n'étaient précisément pas catholiques. Ces égarés sortaient tous de l'École polytechnique, infestée par les idées de Saint-Simon; et les Duvier, les Lamoricière, ainsi que d'autres de moindre envergure, étaient parmi les fondateurs du phalanstère de Saint-Denis-du-Sig, dont l'existence baroque se termina par une liquidation désastreuse.

La suite de notre récit fera connaître les luttes soutenues par l'Église d'Afrique contre les bureaux ministériels, luttes dans lesquelles NN. SS. Dupuch et Pavy ont usé leur repos, leurs forces et leur vie, et desquelles S. Ém. le cardinal Lavigerie n'est sorti victorieux que par son intelligence supérieure, son énergie indomptable, son zèle ardent et infatigable, et par une grâce spéciale d'en haut.

LES SOPHISMES.

Mais, en admettant que les proscripteurs de l'Évangile en Algérie fussent de bonne foi dans l'allégation de leurs craintes politiques, il convient d'examiner leurs considérations et d'en montrer l'exagération, ou, pour mieux dire, le néant. Ces considérations se résumaient en trois points que voici : « la liberté de conscience, — le res-« pect promis au culte des indigènes, — le danger « d'exciter leur fanatisme jusqu'à la révolte. »

La réponse que nous allons faire à ces trois objections sera une, les englobant toutes trois. Nous l'emprunterons à une remarquable étude sur l'Algérie, publiée par M. Charles de Meaux dans le *Contemporain* du 10 novembre 1884:

« Dieu sait que nous avons garde d'effaroucher les Arabes. Si nous cherchons à former leur esprit, nous évitons certes de violenter leur conscience. Notre façon d'entendre et de pratiquer la liberté des cultes là-bas est même assez curieuse, elle vaut la peine qu'on s'y arrête.

« Il est admis qu'il ne faut pas espérer convertir les musulmans; pour plus de sûreté, il est même défendu d'essayer. Je n'ai pu trouver en vertu de quelle loi, en quels termes précis, cette défense est formulée, mais elle existe certaine et rigoureuse : toute propagande auprès des indigènes est interdite au clergé. Pourquoi?

« On allègue deux raisons : M. de Bourmont s'engagea à respecter la religion des vaincus. On en conclut que nous n'avons pas le droit d'en proposer une autre à leurs réflexions : tolérance raffinée et scrupuleuse ! Il s'en faut, en vérité, que les catholiques de France soient l'objet de ménagements aussi touchants. On soutient aussi que la prédication de l'Évangile ramènerait le fanatisme musulman; qu'une propagande religieuse déchaînerait la contradiction d'abord, la révolte ensuite. Raison sérieuse pour le coup : les meilleurs esprits ne laissent pas que d'en être touchés.

« Toutefois, le fanatisme musulman n'a pas eu besoin de prédications chrétiennes pour se réveiller à maintes reprises. Tant que les croyances dont il est issu subsisteront, il peut se réveiller encore, et le danger que l'on redoute ne serait-il pas compensé par la chance d'en extirper la cause à jamais ? Ce danger, d'ailleurs, ne se plaît-on pas à l'exagérer? Les indigènes seraient-ils beaucoup plus choqués, par exemple, d'entendre prêcher le christianisme à qui voudrait, que d'être tous obligés, bon gré, mal gré, de confier à nos écoles leurs enfants, leurs filles même, de six à treize ans? La loi de 1882 est promulguée en Algérie; il reste au gouverneur à déterminer simplement, « à mesure que le nombre des locaux le « permettra », les communes où les indigènes devront s'y soumettre.

« Au fond, qu'aurait souhaité l'Église? Point de violences assurément; jamais il n'est venu à l'esprit du cardinal Lavigerie de vouloir baptiser en masse les Kabyles dans l'Isser ou le Sébaou, comme les évêques de Charlemagne, autrefois, les Saxons sur les bords de l'Elbe et du Weser. C'est une œuvre de persuasion qu'il s'agit d'accomplir, et de persuasion lente. Les plus dévoués et les plus sages parmi les catholiques sont les premiers à le reconnaître, une propagande brusque et tapageuse eût tout gâté; il faut des ménagements extrêmes, du temps et de la patience. Mais, sans contrainte aucune, de quel secours n'eût pas été la faveur du gouvernement et de l'opinion, la bonne volonté du pouvoir, dans un pays où le pouvoir a tant de prestige! Il n'y a jamais eu qu'indifférence, souvent hostilité; partout et toujours un parti pris de s'intéresser à tout, hormis aux choses religieuses. Dans les livres, dans les journaux, un silence dédaigneux, ou quelques mots pour décourager des tentatives superflues et chimériques. Ouvrez l'état de l'Algérie : vous y trouverez tout au long le nombre des écoles et des institutions, la liste des communes créées dans l'année. S'est-il fondé de nouvelles paroisses? Combien de prêtres comptent les trois diocèses? Vous chercheriez vainement à le savoir. — Nous avons pris peine à convaincre les musulmans que les chrétiens, leurs vainqueurs, n'aimaient pas le christianisme : nous avons réussi. »

DÉCLARATIONS DE L'ÉPISCOPAT.

Nous nous sommes laissé aller au plaisir de reproduire ce tableau de l'Algérie religieuse, tracé d'une main ferme par un observateur perspicace, bien qu'il constitue un empiétement sur les événements que nous avons à rapporter et les considérations personnelles que nous nous proposons d'émettre. M. de Meaux a peint fidèlement ce clergé d'Afrique si humble et si méritant, si souffreteux et si résigné, si méconnu et si dévoué. Oui, ce sont bien là les prêtres de l'Algérie, tels que nous les avons connus quand ils n'étaient que dix, tels qu'ils se sont conservés aujourd'hui qu'ils se nomment légion, avec la même résignation muette, avec le même zèle contenu.

M. de Meaux est encore dans le vrai, quand il affirme qu'il n'est jamais venu à l'idée des évêques africains de violenter la conscience des Arabes et de renouveler sur les arabes les procédés de conversion du moyen âge. Les deux premiers évêques d'Alger n'ont pas cessé de protester contre les suppositions gratuites à l'aide desquelles les gouvernements ont tenté de justifier les mesures prohibitives édictées contre le clergé, et S. Ém. le cardinal Lavigerie a sanctionné par ses déclarations solennelles les protestations de ses vénérés prédécesseurs. Nous n'avons qu'à ouvrir le numéro 340 (mai 1885) des *Annales de la propagation de la foi*, pour y lire les principes de l'épiscopat africain, personnifié dans le cardinal archevêque de

Carthage et d'Alger. Son Éminence s'exprime en ces termes :

« L'influence de ces anciennes traditions (la monogamie chez le peuple en beaucoup d'endroits, des appellations chrétiennes, la croix tatouée sur le visage, sur les bras, sur les mains, dans plusieurs tribus), le joug affreux des Arabes et des Turcs, qui a pesé sur eux depuis tant de siècles, sembleraient prédisposer les habitants de la Tunisie à se fondre avec nous par une assimilation plus complète. Mais je me hâte d'ajouter néanmoins que le lien qui nous les rattache est si faible qu'il faut éviter, de crainte de le rompre, toute démarche imprudente et précipitée. Les générations actuelles sont nourries, quoique descendant des chrétiens, dans les préjugés, les superstitions, les mœurs musulmans. Vouloir les entraîner comme de vive force et par des prédications publiques, serait achever d'éteindre la lampe encore fumante, il est vrai, mais sans lumière, et d'arracher le roseau brisé.

« Avec la prière, qui est d'un ordre à part, la seule action extérieure qui puisse, en ce moment, être utile, en préparant l'avenir, est celle de l'instruction des enfants, de la justice, de la charité, et surtout de l'exemple. Justice de la part de ceux qui gouvernent, charité, exemple de la part des chrétiens qui viennent se fixer parmi eux. Pour le moment, il ne faut point, pour les adultes du moins, songer à autre chose. La Providence fait son œuvre lentement et avec douceur, nous ne chercherons pas à faire mieux qu'elle. Contentons-nous de suivre son action et de la prier…

. . . .
. . . .
. . . .

« Le mahométisme est vraiment le chef-d'œuvre de l'esprit du mal. Il donne à la fois satisfaction aux besoins les plus élevés et aux instincts les plus bas de notre nature; et ainsi, il tient l'homme par toutes ses puissances.

« Partout où le musulman reste le maître, on le voit dans le monde entier, les missions chrétiennes sont comme impuissantes; leur conversion semble impossible, ou, si elle s'accomplit, ce n'est qu'en forçant les néophytes isolés à la fuite ou en amenant des catastrophes. L'apostolat se borne alors à la garde des catholiques qui se résignent à vivre, au milieu de tous les périls, sous le joug des musulmans : c'est l'histoire des missions de la Syrie, de l'Asie Mineure, de la Turquie, autrefois des provinces danubiennes; c'était, jusqu'ici, celle des principautés musulmanes de l'Afrique. Un avenir nouveau ne s'est ouvert pour elles que du jour où elles se sont trouvées sous la domination des chrétiens.

« Un peuple pour lequel la force s'identifie avec la volonté de Dieu trouve en effet dans cette domination une contradiction inexplicable pour lui. A mesure que le temps s'écoule, la leçon devient plus éclatante. Si les espérances existent encore chez les vieillards, elles disparaissent parmi les jeunes gens. Alors tout se confond, et la foi se trouve ébranlée. Si à la force se joint la justice, de la part du conquérant, l'effet est bientôt irrésistible.

« C'est ce que nous voyons en Algérie. Au commencement de la conquête, la prière était faite par tous publiquement, sur les grands chemins, dans les rues des villes; c'est à peine aujourd'hui si l'on trouve des vieillards, dans les tribus éloignées, fidèles à cet usage. Les préceptes du Coran sont ouvertement violés. Les pèlerinages diminuent. Les marabouts se plaignent de n'être plus écoutés et de mourir de faim. »

Quelle profonde connaissance du caractère, des mœurs et des institutions des Arabes! Quelle sagesse dans les conseils! C'est par la prière, la charité et l'exemple que nous devons opérer la conversion des infidèles, et le grand évêque nous enseigne comment il nous faut user de ces moyens d'action, en nous disant comment il en use lui-même. Puis il continue en ces termes que nous ne pouvons nous empêcher de reproduire, tant ils justifient ce que nous avons dit nous-même des colons dont le mauvais exemple a été si nuisible à notre œuvre de civilisation :

« Mais la charité, telle que je viens de la décrire, est l'œuvre de quelques-uns (le clergé, les missionnaires et les Sœurs), et, à ce titre, elle ne s'étend pas tout d'abord au delà d'un cercle restreint.

« Les musulmans l'expliquent d'ailleurs d'une manière commode pour eux. Ils disent, ils m'ont dit souvent à moi-même : « Vous autres, prêtres, vous êtes intérieu-
« rement éclairés par Dieu. Vous vous croyez chrétiens;
« mais, au fond, vous êtes et vous mourrez *vrais croyants*.
« Il vous suffira pour cela de dire la *formule* (musulmane).
« Mais voyez les autres chrétiens. La plupart ne prient
« pas. Ils ne croient pas en Dieu. »

« C'est, en effet, là notre plaie au point de vue non-seulement du retour de ces peuples au christianisme, l'ancienne religion de la plupart d'entre eux, mais encore à celui de leur assimilation et de leur soumission politiques.

« Ce qu'il nous faut, tout autant et plus encore que la charité, c'est l'exemple.

« La France a eu, dès 1848, la pensée funeste de faire

de l'Algérie un lieu de déportation et une colonie pénitentiaire. On se figure ce qu'étaient au point de vue de leurs idées religieuses et de leurs tendances sociales les transportés de juin. Ils préparèrent dès lors le triomphe complet, dans la colonie, des idées démagogiques et, plus encore, de l'impiété. Les exceptions existent, sans doute ; mais elles sont rares parmi les Français.

« On voit quel obstacle formidable cette impiété brutale doit opposer au rapprochement des indigènes. Leur propre foi est ébranlée ; mais avec les instincts profondément religieux de leur race, ils sont éloignés de nous par le spectacle de l'athéisme pratique d'un trop grand nombre de colons.

« Puisse la France ne pas payer cher, un jour, ces tristes aberrations ! »

Mgr Lavigerie a fait plus, il a sanctionné ses sages conseils par une ordonnance faisant suite à sa circulaire à son clergé, sur le *baptême des infidèles*. En voici le dispositif :

« 1° Il reste interdit à tout prêtre séculier et régulier du diocèse, conformément aux prescriptions formelles du Saint-Siège et à celles des statuts diocésains, de donner le baptême à aucun enfant infidèle sans l'autorisation expresse des parents ou tuteurs légaux, lorsque les enfants ont une famille.

« Cette autorisation devra être donnée par écrit, devant témoins, et transcrite dans l'acte de baptême.

« 2° Il reste également défendu, conformément aux statuts diocésains, de donner le baptême à aucun infidèle adulte sans notre autorisation personnelle.

« Cette autorisation devra également être donnée par écrit et transcrite sur l'acte de baptême.

« 3° Tout prêtre séculier ou régulier qui contreviendra, sauf en danger évident de mort, à la présente ordonnance, encourra la peine de la suspense canonique. »

Ces sages prescriptions de l'épiscopat, la conduite si prudente du clergé auraient dû dissiper les craintes du gouvernement et désarmer ses rigueurs, mais ces craintes n'étaient que factices; elles cachaient des calculs, inavouables sans doute, et les prohibitions étaient accompagnées d'une surveillance qu'on peut appeler policière. Nous en trouverons plusieurs exemples dans le cours de ce livre, mais il en est un que nous croyons devoir relater dès ce moment, pour montrer que cette méfiance a survécu nombre d'années à la constatation par l'expérience de l'inanité des appréhensions gouvernementales.

LE PÈRE CREUSAT.

En 1861, Mgr Pavy avait obtenu la création d'une paroisse à Fort-Napoléon (aujourd'hui Fort-National), qu'on venait de construire pour contenir la Kabylie, récemment soumise par le maréchal Randon. Comme ce poste était tout militaire, le prélat crut sage d'y envoyer en premier lieu un prêtre séculier. Ce fut l'abbé Maclès, ancien zouave qui avait quitté les camps pour reprendre la carrière ecclésiastique, à laquelle il avait d'abord voulu se vouer. M. Maclès était un homme tout à fait inoffensif. Il habitua les Kabyles à la vue de la soutane; l'évêque n'attendait pas autre chose de lui; mais comme il méditait les projets réalisés depuis par son successeur, c'est-à-dire la mission par la prière, la charité et l'exemple, il appela, en 1863, à la succursale de Fort-Napoléon, un Jésuite, le Père Creusat.

Le Père Creusat, — d'après la *Vie et les œuvres de Mgr Pavy* par son frère, — méritait d'être l'apôtre des Arabes, par son zèle, son dévouement, sa persévérance à toute épreuve. Il était le même qui, en 1845, alla à Gibraltar, de Gibraltar au Maroc, du Maroc à la rencontre d'Abd-el-Kader, alors dans la province d'Oran, pour lui parler de Jésus-Christ, et essayer de le convertir. Le choix du prélat ne pouvait être meilleur; il nomma donc le saint prêtre à la cure de Fort-Napoléon, en remplacement de l'abbé Maclès.

Les instructions du Père Creusat étaient de chercher, par tous les moyens de la charité, combinée avec la prudence, à gagner la confiance des Kabyles, à les éclairer, à les ramener de leur superstition. Il partit pour Dellys et arriva à Fort-Napoléon le 10 octobre 1863. A peine installé, il se mit en rapport avec les indigènes, alla les voir dans leurs villages, leur porta des secours, des vêtements, des médicaments, quelque argent au besoin.

Il les attirait doucement au presbytère où il avait établi des distributions quotidiennes. Ces natures droites vinrent à lui avec empressement, les marabouts comme le peuple. L'apôtre les accueillait avec une bonté tout évangélique, saisissait toutes les occasions pour leur parler de Dieu, de la religion, tout en évitant de heurter leurs préjugés. Il leur lisait des passages de l'Évangile propres à les toucher : la parabole de l'enfant prodigue, la multiplication des pains, l'histoire de la Chananéenne, etc. Ces Kabyles écoutaient avec le plus grand respect, prenaient goût peu à peu à ces enseignements, et confiance dans le Père qui les donnait. Ils ne craignirent pas de lui envoyer leurs enfants, en sorte que l'homme de Dieu put commencer une petite école.

Dès les premiers temps de son apostolat, un jeune marabout de distinction était venu le prier d'aller s'établir dans son village. Il offrait au Père un terrain pour la construction d'une église, et sa propre maison pour logement. Les représentants de deux tribus allèrent aussi le solliciter d'aller vivre au milieu d'eux, lui demandant d'instruire leurs enfants, de former les adultes à la prière, de leur faire pratiquer le bien chez eux, comme cela se faisait à Fort-Napoléon. « Mais, disait le Père Creusat dans une de ses lettres, l'autorité n'a jamais vu de bon œil nos essais. »

Les pressentiments du Père Creusat ne tardèrent pas à se réaliser; il fut bientôt après, par décision supérieure administrative, enlevé à sa paroisse de Fort-Napoléon, à ses amis les Kabyles. La Providence réservait pour le successeur de Mgr Pavy l'exécution de ce projet chrétien et patriotique : nous ramener les Arabes par la prière, la charité et l'exemple. Le Père Creusat garde l'honneur d'avoir été le précurseur des Pères blancs de la Kabylie.

CHAPITRE III

PRÉJUGÉS ET RÉALITÉ.

On connaît, par ce qui précède, les préjugés à l'aide desquels le gouvernement égarait l'opinion publique, pour justifier l'oppression qu'il exerçait sur le clergé, en lui interdisant l'exercice de sa mission en Algérie. Nous avons fait voir aussi, par les déclarations de l'épiscopat, combien la manière dont le clergé comprenait ses devoirs différait de celle qu'on lui imputait si gratuitement.

Ces préjugés se résumaient en ces deux points principaux : « fanatisme des musulmans, — pression du clergé. »

Quelques faits compléteront la démonstration morale que nous avons donnée de la fausseté de cette double assertion ; mais il faut s'entendre d'abord sur ce qu'on appelle le fanatisme musulman, et chercher si ce fanatisme est aussi féroce qu'on le dit, et s'il existe universellement et au même degré.

L'idée de nationalité et les notions de patrie, — comme il est reconnu, — font défaut chez les Arabes. Le seul lien qui solidarise les tribus, c'est le lien religieux ; mais là encore se manifeste l'esprit de division qui semble être une des caractéristiques de la race. Le Coran est bien le livre commun de tous les musulmans ; mais il a eu des commentateurs qui ont plus ou moins altéré sa doctrine. De là les nombreuses sectes qu'on signale chez les musulmans. De là aussi les degrés divers d'attachement de ces sectes à la religion que leurs vainqueurs leur imposèrent jadis, et l'oblitération plus ou moins grande d'un culte primitif, suivant que l'impression de ce culte avait été plus ou moins profonde chez les ancêtres. C'est par l'histoire ancienne de l'Afrique septentrionale que s'explique ce phénomène contemporain du fanatisme musulman allant en décroissant de l'ouest à l'est, et que Mgr Lavigerie expliquait parfaitement dans sa lettre au président de l'œuvre de la *Propagation de la foi*, dont nous avons reproduit un extrait.

La partie de l'Algérie la moins infestée du fanatisme musulman est la Kabylie ; cela s'explique d'abord par les hautes considérations qu'on vient de lire, ensuite par ce fait que cet immense massif montagneux, tant par la configuration de son terrain, inaccessible à la cavalerie, force principale, sinon unique, des envahisseurs, que par le courage de ses habitants, a échappé à la domination des conquérants successifs de l'Algérie, et n'a jamais été soumis que par nos armes. L'islamisme n'a pénétré chez les Kabyles que par influence, porté dans leurs montagnes par quelques familles de marabouts venues de l'Ouest, point de départ de ces descendants des Almoravides. Il n'y a donc rien d'étonnant à ce que l'on considère généralement les Kabyles ou Berbères comme ayant gardé quelque chose du sang chrétien de leurs ancêtres, et qu'on explique ainsi leur indifférence relative pour le Coran, comme leur tolérance pour les choses touchant au christianisme.

C'est donc avec raison que dans son *Discours pour l'inauguration du service religieux dans l'armée d'Afrique*, Mgr Lavigerie faisait entendre ces paroles : « Sur les sommets de l'Atlas, formant, avec les restes des Libyens et des Berbères, la masse des populations indigènes, se trouvent les descendants des chrétiens. C'est le Liban de l'Afrique, mais un Liban que l'Europe a délaissé, et où, peu à peu, le christianisme a disparu après la destruction de son sacerdoce. Laborieux, sobres, pleins de courage, exempts de fanatisme pour une religion imposée par de longues violences et quatorze fois reniée par eux, séparés des Arabes par le ressentiment de l'opprimé contre l'oppresseur, n'ayant pas subi la loi des Turcs, conservant encore dans quelques tribus le signe de la croix, et dans toutes le code, ou, comme ils disent, le canon de leurs lois civiles, les Kabyles semblaient destinés à notre alliance. C'est un de leurs chefs qui, dans les premiers temps, disait ces remarquables paroles, rapportées par Bedeau : « Nos ancêtres ont connu les chrétiens, plusieurs étaient « fils de chrétiens, et nous sommes plus rapprochés des « Français que des Arabes. »

Déjà, avant Mgr Lavigerie, le général Daumas, dont le nom fait autorité dans ces matières, s'était exprimé comme il suit sur ce sujet, dans son livre, *Mœurs et coutumes de l'Algérie* :

« Si l'on approfondit spécialement les mystères de la société kabyle, plus on creuse dans ce vieux tronc, plus, sous l'écorce musulmane, on trouve la séve chrétienne. On reconnaît alors que le peuple kabyle, en partie autochthone, en partie germain d'origine, autrefois chrétien tout entier, ne s'est pas complétement transfiguré dans la religion nouvelle. Sous le coup du cimeterre il a accepté le Coran, mais il ne l'a pas embrassé; il s'est revêtu du dogme ainsi que d'un *burnous*, mais il a gardé, par-dessous, sa forme sociale antérieure, et ce n'est pas uniquement dans les tatouages de sa figure qu'il garde devant nous, à son insu, le symbole de la croix. »

Cette différence dans la manière d'interpréter et de suivre la loi religieuse musulmane influe sur l'état social des races diverses qui se partagent l'Algérie. Les mœurs et les institutions des unes et des autres ne se ressemblent pas plus que la constitution physique des individus.

LA FAMILLE ET LA FEMME ARABE.

Les mœurs familiales se ressentent de la différence qui existe dans la pratique religieuse entre les différentes races. C'est ainsi que les femmes, en Kabylie, jouissent d'une situation meilleure que partout ailleurs chez les musulmans, et il ne faut pas croire cependant qu'elles soient, même dans les sectes les plus orthodoxes, soumises à cet état de servitude dont on parle tant sans le connaître.

Dans les classes inférieures de la société arabe, comme dans toutes les sociétés d'ailleurs, la femme n'est souvent qu'une servante astreinte aux labeurs les plus pénibles, tandis que l'homme est plus ou moins paresseux; mais dans les classes élevées il en est autrement. Si les coutumes ne permettent pas aux femmes la société des hommes, cette règle ne les prive pourtant pas de l'influence que, dans tous les pays, elles exercent sur l'homme par leurs charmes ou par leur intelligence.

On sait quelle action importante ont souvent eue en politique les femmes, mères ou épouses des sultans; il est impossible qu'en pays musulman cette action ne soit pas également notable dans le domaine restreint de la famille, mais on l'ignore, parce qu'il n'est pas convenable de questionner un musulman sur ce sujet. La mère est toujours très-respectée de ses fils ; elle exerce sur eux un ascendant d'autant plus certain que c'est elle qui leur choisit une épouse, qu'ils ne peuvent ni voir ni connaître avant leur mariage.

La fille a droit à sa part d'héritage ; cela ne lui suffit-il pas pour lui assurer une certaine indépendance relative et pour faire pressentir les égards dont elle doit être l'objet?

Des femmes ont acquis, en Algérie même, une grande réputation de sainteté ; leur mémoire est vénérée à l'égard de celle des marabouts les plus saints. Comment concilier ces sentiments avec l'état d'abjection que l'on attribue trop légèrement aux femmes musulmanes? Il est vrai que l'ignorance dans laquelle elles vivent des choses extérieures et leur défaut d'instruction doivent singulièrement restreindre la portée de leur influence. Cependant on voit des filles, en trop petit nombre il est vrai, fréquenter les écoles françaises-arabes et faire preuve d'autant de facilité et de malice que leurs petites compagnes européennes.

C'est par la vulgarisation de cette instruction que l'on peut sans doute espérer diminuer la distance qui sépare les deux races et atténuer l'hostilité qui les divise. Quelques efforts sont faits dans ce sens, mais depuis trop peu de temps encore pour qu'on puisse préjuger des résultats qu'on obtiendra. Il est permis cependant de penser que, pour transformer les indigènes en sujets français, pour les préparer à l'adoption de nos idées, de notre législation, de nos tribunaux, le meilleur moyen doit être de répandre chez eux la connaissance du français, de multiplier par conséquent les écoles, de manière à soustraire les enfants à l'influence de *tolbas* ignorants et fanatiques, qui ne leur permettent que de psalmodier le Coran, en leur inculquant la haine du chrétien [1].

Cette opinion est celle de tous les écrivains ayant quelque compétence; mais elle appartient surtout à l'épiscopat algérien, qui l'eût depuis longues années mise en pratique, s'il n'en eût été empêché par l'administration laïque. Nous croyons, nous aussi, qu'il faut faire des Arabes des Français; mais nous sommes convaincu qu'on n'en fera des Français que lorsqu'on en aura fait des chrétiens.

M. L'ABBÉ SUCHET A CONSTANTINE.

En 1839, deux ans après la prise de Constantine, il n'y avait pas encore de prêtre dans cette ville, chef-lieu d'une province où les colons étaient rares, il est vrai, mais où il y avait de nombreuses troupes auxquelles l'exercice de leur culte était nécessaire. Le premier prêtre qui y arriva fut M. l'abbé Suchet, envoyé là par Mgr Dupuch. M. l'abbé Suchet est légendaire en Algérie, autant par le long séjour qu'il y a fait que par les éminents services qu'ont rendus à l'Église et à l'humanité sa charité, son dévouement et son courage.

Arrivé à Alger le 6 février 1839, M. l'abbé Suchet est reçu comme un ami par son évêque, et présenté par lui au maréchal Valée, gouverneur général, qui lui fait l'accueil le plus aimable. « C'est un homme profond, conscien« cieux, habile surtout, dit M. l'abbé Suchet; il gouverne

---

[1] Voir le commandant NIOX, *l'Algérie*, et M. HARTMAYER, *De la vulgarisation de la langue française en Algérie*.

« l'Algérie comme le roi le plus absolu ; c'est l'homme
« qu'il faut à la colonie ; il désire surtout que la religion
« s'établisse et soit respectée partout ; il veut multiplier
« les croix et les chapelles à Alger. Monseigneur peut faire
« tout ce qu'il voudra avec un tel homme. » Douce illusion que l'avenir devait détruire, mais que les circonstances justifiaient alors. Le maréchal Valée était certainement très-sincère dans ses effusions, mais il oubliait la volonté supérieure résidant à Paris ; le soldat ne devait pas tarder à subir les exigences des politiciens. Cependant, il est encore maître de la situation, et il use de son indépendance pour autoriser l'envoi de M. l'abbé Suchet à Constantine, où aucun prêtre n'avait paru depuis quatorze cents ans, et mettre la plus belle mosquée de la ville à la disposition du culte catholique.

Parti pour Bone le 10 novembre 1839, M. l'abbé Suchet est reçu dans cette ville par le général Guingré, qui le comble de prévenance et l'entoure d'honneurs. Une foule d'Européens et d'indigènes suit ses pas, les derniers tout ébahis des hommages rendus au *marabout* ou *muphti francès*, comme ils appellent le voyageur. Il trouve à Bone un prêtre catholique, il lui en laisse un second comme vicaire et poursuit sa route sur Constantine, non sans avoir visité les ruines d'Hippone, escorté par un escadron de chasseurs d'Afrique, à la tête duquel s'était mis le général Guingré lui-même.

M. le général de Galbois, commandant de la province, fit à M. l'abbé Suchet l'accueil le plus franchement cordial ; il voulut lui faire partager sa table et son logement, qui était le palais des beys. L'abbé fait visite aux notabilités indigènes, que le général réunit à son tour dans un grand dîner, où le prêtre français est l'objet

dé la plus profonde déférence de la part des chefs politiques et religieux musulmans. A la politesse succède l'amitié ; la sagesse et la franchise de M. l'abbé Suchet lui gagnent tous les cœurs ; elles lui ouvrent toutes les maisons ; il est admis jusque dans les appartements des femmes. Il a inauguré son église ; le culte s'y célèbre avec toute la pompe possible ; « les Arabes vont en foule à ses cérémo-
« nies ; ils paraissent stupéfaits de tout ce qu'ils voient,
« de tout ce qu'ils entendent ; ils prennent de l'eau bénite,
« se mettent à genoux comme les chrétiens et remuent
« les lèvres quand ils voient prier. Ils sont très-curieux, ils
« veulent qu'on leur rende raison de tout ce qu'il y a dans
« l'église. Le dimanche de Pâques, les grands personna-
« ges du pays de toute la vaste province de Constantine,
« avec les chefs du grand désert du Sahara, s'étaient donné
« rendez-vous dans notre église. Ils furent émerveillés de
« la tenue de nos militaires, de la musique et surtout des
« ornements dont j'étais revêtu en disant la sainte messe.
« Ils écoutèrent avec la plus grande attention le petit dis-
« cours que je fis, comme s'ils avaient compris. Je parlai
« beaucoup d'eux, et les interprètes leur rendirent fidè-
« lement mes paroles ; ils s'épuisaient en remercîments
« après la messe, et versaient des larmes de joie, en me
« baisant les mains. Ils voulurent que je leur expliquasse
« ce que c'était que cette croix de *Sidn-Aïssa* (Jésus-
« Christ), cette petite statue de *Leha-Mariem* (la sainte
« Vierge) ; puis le confessionnal, les fonts baptismaux,
« l'autel, etc. A toutes les explications que je leur faisais,
« ils répondaient : *Melik Bezzef*. (C'est très-bon.) *Allah*
« *iazekoum !* (Que Dieu nous aime !)[1].

[1] M. l'abbé Suchet, *Lettres édifiantes et curieuses sur l'Algérie.*

Les indigènes ne s'en tenaient pas à de simples paroles, ils y ajoutaient des faits comme témoignage de respect pour notre religion et de sympathie pour ses ministres. C'est ainsi que M. l'abbé Suchet ayant demandé au *hakem* et au *cheik* de lui céder une chaire excessivement remarquable qui était dans une de leurs mosquées, ils la lui accordèrent avec des démonstrations de joie et de bonheur d'avoir pu faire quelque chose en faveur de notre sainte religion. La chaire fut transportée à l'église catholique par soixante vigoureux Arabes, aux applaudissements des habitants indigènes et colons.

Au 1ᵉʳ mai, jour de la Saint-Philippe, fête du Roi, la messe est célébrée en plein air, sous la voûte du ciel, sur les bords de *Rumel;* les indigènes de la ville et des tribus même éloignées y avaient accouru sous la conduite de leurs chefs. « Au-dessus de l'autel en gazon, qu'entou-
« raient les troupes formées en carré, s'élevait un magni-
« fique trophée d'armes, ombragé par le drapeau de
« Mahomet, par celui de la province et par le drapeau
« de la France. Au-dessus de ce trophée singulier s'élevait
« majestueusement la croix de notre divin Sauveur, qui
« était en effet le seul vainqueur à qui l'on décernait ce
« beau triomphe. Tous les grands dignitaires indigènes et
« notables de la ville et de la province voulurent accom-
« pagner le général et son état-major dans le carré des
« troupes, tout auprès de l'autel. Tous s'inclinèrent comme
« les Français au moment de l'élévation. »

Jamais pareil spectacle, ce me semble, n'a été donné à la terre d'Afrique, ajoute M. l'abbé Suchet. C'était vrai en ce moment, mais, à partir de cette époque, nous verrons ces cérémonies religieuses se renouveler en expédition toutes les fois qu'une occasion solennelle s'en présentera, et que les généraux, hors de toute contrainte, pourront laisser libre essor à leurs sentiments chrétiens. Mais il s'agit des preuves à donner de la tolérance, pour ne pas dire plus, des musulmans à l'égard de nos prêtres. Nous en avons donné des exemples, en voici d'autres.

Quand les indigènes voyaient les religieuses, ils demandaient comme une grande faveur la permission de baiser la croix qu'elles portent sur leurs poitrines ; et les mères disaient à leurs petits enfants : « Baise Sidn-Aïssa, il te por- « tera bonheur. » Quand une Sœur entrait dans une maison, c'était une fête. On rassemblait tous les esclaves, tous les enfants, toute la famille. Tous jetaient des cris de joie ; le mari et la femme, — car les musulmans distingués n'ont qu'une femme, — la prenaient chacun par une main qu'ils baisaient avec respect ; les enfants lui baisaient les bras, et les esclaves le bas de sa robe : c'est un véritable culte qu'ils rendent à la Marabotha (à la Sainte). La femme du *hakem* disait à une Sœur qui parlait un peu l'arabe : « Vois-tu, je t'aime plus que Mahomet. Si tu t'en vas, je « mourrai ; je sais bien comment on fait pour mourir. »

Certain jour, une députation d'Arabes nomades, ayant à leur tête le *Cheik-el-Arab* (le grand chef du désert) et le jeune neveu d'Achmet-Bey, se présenta à M. l'abbé Suchet pour le prier, avec les plus vives instances, d'aller au désert soigner les malades, pour faire parmi leur tribus ce que marabouts et maraboutes chrétiens faisaient à Constantine. Le bon curé eut le regret de devoir se refuser à leurs vœux ; mais, en partant, ils lui dirent qu'ils reviendraient souvent les renouveler, et nous pouvons ajouter qu'ils tinrent parole.

DÉDUCTIONS. — RÉFUTATIONS.

Imitant la sage réserve de M. l'abbé Suchet, nous ne tirerons aucune conclusion optimiste des faits que nous venons de citer et que nous pourrions multiplier; mais nous pouvons demander où sont, dans tout cela, le fanatisme furieux des Arabes contre les catholiques, leur haine féroce contre nos prêtres; où sont enfin les raisons, nous ne dirons pas plausibles, mais seulement probables, à l'aide desquelles on a essayé de justifier l'interdit qui a si longtemps pesé sur le clergé africain.

Nous avons beau rappeler nos souvenirs de 1834 à 1863, interroger les auteurs qui ont écrit sur l'Algérie de 1863 à l'époque actuelle, nous ne trouvons pas un exemple de crimes ni même de sévices commis par les Arabes sur la personne de nos prêtres.

Oui, ce serait une grave erreur de croire le prêtre odieux aux Arabes; ils l'ont, au contraire, en grande vénération. Ils viennent à lui avec empressement, lui baisent la main, lui montrent leurs maux; il est pour eux la représentation de la divinité.

Un fait que l'on peut constater chaque jour en territoire militaire, où les indigènes sont le plus nombreux, c'est la considération, le respect, l'affection, la confiance, surtout s'il parle leur langue, dont ils entourent le marabout chrétien. « Cela est si vrai, écrit un prêtre algérien, qu'il m'est arrivé plusieurs fois, sans armes, sans escorte, de parcourir le désert, de m'égarer au milieu des tribus; et, je le déclare ici hautement à l'honneur des Arabes, jamais il ne m'est arrivé, même dans notre catholique

Bretagne, de rencontrer un accueil plus cordial et plus empressé. Le prestige du ministre du culte catholique est si bien établi au sein des tribus nomades, que je n'hésite pas à prétendre que, même dans les temps de troubles et de révolte, un prêtre, pourvu qu'il fût connu comme tel et qu'il pût se faire comprendre, pourrait, sans rien craindre pour sa vie, pénétrer au milieu des territoires insurgés [1]. »

Nous pourrions citer mille faits à l'appui de cette affirmation; contentons-nous du suivant :

« Un jour, en 1848, revenant d'Oum-Teboul, survêtu d'un burnous et monté sur un beau cheval du directeur de la mine, le vicaire général de Constantine fut poursuivi par des Arabes armés, sortant de dessous un pont où ils s'étaient embusqués. Leur dessein était de le tuer afin de s'emparer de sa monture. Tout à coup, ils changèrent d'avis et laissèrent aller le voyageur. A quoi dut-il son salut? A sa qualité de prêtre exclusivement. En effet, ces maraudeurs le couchaient en joue, quand, par un trait de la Providence, la brise de mer souleva le burnous du cavalier et laissa apercevoir le bas de sa soutane. A cette vue, les Arabes reconnurent le prêtre, et aussitôt ils mirent bas les armes, disant : *Houa Marabot!* C'est un homme consacré à Dieu! »

Ainsi, pas de fanatisme chez les Arabes contre les chrétiens, pas de haine de leur part contre nos prêtres. Le clergé se serait-il montré intolérant vis-à-vis des musulmans? Aurait-il fait preuve d'un prosélytisme outré? Deux faits, deux seulement, ayant eu chacun une issue différente, répondront négativement à cette double question.

---

[1] *Les Arabes et l'occupation restreinte*, par un ancien curé de Laghouat.

LA PETITE CONSTANTINE.

Parmi les épisodes sanglants de l'assaut et de la prise de Constantine, il en est un qui revient à notre souvenir, après quarante-huit ans écoulés, aussi horrible que le jour où nous en fûmes témoins.

Maîtres de la ville, nous en explorions l'enceinte, et nous arrivâmes ainsi au bord des précipices à l'ouest de la Casbah. Ayant remarqué, çà et là, des piquets enfoncés dans la terre et des cordes attachées à ces piquets, la curiosité nous fit regarder au fond de l'abîme, et les plus endurcis reculèrent au spectacle qui s'offrit à leurs yeux. Au pied de ces rochers immenses gisaient des corps d'hommes, de femmes, d'enfants, entassés les uns sur les autres, mutilés, brisés, sanglants, au milieu desquels on voyait quelques bras s'agiter, on entendait quelques gémissements monter jusqu'à nous. Alors, ces cordes et ces piquets nous furent expliqués.

Au moment où nous pénétrions dans la ville, une partie de la population avait voulu fuir par ces précipices sur les flancs desquels les chèvres et les bergers kabyles ont tracé d'étroits sentiers. Elle s'y était engagée lentement d'abord; mais, le flot des derniers arrivés grossissant toujours, et la peur les aiguillonnant, les uns et les autres, entraînés par la rapidité de la pente, avaient roulé jusqu'au fond de l'abîme, laissant des lambeaux de leurs cadavres aux pointes des rochers. D'autres avaient planté sur le bord de l'escarpement des piquets munis de cordes le long desquels ils se laissaient glisser. Soit que les piquets fussent mal plantés, soit que les cordes fussent mauvaises, soit qu'elles eussent un trop grand poids à supporter, les piquets s'étaient arrachés, des cordes s'étaient rompues, et les malheureux qui leur avait confié leur vie avaient été précipités au fond du ravin.

A la furie du combat succéda aussitôt dans nos cœurs la commisération ; nous courûmes pour les secourir, ce qui n'était pas facile ; mais enfin, après de longs détours, nous parvînmes jusqu'à eux. Parmi les quelques vivants se trouvait une petite fille de six ans environ, qui pleurait amèrement, accroupie auprès des cadavres de deux femmes..... c'étaient ceux de sa mère et de sa tante. Un sergent du 17e léger, nommé Bérod, va droit à ce groupe ; il arrache la malheureuse petite à demi morte de dessus le cadavre de sa mère qu'elle tient dans ses bras, et l'emporte. Rentré à Constantine, Bérod présente la petite orpheline à son capitaine, qui, ému du récit du brave sous-officier, adopte l'enfant au nom de sa compagnie, et lui donne le nom de *Constantine,* en souvenir des événements qui venaient de s'accomplir.

Ces généreuses résolutions reçurent leur accomplissement, et la jeune Arabe fut soignée sous les yeux de son père adoptif, jusqu'à ce qu'il trouvât l'occasion de la confier à la bienfaisance des Sœurs de charité, à Bone.

Dans cette nouvelle position, la gracieuse petite Constantine faisait l'admiration de ses maîtresses et de ses jeunes compagnes, par les charmes de son esprit et par ses qualités du cœur. Quand elle parlait de sa mère, ses yeux se remplissaient de larmes, et pourtant elle aimait à en parler souvent. Elle disait : « Je suis bien heureuse d'être Française maintenant. Si j'étais Bédouine, on me tuerait comme ma mère. » On n'avait pas de moyen plus sûr de la contrarier, que de la menacer de lui rendre ses habits et de la renvoyer dans les tribus des montagnes. Souvent elle disait : « Je veux être toujours Française ; je ne serai plus Bédouine. »

Pourtant, un jour, un Arabe des tribus de la montagne, un Bédouin dans toute la force du terme, père tendre cependant, et inconsolable d'avoir perdu sa femme et sa fille, vint frapper à la porte des Sœurs de Bone. On lui avait dit que son enfant avait été sauvée par un soldat français, et déposée entre les mains des religieuses, et il avait fait plus de quarante lieues pour venir la réclamer. Les larmes aux yeux, il réclamait sa chère petite fille. Les Sœurs, craignant qu'il ne fût pas réellement le père de leur aimable Constantine, ne se hâtèrent pas d'abord de répondre à ses demandes. Elles dirent à la jeune Arabe qu'un Bédouin désirait la voir, sans lui faire savoir, néanmoins, que ce Bédouin se disait son père. La pauvre enfant se mit à pleurer, et, se jetant aux genoux des bonnes religieuses, elle les suppliait de la garder, s'écriant qu'elle voulait rester Française, et ne pas redevenir Bédouine. Cependant, de son côté, le père insiste pour voir son enfant ; alors on amène Constantine malgré ses cris et sa résistance. A peine l'enfant a-t-elle vu ce Bédouin si redouté, qu'elle s'élance dans ses bras, fondant en larmes, et crie, en se retournant vers ses maîtresses : Bédouine, Bédouine, je ne suis plus Française ! Voilà mon père, mon bon père ! Et elle le couvre de baisers. L'Arabe serrait son enfant dans ses bras, et, ne se possédant pas de joie, il s'enfuit précipitamment et l'emporta, sans même songer à remercier les religieuses qui lui avaient prodigué des soins si touchants..... Tant il craignait qu'on ne lui ravît de nouveau sa chère enfant.

« J'ai vu depuis ce bon père, — dit M. l'abbé Suchet,

qui nous a transmis ces détails, — il m'a donné de bonnes nouvelles de sa fille, et il m'a dit qu'en souvenir de sa délivrance, il lui avait conservé le nom que les soldats français lui avaient donné.

LA PETITE ZOÉ.

En 1839 encore, une petite Bédouine des montagnes de l'Edoug, âgée de cinq à six ans, fut abandonnée volontairement par ses parents, dans les rues de Djidgelli, pauvre, misérable et presque nue. Un bon sergent-major, qui avait avec lui sa femme et sa fille, âgée de quatorze ans, eut pitié de la pauvre abandonnée qu'aucun Arabe de la ville n'avait voulu secourir, et l'emmena chez lui, où sa femme et sa fille eurent d'elle tous les soins possibles. Ce brave homme voulait l'adopter dans le cas où l'on ne viendrait pas la réclamer. La pauvre enfant s'attacha à son père adoptif au point qu'elle ne voulait plus le quitter d'un pas. Elle avait tellement horreur des Bédouins et de tout ce qui les lui rappelait, qu'elle ne voulait même pas qu'on lui parlât arabe. M. l'abbé Suchet lui ayant un jour adressé quelques mots dans cette langue, croyant lui faire plaisir, elle lui fit une petite moue et, se cachant derrière sa sœur adoptive, elle ne voulut pas répondre. L'abbé lui ayant parlé français, elle courut à lui, lui baisant les mains et lui disant avec gentillesse : « Moi, pas Bédouine, jamais, jamais; je suis Française, je m'appelle Zoé; viens avec moi voir mon bon père. » Et elle le mena à l'hôpital, où son père, le charitable sous-officier, était malade. Celui-ci raconta à l'abbé Suchet comment il avait trouvé cette enfant, et lui dit qu'il avait su par son vieux grand-père, qui était allé la réclamer, qu'elle était orpheline de père et de mère.

La petite Zoé ne fit pas comme Constantine, dont on connaît l'histoire. Dès qu'elle vit son grand-père, au lieu d'aller se jeter dans ses bras, elle courut se cacher, en criant qu'elle ne voulait pas retourner à la montagne. Le bon vieillard, voyant l'attachement extraordinaire de sa petite-fille pour les braves gens qui l'avaient adoptée, protesta qu'il ne l'emmènerait pas, et que lui, qui en était le maître, il leur en faisait purement et simplement l'abandon. Pour celle-là, on en a fait une chrétienne; le sous-officier le voulait, et le grand-père ne s'y opposait pas. Mgr Dupuch, informé de tout, prescrivit les enquêtes commandées par la sagesse, et se proposait de se charger de la petite Zoé, si ses parents adoptifs voulaient la lui céder. Nous doutons qu'ils y aient consenti.

Ainsi, rien chez les musulmans, rien chez les chrétiens ne justifie l'opposition mise pendant si longtemps au contact du clergé avec les indigènes, et, qui, pour ne pas être violente et brutale comme autrefois, n'en subsiste pas moins encore aujourd'hui à l'état latent. Ce n'est pas sans de grandes difficultés, de fâcheux malentendus, qu'il a été permis aux prêtres et aux soldats de *se sentir les coudes*, et de marcher ensemble à la conquête morale de ce peuple dont nous occupons le sol, mais dont l'âme nous échappe encore, faute par nous de savoir la gagner.

CHAPITRE IV

LES AUMONIERS.

Chose étrange! pendant qu'on s'opposait à l'expansion du culte catholique en Algérie, on y favorisait le culte musulman. Nous n'avions pas d'églises, et l'on réparait les vieilles mosquées; on en construisait de nouvelles. Le budget n'allouait rien à nos prêtres [1], mais il ouvrait des crédits aux imans et aux ulémas; notre clergé était consigné aux ports de France; les troupes françaises n'avaient pas d'aumôniers, et l'on en créait pour les soldats indigènes.

En décembre 1832, les deux bataillons de zouaves furent fondus en un seul, le recrutement des indigènes étant devenu très-difficile. Ce bataillon se composait de dix compagnies à cent hommes, officiers non compris. La première et la dernière compagnie étaient entièrement composées de Français, les autres d'indigènes, sauf une escouade française, choisie parmi les meilleurs sujets du corps. Pour les besoins religieux des indigènes, il fut nommé à ce bataillon un *moueddine*, avec rang et solde de sous-lieutenant.

Contrairement aux leçons de l'histoire, nous nous effor-

---

[1] En 1839, Mgr Dupuch n'avait pour toute l'Algérie que le traitement de *neuf prêtres*, sans aucuns titres personnels que celui de *trois chanoines* et de six prêtres desservants.

cions de prendre les mœurs, les coutumes, le langage et jusqu'à la religion des vaincus, — on en vit de très-hauts exemples, — au lieu de leur enseigner notre culte, notre langue et notre civilisation. On se préoccupait des *besoins spirituels* de six à sept cents soldats arabes, appartenant à la religion du sensualisme le plus abrutissant, tandis qu'on laissait l'armée chrétienne sans prêtres et sans secours spirituels. Et cela a duré de longues années. Il a fallu la venue du troisième évêque d'Alger, Mgr Lavigerie, pour voir installer régulièrement le service religieux dans l'armée, en même temps qu'avec la création des évêchés de Constantine et d'Oran, était complétée, dans la population civile, l'œuvre paroissiale commencée par ses vénérés prédécesseurs.

On peut dire en effet que de 1830 à 1875 le service religieux n'a pas existé d'une façon régulière dans l'armée d'Afrique. Nous avons fait partie de cette armée de 1835 à 1863, et nous pouvons certifier le fait. Cependant, quelle époque fut plus fertile en combats sanglants, en travaux, en misères de toutes sortes, en maladies dont le défaut d'hygiène faisait de véritables épidémies! Que de cadavres chrétiens semés çà et là sous une mince couche de terre, sans qu'un prêtre ait béni cette froide poussière humaine, ni consolé l'âme près de la quitter! Combien de nos pauvres camarades ont demandé l'aumônier, au moment de mourir! Il nous semble entendre encore le général Riquet de Caraman, expirant devant Constantine, et appelant un prêtre qui ne venait pas. Il n'y avait, hélas! aucun prêtre dans l'armée qui, dans ce même moment, emportait d'assaut et la brèche et la ville. Cependant les généraux de cette armée ne pouvaient pas être accusés d'hostilité à la religion; le duc de Nemours, qui commandait notre division aux deux expéditions de Constantine, où la mortalité fut si grande, est connu pour ses sentiments religieux.

L'ABBÉ G'STALTER.

Ce n'est qu'en 1841, sous le gouvernement du général Bugeaud, pendant l'expédition de Mascara, que nous vîmes pour la première fois un prêtre, M. l'abbé G'stalter, suivre l'armée plutôt en volontaire qu'en qualité d'aumônier. Pendant les rudes combats de cette expédition, ce jeune prêtre resta constamment sur la ligne des tirailleurs, allant avec les soldats du train enlever les morts et les blessés à vingt pas des Arabes. Indifférent au danger, il s'agenouillait auprès des mourants; et là, sous une grêle de balles, il s'efforçait d'obtenir de leur bouche un mot, un soupir vers Dieu, et de faire parvenir à leur oreille déjà tendue vers les voix de l'éternité, les paroles mystérieuses qui ouvrent aux mortels les trésors de la miséricorde divine. La nuit venue, quand tout dormait au bivouac, lui seul, oublieux du repos, veillait auprès des blessés, priant pour eux, les consolant, les encourageant dans leurs souffrances. Le général Bugeaud mit M. l'abbé G'stalter à l'ordre du jour; et parmi les noms des braves publiés dans le *rapport officiel,* aucun ne fut accueilli avec plus de sympathie que celui de ce prêtre dont la bravoure et le dévouement étaient un sujet d'admiration pour l'armée entière.

Ce précédent servait à merveille, sinon le sens religieux, du moins les vues économiques et politiques du gouverneur général. Il avait mesuré l'étendue de la double faute commise par le gouvernement de Paris en excluant la religion de l'œuvre de la civilisation des Arabes, et en privant l'armée de ses aumôniers. Son esprit vif et profond avait compris que l'absence de tout culte extérieur nous ravalait aux yeux des Arabes, et que les soldats, natures naïves et fortes, ont besoin de se retremper au spectacle des grandes scènes de leur religion. Aussi, donnant carrière à son naturel indépendant et sans soumettre son projet au ministère, il autorisa les prêtres qui le voudraient bien à se joindre aux colonnes expéditionnaires, sans caractère officiel toutefois. Il était prêt à répondre aux observations qui pourraient lui être faites que, d'après une récente expérience, les aumôniers donnaient aux soldats l'exemple de la bravoure, et qu'à la guerre, cet exemple devait être recherché.

Mgr Dupuch reçut avec joie cette ouverture du gouverneur général; et quoique son clergé fût encore bien peu nombreux, nous vîmes arriver quelques prêtres aux colonnes d'une certaine importance. Ils marchaient modestement au convoi tant que nous n'étions pas aux prises avec l'ennemi, mais ils se portaient en avant dès les premiers coups de feu, et, la nuit passée auprès des blessés, on les revoyait, pendant la marche du lendemain, à côté des cacolets de l'ambulance. M. l'abbé Suchet y trouva un aliment pour son zèle infatigable. On le voyait partout; et le secret de cette ubiquité, c'est que dès qu'une colonne se mettait au repos, il courait à celle qui était en mouvement.

Cette initiative n'ayant pas été désapprouvée à Paris, le général Bugeaud en poussa plus loin les conséquences. La messe militaire fut autorisée, et des commandants de divisions et de subdivisions la firent célébrer dans leurs chefs-lieux avec la pompe dont ils pouvaient disposer : cortége d'officiers, piquet d'honneur, musique d'un régiment et revue des troupes après la cérémonie religieuse.

Certaines colonnes eurent aussi leur messe au bivouac. Nous aurons l'occasion d'en faire le tableau, mais nous tenons à constater, dès ce moment, que la première à laquelle nous avons assisté en expédition, fut célébrée par ordre du général Baraguey d'Hilliers.

LA MESSE AU CAMP.

Ce fut le 18 mai 1841, fête de l'ascension de Notre-Seigneur, au bivouac d'Aïn-Sultan, que fut célébrée cette messe. Certes, pour tout esprit, nous ne dirons pas religieux, mais simplement réfléchi, le saint sacrifice de nos autels est un grand spectacle; mais combien les souvenirs qu'il évoque n'acquièrent-ils pas de sublimité, lorsque la messe est célébrée en rase campagne, dans un site sauvage, au milieu des pompes de la nature; quand c'est le même ciel que celui du Golgotha qui sert de voûte à ce temple immense; que les mêmes rochers, les mêmes arbres en forment la décoration!

A Aïn-Sultan comme sur le Calvaire, des troupes armées se rangent sur le lieu du sacrifice; mais cette nouvelle garde, qui se presse autour de la victime, a été régénérée par son sang; au lieu du blasphème, de l'insulte, de la menace, elle murmure des lèvres et du cœur des paroles d'amour et d'adoration; ses armes, au lieu de se tourner contre elle, cruelles et menaçantes, s'inclinent et s'humilient. De quel frémissement n'est-on pas saisi lorsque, au moment de l'élévation, les tambours battent aux champs, les trompettes sonnent la marche, et que la grande voix du canon annonce à la terre que la précieuse victime est descendue sur l'autel! Alors, tout ce qu'il y a de plus fort sur la terre confesse son néant devant le ciel; les généraux courbent leur front glorieux devant la divinité voilée; les soldats présentent leurs armes et ploient le genou.

Les indigènes, tant ceux de nos goums que ceux des tribus vaincues, assistaient à ces cérémonies religieuses avec une vive curiosité tempérée par une attitude respectueuse et un silence profond. Tous les historiens en rendent témoignage, et nous pouvons choisir, dans leurs écrits, les récits qui corroborent nos souvenirs personnels.

L'expédition des Babors, en 1853, s'étant terminée par la soumission de cette partie de la Kabylie, M. le maréchal Randon voulut couronner sa brillante campagne par une imposante cérémonie dont l'auteur des *Souvenirs d'un officier du 2ᵉ de zouaves* a tracé le poétique tableau que voici :

« Le 5 juin, le gouverneur général appela à son bivouac de Sidi-Etnin une partie des populations récemment soumises, pour les faire assister à la remise des burnous d'investiture de leurs chefs. Au centre d'un grand carré de troupes étaient réunis cinq ou six cents Kabyles à la figure sauvage, aux vêtements sordides, qui venaient en toute confiance, quelques jours seulement après avoir essuyé les ravages de la guerre, reconnaître la puissance de la France sous les baïonnettes qui les avaient décimés la veille. Le général Randon, après leur avoir fait comprendre les volontés de la mère patrie, les avantages qu'ils trouveraient à suivre les conseils qui leur seraient donnés par les officiers chargés des bureaux arabes, et ceux qu'ils retireraient en vivant en paix avec leurs voisins, distribua une quarantaine de burnous rouges à leurs anciens chefs, maintenus à la tête de leur administration. Chaque chef ou caïd vint recevoir des mains des spahis le burnous qui lui était immédiatement jeté sur les épaules; il baisait ensuite la main du gouverneur, recevait son brevet et reprenait sa place devant les représentants de sa tribu. Faite avec toute la pompe militaire, annoncée et terminée par des bans et des salves d'artillerie, cette cérémonie imposante impressionna les nouveaux chefs. Cependant leurs figures froides et impassibles ne trahirent rien de leurs émotions. L'office divin suivit immédiatement l'investiture des chefs.

« Sur un point élevé, placé au centre du bivouac du gouverneur, on avait construit avec des tambours, des canons et des affûts, un autel qui n'avait d'autres ornements que quelques fleurs des champs et des faisceaux d'armes. Il était surmonté d'une croix rustique, faite avec deux branches noueuses de chêne-liége : telle devait être la croix sur laquelle fut attaché le Christ... Pour encadrement, ce temple improvisé avait les beautés de la nature. Ni Saint-Pierre de Rome avec ses magnifiques peintures, ni la coquette Madeleine de Paris avec ses tapis, ses marbres et ses dorures, ni ces immenses cathédrales gothiques de la vieille France avec leurs sculptures, leurs vitraux peints et leurs ombres pleines de mystère, ne pourraient rendre le grandiose de cette église toute primitive, dont la vue effaçait plusieurs siècles de l'histoire, et rappelait Constantin dans les Gaules, Philippe-Auguste le matin de la bataille de Bouvines et saint Louis aux ruines de Carthage.

« Derrière l'autel apparaissaient les hautes montagnes de la Kabylie orientale, aux arêtes dentelées, veinées de couches de neige, ayant pour auréole des cercles de nuages. Ces montagnes semblaient de gigantesques statues dont les têtes sourcilleuses se perdaient dans un ciel sombre et chargé de tempêtes..... Sur la gauche et derrière l'armée, disparaissait, sous une atmosphère vaporeuse et embrasée, la mer d'Afrique, dont le flot, tantôt calme et azuré comme celui d'un beau lac d'Italie, tantôt soulevé par la tempête et furieux, se promène sans cesse du rivage de notre belle France au rivage de notre nouvelle colonie.

« Le P. Régis officiait. Supérieur de la Trappe de Staouëli, il y avait dans la nature et le caractère de ce moine guerrier et organisateur comme un reflet d'Urbain II, de Pierre l'Ermite et de l'évêque d'Antioche.

« Les lignes de troupes encadraient le terrain, en avant des soldats étaient placés les officiers. Derrière les troupes, sur les versants des collines, on apercevait, au milieu des bouquets de lentisques, de myrtes et de lauriers-roses, les tentes du camp, et, plus loin, *sous les hêtres et les oliviers séculaires, des groupes de Kabyles, silencieux et étonnés, garnissaient les ogives de verdure de cette immense basilique, dont les sauvages ornements avaient été fournis par la nature seule.* Pendant l'office, une des musiques exécuta les partitions du *Prophète*, de *Guillaume Tell* et de *Lucie*. Jamais les grandes compositions des maestri n'avaient réveillé des échos plus sublimes que ne l'étaient ceux des Babors et de la vallée de l'Agrioun ! Officiers et soldats étaient recueillis pendant cette cérémonie grandiose ; mais ce recueillement se changea en une véritable émotion au moment où le prêtre éleva l'hostie sainte au-dessus des drapeaux et des têtes abaissées, au bruit des tambours que dominait la grande voix du canon. On eût dit l'Église française prenant possession de cette terre qui, depuis l'épiscopat de saint Augustin peut-être, n'avait pas été foulée par le pied du chrétien. »

* * *

Quatre ans après, le 26 mai 1857, un autre point de la Kabylie devait être témoin d'une nouvelle démonstration de la foi catholique, plus grandiose encore, si c'est possible, que celle dont on vient de lire le récit.

Après une brillante et rapide campagne, le maréchal Randon accordait l'*aman* aux belliqueuses tribus qu'aucune puissance jusqu'à nous n'avait pu dompter; qui, battues une première fois par le maréchal Bugeaud en 1844, avaient voulu tenter une deuxième fois le sort des armes. Des actions de grâces furent prescrites par le gouverneur général, — un protestant, catholique de cœur, — elles consistèrent en un *Te Deum* solennel et en trois messes célébrées simultanément au camp de Souk-el-Arba. Le *Moniteur algérien* rapportait ces faits dans les termes suivants :

« Un autel, que dominait une modeste croix en branchages, s'élevait au milieu de chaque division, — il y en avait trois, commandées par les généraux Yusuf, Mac Mahon et Renault. — Des tambours, qui servaient de supports, des faisceaux d'armes, des canons que surmontait l'aigle impériale et qu'entourait à la base un heureux enchevêtrement de haches, de pioches et de pelles, emblèmes de la force et du travail, voilà tout ce qu'avait pu faire le zèle de nos soldats pour orner le lieu où devait s'accomplir le divin sacrifice. Mais la nature avait prodigieusement secondé leur bonne volonté. Au sud, la masse rocheuse du Djurjura, empourprée des premiers rayons du soleil levant; au nord, la sombre chaîne, située entre le littoral et le Sébaou, qui serpente et brille dans la plaine comme un filet d'argent; plus près, les nombreux villages des Kabyles, bâtis d'une manière si pittoresque sur tous les sommets des crêtes, qui semblent former autour de l'autel comme une couronne vivante; tout cela réuni produisait un ensemble magique, splendide, grandiose, digne temple pour le Créateur. »

La tolérance du maréchal Randon avait permis à Mgr Pavy, successeur de Mgr Dupuch, d'attacher plusieurs prêtres au corps expéditionnaire, et il avait mis à leur tête l'abbé Suchet, son premier vicaire général. Ce concours de quatre prêtres aux solennités militaires de Souk-el-Arba produisit le meilleur effet sur l'esprit de nos soldats; ils ne se voyaient plus abandonnés, dès l'instant que la religion était là.

C'est après ses victoires de la Kabylie, que pour se donner un point d'appui et contenir ces populations impatientes du joug étranger, le maréchal Randon bâtit le Fort-Napoléon. A la pose de la première pierre, l'abbé Suchet prononça un discours au cours duquel, dans un élan de pieux enthousiasme, il s'écria d'un accent prophétique : « Vive Dieu ! Il n'y aura bientôt plus en Algérie que des peuples domptés et soumis; il n'y aura qu'un seul drapeau. Puissent enfin tous les cœurs s'unir et toutes les nations ne former qu'une seule famille dont Dieu serait le père ! »

« Cet élan, si chrétien, et si à propos dans la circonstance présente, — dit l'historiographe de Mgr Pavy, — se reliait à une manifestation semblable, faite par les Africains à l'époque du Bas-Empire, en regard de ces mêmes lieux. Nos soldats en avaient trouvé la trace encore vive sur leur chemin. En effet, en franchissant le col des Béni-Aïcha, ils avaient heurté une pierre antique où était gravée l'inscription suivante : « Puisses-tu, ô « Christ, posséder solidement avec les tiens ce pays que « nous avons en vue! » Vœu véritablement apostolique ! Il avait dormi treize siècles sur ces hauteurs sauvages; aujourd'hui il se réveillait au bruit de nos victoires et se répétait encore plus ardent qu'autrefois[1]. »

LES AUMÔNIERS EN CAMPAGNE.

Volontaires de la foi et de la charité, sans titre officiel, sans traitement spécial, sans allocations de vivres, les aumôniers avaient dans les colonnes expéditionnaires une situation bien effacée en apparence, mais en réalité considérable, vu le respect dont l'armée les entourait et la sympathie ouverte des généraux. Il ne pouvait pas en être autrement, on s'entend vite entre gens de cœur, et les braves portant des armes se rapprochaient naturellement de ces autres braves qui, désarmés, s'exposaient de gaieté de cœur aux mêmes dangers qu'ils affrontaient, eux, par devoir.

Certains aumôniers vivaient à l'état-major, d'autres à la *popote* des officiers d'administration, prenant leur part de la dépense commune. Observateurs scrupuleux des ordres militaires, indulgents pour les faiblesses humaines, instruits, bien élevés, ils se faisaient dans tous les rangs des amitiés dont le plus grand nombre a survécu aux circonstances qui les avaient fait naître.

---

[1] *Mgr Pavy, ses œuvres et sa vie,* par l'abbé PAVY.

Nous avons dit quelle était leur place habituelle dans les marches, et comment ils employaient dans les ambulances les heures de repos qui s'écoulaient entre deux journées de combat. Si l'armée stationnait, ne fût-ce qu'un jour, soit pour un ravitaillement, soit pour la préparation de quelque importante action de guerre, l'aumônier aimait à parcourir le bivouac, échangeant des propos de politesse avec les officiers, mais s'arrêtant aux groupes de soldats, avec un ton de véritable camaraderie, dans un langage à la portée de ses interlocuteurs, les interrogeant avec intérêt sur leur pays, sur leur famille, gagnant leur confiance, sondant délicatement leur âme, se faisant de chacun d'eux un ami, résumant leur entretien en ces deux mots : Dieu et la France, qui doivent constituer la devise du soldat français.

Nos troupiers sortaient meilleurs de ces conversations, plus disciplinés et plus courageux; l'aumônier reprenait sa promenade, s'arrêtant à de nouveaux groupes; et, rentré sous sa tente, il rendait grâces à Dieu, car il venait souvent de remporter quelque victoire. Il avait conquis une âme, quelquefois plusieurs dans la même journée, âmes incultes jusqu'alors par la négligence des parents, ou emportées hors de la voie de Dieu par le tourbillon des passions. Que de retours à la lumière se sont opérés de la sorte, rien que par une simple conversation, rien que par la présence au camp d'un prêtre, d'un aumônier!

Ceux qui ne croient pas à l'influence du prêtre dans le milieu où nous le plaçons ne réfléchissent pas à la situation d'esprit du soldat loin de son pays, loin de sa famille, sans cesse exposé à la mort qu'il va donner à d'autres, et qu'il peut recevoir lui-même. Sa vie antérieure se présente à son souvenir; il revoit son enfance avec ses joies si pures, son adolescence avec ses troubles et ses ardeurs mal contenues par l'indifférence de son père et la faiblesse de sa mère, l'abandon des pratiques chrétiennes, l'oubli même de notre sainte doctrine. Il se rappelle son curé qui l'a baptisé, qui lui a peut-être fait faire sa première communion. Tout à coup, un homme semblable à ce bon directeur de son enfance s'offre à ses yeux : il porte le même habit, c'est la même démarche, le même langage grave et doux à la fois. Pourquoi n'irait-il pas à lui ou ne l'accueillerait-il pas avec confiance? Pourquoi ne lui dirait-il pas ses peines, ses révoltes intérieures, ses espérances et ses désespoirs? Pourquoi ne lui ouvrirait-il pas son âme altérée de consolations? Et voilà que sous la tente de l'aumônier, à l'abri d'une touffe d'arbres, quelquefois en cheminant côte à côte, bras dessus bras dessous, le prêtre et le soldat engagent une conversation intime... le soldat s'est confessé!

Et ne croyez pas que ce soit là un tableau d'imagination, le rêve d'un esprit halluciné, faisant une réalité de ce qui n'est qu'un vœu. Non : la scène que nous avons décrite s'est produite de tout temps et se voit souvent encore partout où on a laissé un point de contact entre les prêtres et les soldats. Plusieurs faits viendront à l'appui de cette vérité, dans le cours de ce livre, et déjà, pour ne pas laisser un instant de doute à ce sujet, nous reproduisons une lettre adressée à un de ses amis par M. l'abbé Marceille, aumônier du corps d'armée de la Tunisie, et que cet ami a bien voulu nous confier pour l'édification de nos lecteurs.

« C'était dans les premiers jours de l'année 1882, — écrit M. l'abbé Marceille. — J'étais alors aumônier intérimaire de l'ambulance de Manouba, près de Tunis. Je remplaçais un charmant aumônier, le Père Félicien, de l'Ordre de Saint-François; le Père avait contracté la petite vérole dans son service près des soldats. Il entra à l'ambulance où il guérit, et où il servit bientôt d'infirmier à un jeune sous-lieutenant du 11e de hussards qu'on avait transporté de Zagouhan dans un état effrayant. Son visage était affreusement défiguré par la petite vérole. Les soins des médecins et les prières du bon Père hâtèrent sa guérison, dont il remercia Dieu par une fervente communion.

« Le dimanche, après avoir dit une première messe à la Manouba, une deuxième à Tebourka, où se trouvait un corps de troupe assez nombreux, je retournai dans l'après-midi à mon poste principal; et, selon mon habitude, j'allai me promener à hauteur du camp sur les rives élevées de la Medjarda. Je pensais être ainsi plus accessible aux soldats. Je ne me trompais point.

« Au bout d'un instant, j'aperçus un soldat qui marchait presque parallèlement à moi, à quelque distance. Je crus comprendre qu'il voulait me parler, et j'attendis que nous fussions un peu rapprochés. — Est-ce que vous avez quelque chose à me demander? lui dis-je. Il fit quelques pas vers moi, et, avec un embarras extrême : — Oui, me répondit-il, mais je n'ose, monsieur l'aumônier, vous dire la peine que j'éprouve. — Je l'encourageai. Après un instant de silence, ce pauvre soldat reprit : — Monsieur l'aumônier, je suis bien malheureux, je n'ai pas fait ma première communion. Voilà bien des années que cette pensée m'oppresse; aujourd'hui je me suis senti encouragé à vous la communiquer. — Et il fondit en larmes. Je le consolai et lui assurai ce bonheur.

« — Comment se fait-il, lui demandai-je, que vous n'ayez

pas fait votre première communion ? — J'étais, me dit-il, sur le point de la faire, je suivais le catéchisme préparatoire. Quand on fit l'examen, je ne répondis pas suffisamment et je fus remis à l'année suivante. J'étais déjà grand et obligé de travailler pour venir en aide à ma mère qui était veuve. Nous étions cinq enfants encore jeunes. Quand les catéchismes recommencèrent, l'année d'après, je n'osai plus me présenter ; j'étais, du reste, en apprentissage. Depuis, je vis avec le remords de n'avoir pas reçu le bon Dieu ; et veuillez le croire, je ne désire rien tant que de le faire. — Ce récit m'émouvait. — Savez-vous, lui dis-je, vos prières ? — Je les sais, me répondit-il, et il me récita le *Pater*, l'*Ave* et le *Credo*. Il répondit aussi à mes questions sur les principaux mystères de notre sainte religion.

« — Depuis quand ne vous êtes-vous pas confessé ? continuai-je. — Depuis l'époque où j'allais au catéchisme, voilà bien longtemps. — Ne vous découragez pas ; si vous le voulez, je vais vous confesser tout de suite, et je vous rendrai la paix de l'âme. — Il était prêt à s'agenouiller. — Non, restez debout, ajoutai-je, je vous confesserai en nous promenant. Il dit son *Confiteor*, je l'aidai dans l'examen de ses péchés, et j'eus le bonheur de le réconcilier avec le ciel. Sa joie était grande et se traduisait par des larmes. — Maintenant, lui dis-je, voici un petit manuel, lisez-le, repassez l'abrégé qui s'y trouve de notre foi ; et, dans trois semaines, vous aurez le bonheur de faire votre première communion. Il la fit avec un autre soldat de son bataillon, qui était dans le même cas, le jour de la Pentecôte, à une première messe que je dis dans ma chambre.

« L'histoire de cet autre soldat n'est pas moins frappante, et je cède au plaisir de la raconter.

« J'étais revenu à Tébourka, à la suite de l'évacuation de

l'ambulance de Manouba sur la Goulette. Un jour, de très-bonne heure, j'étais allé me promener dans le jardin de la caserne. Un soldat en faction près de l'entrée du jardin me porta les armes; et, me voyant seul, il me dit : — Monsieur l'aumônier, moi non plus je n'ai pas fait ma première communion. Vous avez promis à un de mes camarades de la lui faire faire. Est-ce que je ne pourrais pas avoir le même bonheur?... J'admirai les secrets desseins de la Providence, qui m'avait conduit en cet endroit précisément au moment où ce jeune soldat y montait la garde. Je lui donnai bon espoir et l'engageai à venir me voir après la soupe. Il vint exactement. Je l'interrogeai sur la religion. Il était malheureusement très-peu instruit. Je lui fis le catéchisme ce jour-là; il revint les jours suivants avec son camarade. Au bout d'une dizaine de jours, ils me parurent suffisamment instruits, et j'eus le bonheur de leur donner à chacun la sainte communion, comme je vous l'ai dit.

« J'invitai à cette fête deux ou trois soldats dévoués, qui communièrent avec eux. Ils ont persévéré. Tous deux annoncèrent le soir même à leur famille la grâce précieuse qu'ils avaient eue le matin de ce beau jour, et je reçus de leurs mères et de leurs sœurs des lettres pleines d'affectueux témoignages de leur foi et de leur reconnaissance. »

Ce fait, que notre sujet nous a conduit à citer, n'est pas isolé, bien s'en faut, la collection de lettres que nous avons sous les yeux nous en fournit d'autres qui auront leur place dans ce livre et dans l'ordre qui leur appartiendra.

Grâce à Dieu, dont les évêques accomplissent les desseins, le service religieux est maintenant assuré dans l'armée d'Afrique; mais que de peines, que d'efforts, que de temps perdu, pour arriver à cette organisation qui s'imposait, dès les premiers jours, aux esprits ayant une vue claire des lois de la civilisation et des devoirs de tout gouvernement bien établi !

Dans son magnifique discours pour l'inauguration du service religieux dans l'armée d'Afrique, Mgr Lavigerie a, d'un trait brûlant de son éloquence, marqué au front les coupables du crime de lèse-religion et de lèse-civilisation, puis il a passé outre, sachant que le stigmate imprimé par sa main puissante était indélébile. Que serait-il advenu de ces coupables, si la voix du grand évêque avait évoqué ces milliers d'âmes entrées de l'Algérie dans cet inconnu, mais certain, qui se nomme l'éternité, sans qu'un ministre de Dieu leur en ait ouvert la porte, sans qu'une parole leur ait affirmé l'infinie miséricorde divine, sans qu'une main amie ait porté à leurs lèvres livides la croix, victorieuse des affres de la mort? Le tableau eût été terrible, terrifiant, mais le sublime orateur l'épargna à son auditoire ; la justice exigeait un châtiment, la charité suspendit l'anathème. L'historien n'est pas astreint à cette indulgence, et c'est pour cela que nous insistons sur le mal causé à l'armée d'Afrique, aux colons, aux Arabes mêmes, par des mesures idiotes ou méchantes, dont l'effet, voulu ou non voulu, était de séparer deux forces providentielles unies pour le bien de l'humanité : le prêtre et le soldat.

Nous apprécierons mieux l'étendue de ce mal, en suivant le dualisme et l'unité se succédant dans la direction des affaires publiques de l'Algérie, suivant que l'accord existe entre les évêques NN. SS. Dupuch, Pavy et Lavigerie, et les gouverneurs généraux, les maréchaux Valée, Pélissier et Mac Mahon. C'est l'histoire de ces épiscopats que nous allons résumer à grands traits.

DEUXIÈME PARTIE
ÉVÊQUES ET GÉNÉRAUX.

CHAPITRE PREMIER
Mgr DUPUCH. — LES MARÉCHAUX VALÉE
ET BUGEAUD.

« L'évêché d'Alger, dit un historiographe de Mgr Dupuch, était un poste non moins difficile qu'important. Il fallait pour le remplir un homme de cœur et d'intelligence, un prêtre d'une grande piété, un apôtre dévoré de zèle et prêt à se sacrifier au salut de son troupeau [1]. » Ce prêtre n'était pas le *rara avis* dans le noble clergé de France ; on le rencontrait dans chaque diocèse, et c'est précisément ce qui rendait sa désignation difficile. Le ministre, embarrassé par l'abondance des sujets, s'en rapporta, pour le choix du successeur de saint Augustin, à Mgr Dupanloup, alors vicaire général de Paris, qui lui désigna M. l'abbé Dupuch, dont la renommée avait déjà publié les mérites.

M. l'abbé Dupuch, né à Bordeaux en 1800, avait donc

[1] L'abbé POINEAU, *Vie de Mgr Dupuch*.

trente-neuf ans lorsque le gouvernement, comprenant enfin la nécessité de recourir au concours de la religion, s'il voulait réellement faire œuvre de colonisation en Algérie, et cédant aux sollicitations de l'armée, se décida à donner au culte catholique en ce pays une organisation régulière, en rapport avec les besoins de cette conquête.

Un de nos principaux officiers, écrivant au nom de cette armée privée depuis neuf ans de tout secours spirituel, s'adressait en ces termes au chef de l'État : « Si la « patrie a le droit de dire à ses enfants : *Donnez-moi,* « *dévouez-moi votre vie,* et s'ils ne peuvent la lui refuser, « s'ils la lui donnent avec transport, ils ont bien le droit « à leur tour de lui répondre : *Avec le pain du corps,* « *donnez-moi la nourriture de l'âme.* »

Préconisé à Rome, le 13 septembre 1838, le premier évêque de l'Église renaissante d'Afrique arrivait le 30 décembre à la métropole de son évêché. Il était reçu au débarcadère par le colonel Marengo, commandant la place d'Alger, *quatre prêtres* qui formaient tout le clergé de la colonie, et quelques Sœurs de *Saint-Joseph de l'Apparition.* Bientôt ce pauvre cortége se grossit à la nouvelle qu'un évêque venait d'arriver, et Mgr Dupuch, se rendant à l'unique église de la ville, était en quelque sorte porté par les flots pressés des Espagnols, des Italiens et des Maltais, tombant à ses genoux pour lui demander sa bénédiction. Nombre de Français aussi étaient accourus sur son passage. Entré dans son palais épiscopal, il y reçut immédiatement les autorités de la colonie. A leur tête était le maréchal Valée, gouverneur général ; venaient ensuite l'amiral Bougainville, les états-majors de la place, de la division militaire, de la marine, ainsi que le corps municipal, les administrations civiles, le cadi, le muphti, le pasteur protestant et quelques colons.

Le maréchal Valée voua dès ce moment à l'évêque la plus sincère affection. Les enfants de Mahomet eux-mêmes se sentirent subjugués par un charme irrésistible. Le cadi, suivi de deux doctes musulmans, s'approcha, et, après avoir considéré tantôt le nom de Dieu écrit en arabe sur les murs du palais, tantôt la croix pectorale de Mgr Dupuch, il prit les mains du pontife et lui dit, en les serrant affectueusement : « Nous savons que tu nous aimes et que « tu aimes les pauvres. N'est-ce pas que tu ne fais pas de « distinction entre ceux de notre culte et ceux du tien ? » « Oui, reprit Mgr Dupuch, je regarderai les pauvres, non « pas avec les yeux, mais avec le cœur. » Le muphti, à son tour, adressa au prélat ce compliment flatteur : « Nous étions dans les ténèbres, tu as paru, le soleil a « brillé sur nous. Je prie Dieu de te donner la force d'ac- « complir ta mission. » L'évêque répondit avec non moins de grâce : « Je prie Dieu que le soleil luise pour toi sans « nuages ; qu'il soit l'image du soleil de justice, de vérité « et de charité. »

Quelles durent être les pensées de Mgr Dupuch, lorsque seul avec Dieu dans son oratoire, il considéra la tâche que la Providence venait de lui imposer ? Un immense territoire, mais un désert ; là où il y avait autrefois trois cent cinquante-trois diocèses, des milliers d'églises et d'innombrables fidèles, un seul évêché, une mosquée transformée en église à Alger, et deux misérables chapelles à Oran et à Bone ; quatre prêtres et autant de langues différentes que de populations diverses ; tout à construire et à créer. Il lui faudrait des ressources inépuisables en personnel et en argent ; il fera appel au clergé de France, qui l'entendra; mais bientôt la méfiance du gouvernement prendra ombrage de ce mouvement apostolique, il en arrêtera l'essor; et comme s'il n'avait créé l'évêché d'Alger que pour leurrer les catholiques, il usera envers l'évêque de la plus odieuse et de la plus misérable parcimonie.

Mgr Dupuch a conscience des obstacles mis à l'accomplissement de sa mission par ceux-là mêmes qui la lui ont imposée; mais, plein d'une généreuse ardeur, il commence son œuvre par l'adoption de pauvres enfants abandonnés. Le maréchal Valée demande à concourir à cette première fondation, et le Saint-Père Grégoire XVI veut lui-même y participer.

En même temps qu'il établit la charité catholique en Algérie, l'évêque s'applique à y installer le culte. Il envoie à Constantine l'abbé Suchet, accouru de sa cure de Saint-Saturnin de Tours au premier appel de Mgr Dupuch.

Le général de Galbois qui reçut l'abbé Suchet à Constantine était très-carré sur la question religieuse. L'auteur de la *Vie de Mgr Dupuch* nous apprend qu'on avait écrit au général d'ouvrir une salle de spectacle à Constantine, et de tâcher de la pourvoir de quelques *artistes*. Mais il avait pensé que pour le quart d'heure, disait-il militairement, il valait pour le moins autant ouvrir l'église et l'hôpital, et y appeler les sublimes *artistes de la charité*.

L'évêque va visiter la province de Constantine; il s'arrête à Philippeville et y célèbre la sainte messe en rase campagne, au milieu des troupes, au bruit des tambours, aux détonations du canon, et il s'écrie, transporté : « Oh! le soldat français est bien le soldat chrétien par le cœur : il a le sentiment du beau, du sublime, et le beau, le sublime se trouvent dans la religion. »

Débarqué à Bone, l'évêque trouve dans cette ville un prêtre, l'abbé Banvoy, qui y exerçait depuis 1831 le saint ministère, sans autres ressources que celles que lui fournissaient les fidèles. Pour la première fois, il visite les ruines d'Hippone, en compagnie de son cher abbé Suchet et avec une forte escorte de cavalerie. A la vue de ces ruines, pleines du souvenir de saint Augustin, l'émotion déborde de son cœur dans une touchante allocution qui suit la célébration de la messe.

D'Hippone, Mgr Dupuch se dirige sur Ghelma, et de là sur Constantine. Le général de Galbois, à la tête d'un corps de troupes, se porte à sa rencontre et lui fait accepter les plus beaux appartements de son palais, — le palais du Bey. — La présence et le séjour de l'évêque à Constantine produisirent un merveilleux effet, et donnèrent lieu à des démonstrations émouvantes de la foi des chrétiens et du respect des Arabes.

Le vénérable prélat ne pouvait pas oublier les morts dans cette ville où ils avaient été si nombreux. Il voulut aller prier au cimetière, et comme le champ funèbre n'avait encore reçu aucune bénédiction, il le bénit solennellement au milieu d'une foule pieuse et fondant en larmes.

L'ÉVÊQUE ET LES SOLDATS.

Dans une de ses courses non loin d'Alger, Mgr Dupuch s'arrêta au marabout de Sidi-Kalef, situé sur un plateau près de Staouëli où débarquaient les Français en 1830. Il voulut célébrer la sainte messe sur ce lieu arrosé de notre sang... « C'est là, disait-il, qu'ont péri un grand nombre de nos frères; là que repose leur dépouille mortelle.

Allons prier pour eux et remercier le ciel du succès accordé à nos armes. » Par ses ordres un autel fut dressé sous un figuier aux rameaux touffus, qui avait abrité le brave Amédée de Bourmont, lorsque ce jeune officier, le second des quatre fils que le général en chef avait amenés avec lui, eut reçu le coup mortel en chargeant à la tête de ses grenadiers une troupe de Bédouins retranchés derrière une haie d'arbousiers et de lauriers-roses. Là, sur cet autel entouré de soldats, de colons et d'indigènes, à cette même place où, quelques années auparavant, retentissaient les foudres de la guerre, les malédictions des vaincus, les cris douloureux des mourants, le prélat offrit la victime de paix, au milieu des cantiques en langue arabe, et de guirlandes de fleurs que la brise de la mer voisine caressait par intervalles. Là encore, il fit faire la première communion à une vingtaine de petits Africains, et leur donna la confirmation.

Mgr DUPUCH DANS LES PROVINCES D'ORAN ET DE CONSTANTINE.

Après avoir visité l'est et le centre de son diocèse, l'évêque se dirigea vers l'ouest de ses domaines spirituels, qui réclamait sa présence. La province d'Oran semblait, en effet, par des motifs divers, rester étrangère au mouvement de rénovation religieuse et même à la direction administrative et militaire d'Alger, tant les généraux commandant Oran et ses quelques dépendances se croyaient les égaux en pouvoir des gouverneurs généraux. Comme à Bone, un seul prêtre résidait à Oran, y vivant Dieu sait comment, et y disant la messe dans un humble oratoire placé dans le sanctuaire d'une ancienne église espagnole. Il y avait cependant à Oran 12,000 catholiques, sans compter la garnison.

Pendant quinze jours l'évêque parcourut les environs de la ville, dans les limites que lui imposait l'état de guerre de cette province. Sa présence et sa parole ranimaient le courage et la foi chez nos coreligionnaires, en même temps qu'elles provoquaient, de la part des Arabes, de véritables explosions de respect et d'admiration.

A Mostaganem, où il se rendit par mer, les musulmans lui offrirent une de leurs mosquées pour qu'elle fût affectée au culte catholique.

D'Oran, l'infatigable évêque vogue vers Bone, et pose la première pierre de la nouvelle église à édifier sur l'emplacement de celle de saint Augustin. Une imposante cérémonie a lieu à cette occasion, et le général Guingré ajoute à son éclat par sa présence à la tête de son état-major et des troupes sous son commandement.

A son retour vers Alger, il s'arrête à Djidgelli, pour répondre aux vœux du général Dampierre et de la colonne sous ses ordres. Il dit la messe en plein air, au milieu des troupes en carré et de nombreux Kabyles descendus de leurs nids d'aigles dans la vallée, et il repart, ravivant dans tous les cœurs réconfortés les souvenirs toujours chers de la famille et de l'enfance chrétienne.

Dans ses voyages à travers les trois provinces de son diocèse, Mgr Dupuch étudie les points stratégiques sur lesquels il livrera bataille à la barbarie musulmane dès qu'il aura reçu de France un nombre suffisant d'auxiliaires pour les occuper, ou qu'il aura pu créer lui-même la milice sacrée nécessaire à ses desseins. Mais en même temps qu'il fixe ainsi l'emplacement de ses futures paroisses, il met en œuvre le second des instruments de propagande que les évêques ont de tout temps porté dans leur cœur : LA CHARITÉ ! Il soulage la misère des chrétiens et des infidèles, sans distinction de race, ne voulant voir en eux que les enfants du même père qui est dans les cieux.

Dans le courant de 1839, il fonda l'œuvre des orphelins, et pendant cinq ans il pourvut SEUL au logement, à la nourriture, à l'entretien de cette famille chérie qu'il avait si généreusement adoptée au nom de la religion et de la France.

Aujourd'hui, le voyageur peut admirer sur la colline de Mustapha-Supérieur et plus loin, à Ben-Aknoun, deux établissements splendides, où plus de sept cents orphelins des deux sexes sont recueillis, vêtus, nourris avec soin, élevés pour la société et la colonie. La création de ces asiles appartient à Mgr Dupuch, et c'est de leurs fondements que jaillit la source des douleurs dont fut abreuvée la fin de son épiscopat. L'œuvre des orphelinats, la plus bienfaisante de celles que nous devons à la religion chrétienne, s'étendit bientôt sur toute l'Algérie, grâce à la haute inspiration de l'évêque, grâce au dévouement des dames de charité, grâce aux Sœurs de Saint-Joseph, si dignement remplacées depuis par les admirables Filles de Saint-Vincent de Paul, grâce au généreux patronage de madame de Salles, fille du maréchal Valée et femme du chef d'état-major général, à celui de mesdames de Bar et baronne Vialar.

Quant à l'œuvre des orphelinats agricoles, confiée à la direction intelligente du Père Brumault, de la Compagnie de Jésus, elle ne tarda pas à fleurir au camp d'Erlon (Bouffarik), à Meserghin (province d'Oran), à Medgez-Amar (province de Constantine), etc. Le maréchal Valée secondait énergiquement Mgr Dupuch; toutes les administrations tendaient à imiter le gouverneur général; le Pape lui-même envoyait mille écus romains aux orphelinats de l'Algérie; c'était l'ère de la charité qui s'ouvrait, pour arriver à son maximum d'intensité sous le maréchal Bugeaud et le cardinal Lavigerie.

L'INSURRECTION DE 1839. — COMBAT DU 31 DÉCEMBRE.

L'insurrection de 1839 vint subitement troubler l'œuvre charitable de Mgr Dupuch et l'administration bienfaisante du maréchal Valée. Le gouverneur général, inquiet de l'attitude menaçante que prenait Abd-el-Kader, dont les malencontreux traités Desmichels et Bugeaud avaient enflé l'orgueil et enhardi les espérances, résolut de limiter exactement le territoire sur lequel l'émir élevait ses prétentions. Il exécuta donc, au mois d'octobre, avec le duc d'Orléans, l'expédition devenue célèbre sous le nom d'*expédition des Portes de fer*, et qui consista dans une reconnaissance armée de la route d'Alger à Constantine par le passage des Bibans que les Turcs n'avaient jamais franchi sans payer tribut aux populations kabyles de ces montagnes, et où n'avaient jamais pénétré les aigles romaines. Ce fut le signal de la guerre.

Abd-el-Kader, prêt à rompre lui-même le traité, bondit de joie à la nouvelle de cet événement. Il écrivit aussitôt à tous les chefs de tribu : « Sachez que nous ne sommes « plus en paix avec l'impie, et que nous le chasserons de « chez nous, s'il plaît à Dieu. Retroussez comme il faut « vos burnous, et préparez-vous à la guerre sainte. »

Cette lettre fut partout accueillie avec enthousiasme. A un signal donné, l'invasion déborda sur nous de tous les côtés à la fois. Les tribus que nous croyions soumises prirent les armes, enlevant nos convois, attaquant nos camps, massacrant nos colons, ravageant nos récoltes, incendiant nos fermes, couvrant nos plaines de leurs goums innombrables. Les colons s'enfuyaient à Alger avec ce qu'ils pouvaient sauver de leurs troupeaux; tandis que l'infanterie régulière d'Abd-el-Kader serrait de très-près Blidah et son camp, ses cavaliers rouges venaient faire boire leurs chevaux aux abreuvoirs d'Hussein-Dey.

La terreur était partout, le désarroi au quartier général. Le maréchal Valée, savant artilleur et profond tacticien sans doute, était surpris par l'impétuosité de cette attaque à laquelle les grandes guerres où il s'était distingué sous l'Empire, ne l'avaient nullement préparé. Pour faire face aux plus pressants dangers, il confia au colonel Changarnier, du 2ᵉ léger, la mission de couvrir le Sahel avec son régiment, deux escadrons de chasseurs d'Afrique et une section d'artillerie de campagne. Cette colonne se portait rapidement sur tous les points menacés, et sa seule présence mettait en fuite des nuées d'Arabes. Le chef avait communiqué son ardeur à ses soldats que rien ne fatiguait, que rien ne rebutait, si ce n'est le désappointement de ne pouvoir atteindre l'ennemi que le nombre ne rassurait pas contre notre attitude; il y avait chez tout le monde, dans cette petite colonne, une exaltation que le colonel entretenait avec soin.

Tant de ténacité à poursuivre l'ennemi, de vigueur dans les marches forcées, de mépris pour les privations, reçurent enfin leur récompense. Le 31 décembre 1839, l'ennemi attendit notre colonne renforcée du 17ᵉ léger, de quatre escadrons de chasseurs et d'une batterie de campagne, arrivés la veille avec le gouverneur général, conduisant un grand convoi qu'il fallait de toute nécessité jeter dans Blidah. Le général Duvivier, enfermé dans cette ville et son camp avec le 24ᵉ de ligne, luttait par des prodiges de bravoure, et ses troupes souffraient horriblement de la soif, les Arabes ayant détourné l'Oued-Kébir, qui donne l'eau à la ville.

Nous venions de dépasser Oued-Lalegh, lorsque, faisant tête de colonne à gauche pour marcher droit sur Blidah, nous apercevons, sur la rive gauche de l'ancien lit de l'Oued-Kébir, une ligne sombre et compacte d'où le soleil fait jaillir de nombreux petits éclairs, reflets du soleil sur les armes, et sur laquelle flottent quelques drapeaux. C'étaient trois des bataillons réguliers d'Abd-el-Kader, formés en carré avec leurs petits canons aux angles. Les insensés ! L'émir leur avait cependant bien recommandé de ne pas se risquer dans la plaine ; mais on n'évite pas sa destinée, ont-ils coutume de dire, et ils avaient quitté leurs excellentes positions dans les rochers des Beni-Salah, pour courir à leur destruction. A quatre heures du soir, il ne restait rien de ces trois bataillons ; le 2ᵉ léger et le 1ᵉʳ chasseurs d'Afrique les avaient détruits. Quatre cents cadavres des leurs jonchaient le terrain, le reste fuyait à perdre haleine.

CHARITÉ DE L'ÉVÊQUE.

Pendant que ces événements se passaient au centre de la Mitidja, l'évêque d'Alger redoublait de charité et multipliait ses bonnes œuvres, impuissantes néanmoins à soulager sensiblement toutes les misères qui, des points divers du Sahel, avaient cherché dans la métropole un refuge contre le poignard et la torche de l'insurrection.

« Placé au milieu d'une multitude d'indigents, d'affamés, de malheureux qui se désespéraient, il se dépouilla de tout, de sa montre, de sa chaîne d'or, de sa croix pectorale de cérémonie, d'une magnifique coupe en vermeil, don d'une amitié généreuse, d'un anneau de très-grand prix qui avait la même origine et dont l'éclat lui était devenu insupportable à la vue de tant de souffrances, de la riche patène d'un calice, au souvenir d'une grave parole de saint Ambroise; de son argenterie, de ses objets les plus chers, des souvenirs les plus sacrés de la famille, jusqu'au dernier [1]. »

Indépendamment de ses aumônes particulières, il faisait faire tous les lundis et tous les jeudis une distribution de pain. La porte de l'évêché était ouverte à tous les pauvres, sans distinction de culte ni de nationalité. « Ceux qui en ont été les heureux témoins n'oublieront jamais le spectacle ravissant que présentait chaque semaine la cour du palais épiscopal d'Alger. Autour d'un évêque dont le front rayonnait d'une sainte allégresse, autour de ses prêtres, ministres de sa charité, se pressaient avec reconnaissance le musulman et le chrétien, le Juif et le nègre, l'Espagnol et le Maltais, le Français et l'Allemand, des vieillards, des femmes, des enfants; et sur tous ces visages altérés par la souffrance, amaigris par la faim, il était facile de lire les impressions de joie naïve, de religieux respect, de gratitude profonde qui animaient tous les cœurs [2]. »

---

[1] *Mémoire relatif à l'administration diocésaine de Mgr Dupuch*, par M. l'abbé MONTERA.
[2] *Ibidem.*

Ainsi, tandis que le fanatisme musulman rouvrait au cœur de l'Algérie des plaies à peine cicatrisées, l'esprit chrétien travaillait par les mains de Mgr Dupuch à les refermer et à les guérir.

PREMIER ÉCHANGE DE PRISONNIERS.

Nous sommes en 1841. Deux années se sont écoulées, deux années de marches incessantes et de combats sanglants. Des renforts nous sont venus de France; le duc d'Orléans est accouru, accompagné de son jeune frère, le duc d'Aumale, son officier d'ordonnance. Dans la brillante journée du 12 mai 1840, nous avions enlevé le col des Mouzaïa, opiniâtrément défendu par Abd-el-Kader en personne; nous avions pris Médéah et Milianah désormais occupés par nos troupes, mais nous piétinions dans le quadrilatère formé par ces deux villes et la mer, laissant intacte la base d'opération de l'émir, qui y puisait sans cesse de nouvelles forces.

Le général Bugeaud remplace le maréchal Valée; au système de guerre du savant général d'artillerie succède une méthode tirée des guerres d'Espagne, d'Italie et du Tyrol; au lieu d'agir sur un seul point avec de grandes masses encombrées d'indispensables convois et contre lesquelles Abd-el-Kader peut, de son côté, réunir toutes ses troupes, on attaquera l'ennemi de plusieurs côtés en même temps, de manière à le forcer de diviser ses forces, et à les détruire en quelque sorte toutes à la fois. Les lieutenants du général en chef sont convoqués à Alger; des instructions claires et précises leur sont données, l'armée est répartie entre eux, et ils partent de ce point initial, en s'étendant en éventail d'Alger à Oran, la province de Constantine ne donnant aucune inquiétude. Le général en chef manœuvre au centre de ce secteur, et surveille l'exécution de son plan de campagne.

Avant la fin de l'année, Abd-el-Kader est refoulé au-delà du Sahel, de la Mitidja, de la province de Titteri et de la vallée du Cheliff. Tous ses bataillons réguliers ont été successivement détruits, ses villes de refuge prises et renversées par son infatigable adversaire; Mascara, Tékedempt, Tiaret, Saïda, Daya, Boghar, tombent successivement entre nos mains, avec les approvisionnements que, depuis huit ans, l'émir y avait entassés. Désormais Abd-el-Kader ne fera plus la guerre en sultan, comme il se qualifiait orgueilleusement, mais en partisan n'ayant plus que sa tente pour abri.

C'est dans ce moment que l'évêque d'Alger va, lui aussi, remporter sa victoire, victoire unique dans les annales algériennes, glorieuse pour la religion, aussi douce au cœur des mères que le triomphe des armes leur est douloureux. Mgr Dupuch va obtenir et opérer le premier échange de prisonniers arabes et français.

On sait la coutume féroce des Arabes : tout ce qui tombe entre leurs mains, morts, blessés ou vivants, est immédiatement mutilé, et les têtes sanglantes sont portées en triomphe aux grands chefs et aux tribus. Vers 1840, Abd-el-Kader avait donné l'ordre qu'on lui amenât les prisonniers vivants au lieu de les décapiter. Gardons-nous d'en faire trop d'honneur à notre ennemi ; ni son caractère, ni ses mœurs n'y sont pour rien. Il était sanguinaire comme ses semblables, et le Coran lui prescrivait l'extermination de tous les chrétiens sans distinction d'âge ni de sexe. Il obéissait à ses instincts sauvages lorsque, le 28 avril 1843, il autorisait son kalifat, Mustapha-Ben-Tamy, à égorger les trois cents prisonniers qu'il traînait après lui ; et il n'avait eu garde d'oublier les prescriptions du Coran, en appelant, au mois d'octobre 1839, les musulmans à la guerre sainte, guerre « sans trêve ni merci », dit le Prophète.

Cependant Abd-el-Kader avait bien réellement prescrit de faire des prisonniers ; il était même à peu près obéi là où il commandait en personne. C'est qu'il trouvait certains avantages à cette dérogation aux mœurs et aux préceptes musulmans. Il s'était trouvé en contact avec la civilisation, dans la personne des officiers détachés près de lui par suite des traités d'Oran et de Tafna. Il se considérait comme égal au roi des Français, puisqu'il pouvait prendre le titre de sultan ; il ne voulait pas nous être inférieur dans les devoirs pas plus que dans les droits de la guerre. Il le déclara formellement, lorsque, répondant à des officiers qui voulaient maltraiter le trompette Escafier, fait prisonnier pour avoir repoussé les offres de l'émir, il leur dit, en s'y opposant : « Il est de mon devoir « de me montrer aussi généreux que les Français, qui ne « maltraitent pas les prisonniers arabes. » Enfin, nous avions entre nos mains des personnages arabes importants et d'autres personnellement chers à Abd-el-Kader ou à ses kalifats. Or, il n'y avait d'espoir de les ravoir que par un échange avec des Français tombés entre les mains des Arabes. Aussi, plus ceux-là étaient élevés en grade, plus ils étaient traités avec ménagement.

De ce nombre était M. Massot, sous-intendant militaire, enlevé un peu au delà de Dely-Ibrahim par un parti des Hadjoutes, avec la diligence qu'il avait prise imprudemment pour se rendre d'Alger à Douéra. Ce fut cet enlèvement d'un sous-intendant qui amena l'échange des prisonniers, donnant ainsi à Mgr Dupuch l'occasion d'exercer son ardente charité, et à Abd-el-Kader celle de réaliser un de ses vœux les plus chers, quoique soigneusement dissimulé.

Ému de pitié, l'évêque écrit au fier représentant du Prophète pour lui demander le sous-intendant Massot :

« Tu ne me connais pas, mais je fais profession de servir Dieu, et d'aimer en lui tous les hommes, ses enfants et mes frères.

« Si je pouvais monter à cheval sur-le-champ, je ne craindrais ni l'épaisseur des ténèbres, ni les mugissements de la tempête; je partirais, j'irais me présenter à la porte de ta tente, et je te dirais, d'une voix à laquelle, si l'on ne m'a pas trompé, tu ne saurais pas résister : Donne-moi, rends-moi celui de mes frères qui vient de tomber entre tes mains guerrières... mais je ne puis point partir moi-même.

« Cependant, laisse-moi dépêcher vers toi l'un de mes serviteurs, et suppléer par cette lettre, écrite à la hâte, à ma parole que le ciel eût bénie, car je l'implore du fond du cœur.

« Je n'ai ni or ni argent, et ne peux t'offrir que les prières d'une âme sincère et la reconnaissance la plus profondément sentie de la famille au nom de laquelle je t'écris.

« Bienheureux les miséricordieux, car il leur sera fait miséricorde à eux-mêmes. »

Cette lettre répondait à l'un des plus vifs désirs d'Abd-el-Kader, mais elle y répondait d'une façon incomplète. L'évêque ne lui parlait que d'un seul prisonnier; or, on ne lui rendrait qu'un des siens en échange, et il désirait en avoir plusieurs. Aussi répondit-il à Mgr Dupuch par la lettre suivante, où, tout en paraissant faire assaut de charité avec l'évêque, il l'invitait à ouvrir des négociations plus larges.

« J'ai reçu ta lettre, et je l'ai comprise, écrivait l'émir; elle ne m'a pas surpris, d'après ce que j'avais entendu raconter de ton caractère sacré. Pourtant permets-moi de te faire remarquer qu'au double titre que tu prends de serviteur de Dieu et d'ami des hommes tes frères, tu aurais dû me demander non la liberté d'un seul, mais bien plutôt celle de tous les chrétiens qui ont été faits prisonniers depuis la reprise des hostilités.

« Bien plus, est-ce que tu ne serais pas deux fois digne de la mission dont tu me parles, si, ne te contentant pas de procurer un pareil bienfait à deux ou trois cents chrétiens, tu tentais encore d'en étendre la faveur à un nombre correspondant de musulmans qui languissent dans vos prisons?

« Il est écrit : Faites aux autres ce que vous voudriez qu'on vous fît à vous-même. »

Cette lettre remplit de joie le cœur de l'évêque. Que lui importait la leçon de charité que l'émir avait la prétention de lui donner? Ses espérances étaient dépassées; au lieu d'un seul captif à délivrer, il allait en avoir cinq ou six cents, car les prisonniers arabes ne l'intéressaient pas moins que les chrétiens, et la Casbah d'Alger était remplie de femmes et d'enfants provenant de nos razzias et sur lesquels s'étendait sa sollicitude. Il n'avait pas osé demander un échange de prisonniers, de peur de ne pas être écouté favorablement, et l'émir le lui proposait lui-même. Mgr Dupuch se hâta de communiquer au général Bugeaud l'offre d'Abd-el-Kader. Le gouverneur général, sans partager l'enthousiasme du prélat pour ce que celui-ci nommait la *générosité* de notre ennemi et qu'il qualifiait, lui, d'*habile politique*, autorisa l'évêque à entrer en négociations avec l'émir, et mit son autorité à la disposition du pieux successeur des Pères de la Merci.

M. l'abbé Suchet de la part de Mgr Dupuch, Sidi-Mohamed-Ben-Allahl, ex-bey de Milianah, du côté d'Abd-el-Kader, entrèrent immédiatement en relation et arrêtèrent d'un commun accord le jour, le lieu, le mode de l'échange. Le jour était le 18 mai; le lieu, la ferme de Mouzaïa, au pied des montagnes de ce nom, et l'avis en parvenait à l'évêque le 16 mai au soir.

Le même jour que l'évêque partait d'Alger pour son expédition pacifique, le général Baraguey d'Hilliers sortait de Blidah à la tête d'une colonne de troupes. En vain l'homme de paix écrit-il à l'homme de guerre de suspendre sa marche pour lui laisser le temps d'accomplir l'échange des prisonniers, le général, qui sans doute avait de fortes raisons pour ne pas s'arrêter, ne répond pas à sa lettre; et lorsque Mgr Dupuch arrive à Bouffarik, le canon tonne à Mouzaïa. Le cœur navré, l'évêque expédie un courrier au bey, qui lui répond en termes amers, se plaignant de ce qu'il appelle un guet-apens. Le découragement s'empare de tous les cœurs; l'évêque lui-même sent faiblir sa confiance, et cependant il veut tenter un dernier effort.

Pour cela, il veut envoyer une sorte d'ambassade au bey, dont on ne connaît même pas la position, et cette ambassade doit traverser le pays où l'on combat. MM. l'abbé Suchet, Berbrugger, de Franclieu et Toustain-Dumanoir se chargent de cette mission, et ils partent, amenant avec eux trois prisonniers qu'ils doivent remettre comme preuve de leur bonne foi.

Après avoir longtemps erré à travers mille dangers, cette petite troupe rencontre le bey dans les bois des Karazas; elle en est reçue d'un air farouche. Mais les paroles de paix qu'il entend, la remise des trois prisonniers, surtout la vue de l'un d'entre eux, jeune officier de réguliers, attendrissent Ben-Allahl, et il consent à terminer l'échange, le lendemain, aux environs de Bouffarik.

En effet, le 19 mai au matin, on pouvait voir de mille à douze cents cavaliers arabes, conduisant vers ce camp les captifs chrétiens. Mgr Dupuch, qui s'était porté au-devant d'eux, rendit les Arabes à leurs coreligionnaires, qui les accueillirent avec des transports de joie, tandis que lui-même, les yeux baignés de larmes, recevait nos pauvres compatriotes, parmi lesquels le sous-intendant Massot. Puis le chef de la prière chrétienne et l'ex-bey de Milianah s'abordèrent seuls, sans escorte, et eurent un long entretien. Quand ils se séparèrent, une égale émotion était peinte sur leurs visages, car leurs cœurs étaient faits pour se comprendre, et l'on ne saurait trop admirer ce rapprochement entre deux hommes de religion, de mœurs, de position si différentes, réunis en ce moment dans un même sentiment de charité envers leurs frères, et une foi pareille envers le Dieu qui veille également sur toutes les races.

L'évêque reprit lentement la route d'Alger à la tête de sa glorieuse conquête, et le bey, rejoignant au galop ses cavaliers, s'enfonça dans les fourrés des Karazas.

LE CAPITAINE MORIZOT.

Tous les prisonniers, tant Arabes que Français, n'avaient pas recouvré leur liberté dans l'heureuse journée du 19 mai 1841 ; on ignorait le sort d'une soixantaine d'hommes du 3ᵉ léger, faits prisonniers avec leur capitaine, M. Morizot, par les Arabes, dans une reconnaissance imprudente au-dessous de Koleah, le 12 août 1840.

Qu'étaient devenus ces malheureux? Nul ne le savait, lorsque la Providence nous mit sur leurs traces d'une manière bien inattendue, certes, mais bien touchante aussi. Poursuivant l'exécution du plan de campagne du général en chef, Lamoricière s'était porté sur Thaza, petite forteresse et dépôt d'approvisionnement d'Abd-el-Kader, qui devait être détruite comme les autres. Des morceaux de papier, trouvés dans une chambre du fort, firent d'abord connaître que le sous-intendant Massot avait été enfermé à Thaza ; puis on découvrit sur un mur l'inscription suivante, que tout le monde voulut lire, et que nous avons copiée dans sa touchante naïveté :

†

55 PRISONNIERS
ET UN CAPITAINE SONT
PARTIS LE 13 MAI 1841
OU NE SAVONS PAS.

LE 13 MAI 1841, 10 HEURES
SANS SAVOIR OU NOUS
ALLONS A LA GRACE DE DIEU.

Les cœurs sensibles comprendront que nous fussions tous émus à la vue de ces lignes tracées par un de nos camarades prisonniers. Le mot *Dieu* les terminait, une croix les commençait. La croix !..... Nous la trouvions dans une petite forteresse du pays des Angades, comme nous l'avions vue, gravée sur le roc, dans les anciennes mines des Mouzaïa, sur le petit plateau à mi-côte sud du col de ce nom, et dans les grottes du Mansourah. Là-bas, c'était la main d'un esclave, celle peut-être d'un compagnon de chaîne de saint Vincent de Paul, qui l'avait tracée ; ici, c'était celle d'un soldat prisonnier ; mais, autrefois comme aujourd'hui, la croix est toujours le signe de la rédemption ; le nom de Dieu, le cri d'espérance de l'homme le plus oublieux de la divinité, quand le malheur le visite.

M. L'ABBÉ SUCHET ET ABD-EL-KADER.

Dieu exauça les vœux des prisonniers ; le secret de leur sort, qu'ils confiaient aux murs de leur cachot sans espérer sans doute qu'il serait lu de leurs amis, nous aidait à retrouver et à suivre leur trace. Après être restés quelque temps chez les Hadjoutes, ils avaient été livrés à l'ex-bey de Milianah, qui les fit interner à Thaza, d'où nous savons qu'ils étaient partis. Mais qu'étaient-ils devenus depuis le 13 mai?... C'est ce que Mgr Dupuch résolut de connaître, afin d'arriver à un nouvel échange avec les Arabes que nous tenions encore en notre pouvoir.

L'évêque, instruit de tout, prit aussitôt le parti d'envoyer quelqu'un auprès de l'émir, pour réclamer la liberté des Français encore captifs. C'était une mission pleine de périls, car il s'agissait d'un long voyage à travers des populations hostiles, exaspérées par nos victoires. « Et d'ailleurs, comment trouver Abd-el-Kader, qui n'avait aucune résidence fixe, tantôt fuyant devant nos colonnes jusque sur les limites du désert, tantôt, par de longs détours, revenant sur ses pas, et paraissant tout à coup où il était le moins attendu[1] ?» Mais cette mission n'effraya pas M. l'abbé Suchet, dont le dévouement et le courage étaient à la hauteur des circonstances les plus difficiles. Il partit donc ; et sans le suivre dans son voyage palpitant de péripéties de toutes sortes, nous assisterons à son entrevue avec Abd-el-Kader, qu'il finit par rencontrer dans la plaine des Ghris, du côté de Mascara. Le vénérable voyageur a lui-même raconté cette scène dans ses lettres, et nous lui en empruntons le récit :

« Déjà Abd-el-Kader m'avait aperçu ; il m'envoya sur-le-champ son secrétaire, à qui je donnai les dépêches dont j'étais porteur. Je lui dis que j'attendais pour me présenter les ordres de son maître. Deux minutes après, le même serviteur vint m'avertir que le sultan était prêt à me recevoir.

« Il était toujours à la même place et dans l'attitude où je l'avais vu en arrivant (accroupi sur la terre nue, à l'ombre d'un figuier). Il ne se leva pas, salua très-gracieusement, et me fit signe de m'asseoir sur un modeste tapis étendu à ses côtés. Il me pria de lui faire lire par mon interprète les lettres de Monseigneur; il en fut enchanté et me témoigna sa satisfaction. Comme nous, il admirait la charité de notre évêque. —Je sais tout, ajouta-t-il avec vivacité, je sais tout ce qu'il fait pour l'Algérie, et j'ai

---

[1] Roy, *Illustrations de l'histoire de l'Algérie*.

une grande vénération pour sa personne. Je lui parlai du bonheur qu'avait eu le prélat en contribuant à l'échange des prisonniers. — Mais ce bonheur, ajoutai-je, ne sera parfait qu'après que tu nous auras rendu tous nos captifs; il en reste encore cinquante-six en ton pouvoir, et je viens les réclamer de la part de Baba-el-Kébir (l'évêque). A ces mots, je lui présentai la liste officielle des noms que notre armée avait trouvés inscrits sur les murs de Thaza[1].

« Abd-el-Kader, après un instant de réflexion, me déclara qu'il ne pouvait accéder aux vœux de mon évêque, tant que nous n'aurions pas rendu, de notre côté, tous les Arabes, sans exception, qui étaient encore au pouvoir de la France. Je lui répondis que telles n'étaient point les conditions de l'échange convenu entre Monseigneur et le kalifa; qu'en s'engageant à lui renvoyer les Arabes auxquels le gouvernement français jugeait à propos d'accorder la liberté, l'évêque n'avait nullement promis de briser les fers de ceux qui, par des délits passibles de nos lois, ou par des raisons d'État, ne pouvaient être délivrés. . . .

« — Mais tu me promets, reprit-il, que ton maître et seigneur fera de nouvelles démarches en faveur de quatre Arabes auxquels je tiens beaucoup, et d'un chef qui est en France parmi les forçats?

« — Pour ce dernier, Monseigneur a déjà sollicité sa grâce auprès du Roi; quant aux autres, je t'assure qu'il ne tiendra pas à mon maître que tu ne les revoies bientôt.

« Alors le sultan prit un ton grave et me dit :

« — Tes prisonniers te seront rendus.

« — Quand? lui dis-je avec anxiété.

« — Dès aujourd'hui. Je vais donner ordre à un de nos

---

[1] M. l'abbé Suchet dit de *Mascara*. C'est une erreur.

cheiks de les conduire à Oran, dont ils ne sont éloignés que de douze heures de marche.

« Je remerciai Abd-el-Kader je ne sais trop comment, et je lui demandai si je ne serais pas assez heureux pour rejoindre mes compatriotes et m'en retourner avec eux à Oran. Il me dit, en souriant, que la prudence s'y opposait. »

Après un entretien sur la religion chrétienne, provoqué par Abd-el-Kader à la vue du crucifix qui brillait sur la poitrine de M. Suchet, celui-ci fit apporter les présents que Mgr Dupuch envoyait comme une espèce de rançon pour les prisonniers français.

— Je les reçois, dit l'émir, parce que c'est ton évêque qui me les offre ; je ne les aurais pas reçus d'un autre.

« J'entamai alors, continue M. Suchet, un sujet non moins important.

« — Mon maître, dis-je, t'a demandé une grâce dans sa lettre, je pense qu'elle lui sera accordée. Si, dans la suite, d'autres Français, d'autres catholiques, deviennent tes prisonniers, pourra-t-il, évêque et pasteur, envoyer un prêtre à ses pauvres brebis, afin de les consoler et de les soutenir dans leur captivité ?

« — Il le pourra.

« — Eh bien ! lui dis-je, tu vas écrire de ta propre main à mon maître ; compte qu'en le faisant, tu rempliras son cœur de la joie la plus vive.

« — Je le ferai.

« Et il le fit. »

Nous lisons, en effet, dans la lettre d'Abd-el-Kader à Mgr Dupuch, le paragraphe suivant qui répond à la demande de l'évêque :

« Vous nous avez demandé s'il nous serait agréable

que vous envoyassiez un de vos prêtres auprès des prisonniers français, dans le cas où leur nombre viendrait encore à s'accroître dans l'avenir. Nous acceptons volontiers cette sainte proposition, et nous accueillerons avec plaisir celui que vous enverrez, s'il plaît à Dieu. »

Nous appelons l'attention de nos lecteurs sur ce dernier trait de l'entrevue de M. l'abbé Suchet avec l'émir. Ainsi, tandis que le gouvernement français marchandait à nos prêtres la permission d'accompagner nos soldats dans les dangers qu'ils allaient courir, nos prêtres s'offraient d'eux-mêmes pour partager la captivité de ces mêmes soldats, et un chef musulman, aux trois quarts barbare, mais profond politique, accordait à un évêque ce que nos ministres chrétiens et civilisés lui eussent certainement refusé.

En vertu des ordres d'Abd-el-Kader et des instructions du général Bugeaud, ce second échange de prisonniers eut lieu le 15 juin 1841, en avant du *camp du Figuier,* non loin d'Oran.

Telle est l'histoire de ces deux échanges de prisonniers, qui constituent l'un des plus beaux et des plus touchants épisodes de l'héroïque lutte des Français en Afrique. Ils étaient dus à l'ardente charité de Mgr Dupuch et à la haute intelligence du général Bugeaud. L'évêque et le gouverneur étaient d'accord sur toutes les questions morales et sociales intéressant la cause de la civilisation, et l'on sait, par ces exemples, quel bien résultait du concours de ces bonnes volontés. Malheureusement, il n'y eut plus d'autres échanges, si nous en exceptons le rachat, à prix d'argent, des officiers survivants du désastre de Sidi-Brahim (1846). Il y avait alors comme un interrègne des nobles instincts dans cette France qui en avait toujours été le trône et le berceau. Les relations établies entre Abd-el-Kader et Mgr Dupuch, le bien qui en résultait pour l'humanité, le retentissement qu'eurent ces deux échanges de prisonniers, la gloire qui en rejaillissait sur la religion, tout portait ombrage au gouvernement et lui faisait craindre que le clergé d'Afrique n'acquit, auprès des Arabes et de l'armée, une influence dont il ne voulait, lui, à aucun prix. Nos prisons se remplirent bientôt de prisonniers arabes, et Abd-el-Kader faisait égorger les captifs français qu'il ne pouvait plus nourrir.

Mgr DUPUCH CONTINUE SES ŒUVRES.

La délivrance des prisonniers n'absorbait pas Mgr Dupuch tout entier ; il avait encore la force et le temps de poursuivre le développement de ses œuvres et même d'en créer de nouvelles. Il trouvait la force dans son cœur, assez large pour toutes les formes de la charité ; le temps, en lui sacrifiant son repos. Aussi pouvait-il, moins de deux ans après son élévation à l'épiscopat, tracer, pour le Pape, un tableau de l'état de son diocèse, qui dut être bien doux à l'âme de Sa Sainteté.

A Alger, il a plus de douze mille catholiques, deux églises, quatre chapelles, vingt-trois prêtres ou missionnaires, y compris son chapitre, desservant les églises, les hôpitaux, les prisons, son grand et son petit séminaire et ses maisons d'orphelins. Il y a quatre établissements de Sœurs de Saint-Joseph, et il attend, d'un jour à l'autre, des Dames du Sacré-Cœur. — Dans l'*Ouest*, entre Cherchell, Mostaganem et Oran, cinq prêtres, pour cinq mille catholiques environ. A l'*Est*, le culte est à peu près assuré; et pendant le séjour de l'évêque à Constantine, il a donné la communion à quatre mille personnes, parmi lesquelles mille soldats. — Des cloches sont partout placées sur les monuments religieux pour appeler les fidèles à la prière. — Le jour de la fête du Saint Sacrement, à Alger, il a eu le bonheur de faire la procession, non plus sur un carrefour comme l'année dernière, mais à travers les principales rues, et de donner la bénédiction du haut d'un splendide reposoir élevé sur la belle place du *Gouvernement,* qui domine la rade. Plus de trente mille personnes l'accompagnaient; les troupes l'escortaient, les canons des vaisseaux et de la ville, les tambours et les trompettes saluaient Notre-Seigneur Jésus-Christ dans son divin sacrement; les Arabes eux-mêmes lui ont écrit, à ce sujet, les choses les plus consolantes.

LES RELIQUES DE SAINT AUGUSTIN.

Tant de travaux finirent cependant par altérer la santé de Mgr Dupuch, au point que les médecins lui prescrivirent un voyage en France. Il leur obéit, mais il profita de cette prescription pour aller en Italie faire un pèlerinage au tombeau de saint Augustin, et solliciter du chapitre de Pavie, gardien des ossements du saint évêque, une portion de ces restes sacrés pour la nouvelle église d'Hippone que son zèle pieux entreprenait d'édifier sur l'emplacement de l'ancienne[1].

---

[1] Saint Augustin était mort sur son siége épiscopal. Les Vandales qui avaient troublé ses derniers jours menaçant sa tombe, les successeurs du grand évêque transportèrent ses restes en Sardaigne. Deux siècles après, les Sarrasins s'étant emparés de cette île, un pieux roi lombard,

Les chanoines de Pavie ainsi que le Saint-Père accédèrent à tous les vœux de l'évêque d'Alger, qui fut mis en possession de son précieux trésor.

Le 25 octobre, le vapeur de l'État *Gassendi* quittait Toulon, emportant vers l'Afrique Mgr Dupuch, Mgr Donnet, archevêque de Bordeaux, NN. SS. les évêques de Marseille, de Digne, de Valence, de Châlons et de Nevers, qui faisaient cortége aux saintes reliques. Le 28, au point du jour, on se trouvait en face de Bone.

Au signal d'un coup de canon tiré de la Casbah, la population en foule s'était portée sur le rivage; à huit heures, par un soleil radieux, une flottille d'une douzaine de canots se détacha du vapeur et s'avança lentement vers la ville.

Dans le premier était Mgr Dupuch, portant la châsse de cristal et d'argent qui renfermait la relique, l'*ulna*, c'est-à-dire l'os du coude du bras droit. Les autres évêques suivaient en rochet et en mitre; après eux, les prêtres en habit de chœur.

Une chaloupe portait des religieuses de la Doctrine chrétienne; une autre, des Frères hospitaliers. Du sein de chaque embarcation, le chant des psaumes s'élevait comme la voix du Seigneur du milieu des flots.

Le cortége, ayant pris terre, passe sous un arc de triomphe et traverse les foules agenouillées que contiennent avec peine les troupes formant la haie, et à la tête desquelles sont toutes les autorités militaires et civiles. Ce fut une grande journée que celle du 28 octobre 1842; mais celle du 30 la surpassa en éclat et en puissantes

---

Luitprand, racheta le corps de saint Augustin, qui trouva à Pavie un asile digne de sa gloire.

émotions. Ce jour-là, la relique fut portée processionnellement de Bone à Hippone, au milieu d'un appareil imposant. L'archevêque de Bordeaux, qui présidait l'auguste cérémonie, célébra la messe et prononça une vibrante allocution dans laquelle il s'adressait particulièrement aux soldats.

Parlant à ces braves de l'action civilisatrice de la France, il leur dit que la religion seule pouvait accomplir cette mission, et il appliqua cette vérité à la conquête de l'Algérie.

Plusieurs traits heureux de son improvisation frappèrent vivement l'auditoire. « La religion dont nous sommes les ministres, dit-il en un endroit, est celle qu'honorèrent et pratiquèrent les Clovis, les Charlemagne, les Condé, les Turenne, celle dans les bras de laquelle Napoléon a voulu mourir. Il savait bien, cet habile appréciateur des hommes et des choses, que la religion ne fait qu'accroître la bravoure; il le savait bien, lui qui, frappant un jour sur l'épaule d'un de ses généraux, lui disait : *Drouot, tu es le plus brave de mon armée, parce que tu es le plus dévot.* »

LES TRAPPISTES A STAOUELI.

Le 19 août 1853, quelques religieux trappistes arrivaient dans la plaine silencieuse et déserte de Staouëli, appelés par Mgr Dupuch, auquel les intérêts matériels de la colonie n'étaient pas moins chers que ses besoins religieux. L'évêque d'Alger réalisait cette parole de l'archevêque de Bordeaux du haut des collines d'Hippone : « Et
« maintenant, si la civilisation doit refleurir dans ces

« lieux, si l'Arabe doit apprendre à cultiver cette terre
« qu'il foule d'un pied stupide, ce seront des religieux
« qui le lui apprendront, ce seront les Trappistes ! »

C'est dans cette plaine à jamais célèbre par le débarquement de notre armée en 1830, que les vénérés religieux résolurent de fonder leur établissement d'où devait rayonner sur les Arabes et sur les Européens l'enseignement le plus parfait de la vie agricole et chrétienne. Le lieu choisi par eux pour y bâtir leur monastère fut celui où les brigades Munck d'Uzer et Damrémont culbutèrent les Bédouins qui occupaient les deux rives du ruisseau ; là où la brigade Clouet, attaquée à l'improviste par l'ennemi que cachait un brouillard épais, fit des prodiges de valeur ; là où la division Loverdo soutint héroïquement le choc terrible des troupes du bey de Constantine et du kalifa d'Oran descendues précipitamment des montagnes voisines ; là où retentissaient encore les noms des généraux de Bourmont, Berthezène, Tolozé, d'Arcines, Achard. Les Trappistes furent bien inspirés dans leur choix, car « les souvenirs, dit M. Poujoulat, ont leur autorité ; l'intérêt, la grandeur morale de ce monastère s'accroissent par l'intérêt de la bataille de Staouëli ».

Le gouvernement concédait aux Trappistes 1,020 hectares de terre, non loin de Sidi-Ferruch, entre les coteaux au sud et la mer au nord. Le 14 septembre, jour de l'Exaltation de la Sainte Croix, en présence de l'évêque d'Alger, du gouverneur général, du directeur de l'intérieur, de hauts fonctionnaires, d'un nombreux clergé, de quatorze religieux et d'une multitude de colons, fut posée la première pierre du monastère de Staouëli. Cette pierre, façonnée bien des siècles auparavant par le ciseau des vainqueurs du monde, fut placée sur un lit de boulets ramassés dans l'enceinte même de la nouvelle Trappe, où ils dormaient depuis le grand jour de la bataille. Au mois d'août 1845, l'évêque d'Alger consacrait solennellement l'église *de la Trappe de Notre-Dame de Staouëli* [1].

LA PANTHÈRE ET L'ENFANT.

Le souvenir de la plaine de Staouëli avant l'arrivée des Trappistes évoque en notre esprit celui d'un fait dont nous fûmes témoin, et dans lequel la Providence intervint comme elle le fait souvent pour la protection des faibles et des innocents.

C'était en 1840 ; une femme, veuve récemment, sortait d'une des pauvres cabanes qui avaient formé le hameau de Dely-Ibrahim lors de l'établissement du petit camp de ce nom sur une hauteur d'où l'on a des vues sur Staouëli d'un côté, et de l'autre sur le terrain nu et mamelonné s'étendant jusqu'à Douera. Elle allait, la pauvre femme, dans la plaine de Staouëli chercher de l'herbe pour sa chèvre. Un enfant était à son sein, un autre, — garçon de douze à treize ans, — la suivait, portant sur son épaule un fusil à pierre, tel que le gouverneur en avait distribué aux colons de la banlieue d'Alger. La mère ne voulait pas qu'il emportât ce vieux mousquet, chargé depuis un an peut-être, mais l'enfant s'était obstiné, et la mère avait fini par céder.

Le trio étant arrivé au pied du mamelon où est assis le camp, la mère déposa son nourrisson sur l'herbe épaisse

---

[1] La pierre de fondation faisait partie des constructions romaines retrouvées dans la *Redoute.* — L'abbé Pioneau, *Vie de Mgr Dupuch.*

sous un bouquet de tamaris, et, s'armant de sa faucille, elle coupa l'herbe qui lui était nécessaire et dont elle fit un fagot. Déjà elle l'avait placé sur sa tête, et ayant repris son nourrisson, elle allait se diriger vers le village, lorsque son fils pousse un cri d'effroi. La mère se retourne, et, suivant l'indication de la main de l'enfant, elle aperçoit la tête énorme et les yeux flamboyants d'une panthère rasée dans un buisson de lentisques à vingt mètres d'elle. Son fils arme son fusil et veut tirer, la mère l'en empêche, elle espère que l'affreuse bête les laissera s'en aller sans les attaquer. Elle avance un peu, se retournant à chaque pas et serrant son nourrisson contre son sein ; le fils marche à reculons, son fusil bas et armé, le doigt sur la détente. La panthère s'est ramassée ; elle bondit sur le groupe humain. Au même instant, le garçon pousse un cri, un coup de feu se fait entendre, la mère tombe à genoux : Jésus ! Marie ! supplie-t-elle, les yeux au ciel, dans l'attitude d'un condamné attendant le coup mortel. Un instant se passe, terrible et plein d'angoisses, et son fils se jette à son cou. Regarde, mère !..... Et la mère, se retournant, voit la panthère étendue sans vie à quelques pas d'elle. Au moment où l'affreuse bête s'élançait sur le fils, celui-ci tremblant de terreur, instinctivement, nerveusement, avait appuyé sur la gâchette, sans épauler, encore moins sans viser ; le coup était parti, et la balle avait traversé le cœur de la panthère.

Arrivée toute tremblante au village, la mère courut au camp et raconta la scène terrible et le danger de mort auquel elle venait d'échapper. Une escouade en armes fut envoyée sur les lieux, guidée par le jeune héros de ce drame. On trouva la panthère là où elle était tombée ; elle mesurait 1 mètre 35. Mise sur un mulet et portée au camp, elle fut présentée au gouverneur général, qui donna une forte prime à cette pauvre famille si miraculeusement sauvée des griffes du plus cruel des fauves de l'Algérie. L'évêque prit à sa charge l'éducation du petit garçon et veilla désormais sur la mère ainsi que sur le nourrisson.

Nous avons connu et visité cette excellente femme d'une piété modeste, mais inaltérable. Depuis longtemps elle était privée des consolations de la religion. — Il n'y avait pas de prêtres en Algérie. — Elle n'allait pas à la messe ; mais, soir et matin, du vivant de son mari, un Allemand, comme depuis sa mort, la prière se faisait en famille, à genoux devant un crucifix et une statuette de la sainte Vierge.

« Je dois mon salut, nous disait-elle, à ces deux mots : « Jésus ! Marie ! prononcés au moment suprême. » C'était sa conviction... c'est aussi la nôtre.

LE TOMBEAU DE L'ÉVÊQUE REPARATUS.

Il devait être donné à Mgr Dupuch d'honorer son épiscopat par la possession des ossements vénérés d'anciens évêques d'Afrique. Après ceux de saint Augustin, rendus par ses soins à l'église d'Hippone, il eut le bonheur de recueillir les restes d'un prélat de la Mauritanie Tangitane, enseveli depuis quatorze siècles sous les cendres d'un vaste incendie, recouvertes elles-mêmes d'une épaisse couche de terre.

En 1843, le général Bugeaud ayant refoulé Abd-el-Kader au delà des vallées du Chéliff et de la Mina, résolut de lui fermer à jamais l'accès du Tell. Il occupa, à titre définitif, des points stratégiques, étudiés avec la haute intelligence qui le distinguait. L'histoire et la géographie anciennes lui servaient de guide, et il s'arrêtait de préférence aux lieux où les Romains s'étaient fortifiés. C'est ainsi qu'il s'établit sur la rive gauche du Chélif, à une petite étape de la mer, au lieu dit *El Esnam* par les Arabes, et nommé autrefois *Castellum Tingitii* par les Romains. On y fonda Orléansville, qu'il relia à Tenez, sur le littoral, par un route carrossable facilitant les communications de ses colonnes avec Alger. Orléansville commandait la vallée du Chélif, et fermait la trouée de l'Ouaransenis, que nous soumettions en ce moment.

Pendant que trois colonnes agissaient dans ce vaste et difficile pays de montagnes, le colonel Cavaignac, nommé commandant supérieur d'Orléansville, faisait tracer l'enceinte de ce nouveau poste, devenu depuis lors une ville de deux mille cinq cents habitants. Après avoir traversé une couche de terre d'environ 1 mètre 50 d'épaisseur, la pioche des travailleurs en rencontra une seconde, formée de cendres et d'une égale profondeur, s'étendant sous tout l'espace indiqué par le général pour les fortifications et les constructions de la nouvelle ville. Il était mathématiquement tombé sur *Castellum Tingitii*, brûlé par les Vandales, en 428. A chaque instant on trouvait des ruines, les unes calcinées, les autres ayant échappé à l'action du feu; enfin on mit à jour une église en tout son pourtour. Déblayées avec soin, ces ruines offrirent à nos regards une mosaïque de toute beauté, et un sarcophage en pierre, sur lequel était gravé le nom de Reparatus, episcopus. Instruit de cette découverte, le général en donna avis à Mgr Dupuch, qui accourut à Orléansville. Soit par nécessité de ravitaillement, soit par préméditation du général en chef, toutes les troupes qui guerroyaient au loin se trouvèrent réunies à Orléansville à l'arrivée de l'évêque ; et une reconnaissance scrupuleuse ayant été faite du précieux tombeau, il fut décidé que Mgr Dupuch en prendrait possession au nom de l'Église renaissante d'Afrique.

A cet effet, un autel fut dressé sur le tombeau de Reparatus, et l'évêque y célébra la sainte messe au milieu d'un carré formé par l'armée. Au centre et près de l'autel se tenaient le gouverneur général, les divisionnaires et brigadiers, ayant derrière eux leurs états-majors. Au commencement du service divin, à l'élévation et à la fin de la messe, toutes les batteries d'artillerie firent feu, les centaines de tambours, trompettes et clairons se firent entendre, un frémissement courut dans cette masse de guerriers chrétiens, et les très-nombreux Arabes qui nous entouraient étaient pris d'un saisissement visible. On était anéanti par la sublimité du spectacle, et chacun de nous répétait au fond de son cœur ces paroles de Clovis, au récit du supplice de Notre-Seigneur : « Que « n'étais-je là avec mes Francs! » L'évêque semblait transfiguré ; et son enthousiasme éclata en une improvisation qui fit tressaillir l'armée, de son illustre chef au dernier soldat. Dans de pareils moments on volerait avec bonheur non-seulement au combat, mais au martyre. Nous avons quelquefois assisté à la messe en campagne, mais rien d'aussi majestueusement chrétien ne nous est apparu.

CRUELLES ÉPREUVES DE Mgr DUPUCH. — FIN DE SON ÉPISCOPAT.

Ce furent les dernières joies de Mgr Dupuch. A partir de cette époque, les jours de son épiscopat furent des jours d'épreuves pour le vénéré prélat. Il eut à souffrir comme évêque et comme administrateur, jusqu'à ce que, vaincu par l'adversité, il quittât le siége où, pendant sept ans, il avait prodigué sans mesure sa piété, son dévouement, sa santé et sa vie.

Pontife de la religion chrétienne, il eut à lutter contre l'hostilité manifeste du pouvoir central, adversaire du dogme dont il avait le dépôt. « Des chrétiens, des enfants « de la France de saint Louis s'étaient placés entre la Sœur « de charité et l'enfant du désert, entre le prêtre de Jésus-« Christ et le disciple de Mahomet, entre l'Évangile et le « Coran [1]. »

C'est le 10 novembre 1845 que le directeur civil, d'accord avec M. le comte Guyot, directeur de l'intérieur, précurseurs l'un et l'autre des Paul Bert de 1885, adressait à la supérieure des Sœurs de Saint-Vincent de Paul à l'hôpital civil d'Alger la lettre suivante, qui doit être conservée comme un monument de honte pour les sectaires d'alors et ceux d'aujourd'hui :

« Madame la Supérieure,

« L'Algérie doit être avant tout le pays de la tolérance, en matière de religion. Toutes les sectes chrétiennes, tous les cultes opposés s'y rencontrent. Les hôpitaux, surtout, doivent être un champ neutre pour toutes les dissidences religieuses, etc.

« On a pu autoriser, sans danger aucun dans *quelques* hôpitaux de France, le placement de l'image du Christ; *mais ici, il ne saurait en être de même.* Aussi, j'ai l'hon-

---

[1] *La Colonisation de l'Algérie*, par M. Louis de Beaudicourt.

neur de vous prier d'inviter les Sœurs sous vos ordres à faire enlever des salles les signes du culte extérieur qui pourraient s'y trouver encore. Toute prière publique doit y être également interdite.

« J'espère que ces observations de ma part suffiront pour faire cesser un état de choses regrettable sous bien des rapports, et qui nuit essentiellement au bon ordre de l'établissement. »

Nous l'avons dit, cette lettre est à transmettre aux générations futures. C'est un monument d'imbécilité politique, par lequel on fait violence aux croyances catholiques sous prétexte de tolérance à l'égard des musulmans.

Paris n'approuva pas, c'était trop fort; mais l'administration civile de la colonie ne se tint pas pour battue. Elle commença une série de mesures odieuses et ridicules contre tout ce qui représentait en Afrique la piété et la charité. Une enquête fut ouverte pour convaincre les Sœurs d'abus et de prosélytisme. Un médecin civil déclara que les Sœurs ourdissaient certainement quelque chose, car il les avait surprises *distribuant des médailles à leurs affidés en signe de ralliement.* D'autres abus de cette force étaient signalés, et le ministre de la guerre ne craignit pas de signifier, le 3 juin 1846, que « la population catholique « était la seule dont le clergé eût à s'occuper ».

Les insensés! Mais si, se conformant à leurs ordres, le clergé avait borné son action aux seuls catholiques, que seraient devenus ces milliers d'Arabes, sauvés par nos évêques de la misère et de la faim aux époques de la disette et de l'épidémie? Ce ne fut pas tout. Ici un prêtre fut officiellement réprimandé pour avoir discuté sur la religion avec des Arabes. Un missionnaire, venant de la Syrie, reçut défense de mettre pied à terre sur le rivage de l'Algérie, parce qu'il parlait l'arabe, et qu'il eût pu causer avec les indigènes. On voulut défendre à l'évêque de laisser apprendre l'arabe à ses jeunes élèves des séminaires. Tout prêtre convaincu d'avoir fait le catéchisme à deux ou trois Arabes serait immédiatement embarqué pour la France.

Tandis qu'on taquinait, qu'on menaçait la religion chrétienne, qu'on refusait des secours à l'évêque pour élever des temples au vrai Dieu, on favorisait, on déterminait l'apostasie par l'appât d'emplois lucratifs, on bâtissait une mosquée à Philippeville, où il n'y avait pas un Arabe. Ces vexations arrachaient à Mgr Dupuch un cri d'indignation dont nous trouvons l'écho dans une de ses lettres au Pape. « Père saint, lui disait-il, il eût fallu sinon être aidé, encouragé, favorisé d'une manière quelconque par le gouvernement de mon pays, du moins ne pas être perpétuellement contrarié, traversé, soupçonné, empêché indirectement, directement même parfois, sur ce point capital. Mieux, oh ! oui, mieux eût valu mille fois pour un évêque missionnaire, et le premier évêque d'Alger ne pouvait pas ne pas l'être, la cangue sous laquelle prêchent encore les apôtres dont la parole n'est pas liée, ou le fer sous lequel ruisselle, toujours féconde avec leur sang, la semence des chrétiens, selon ce que répétèrent les premiers échos de cette terre à la voix de son Tertullien. »

A ces difficultés, dont Mgr Dupuch eût sans doute triomphé par sa foi vive et son ardente charité, se joignirent des obstacles matériels contre lesquels ils se brisa. Ces obstacles furent les grandes dépenses nécessitées par l'établissement du culte, et la disproportion énorme entre les besoins urgents et les ressources dérisoires mises par l'État à la disposition de l'évêque. Vu l'insuffisance des crédits,

Mgr Dupuch dut pourvoir à tout : à la subsistance des prêtres, à l'entretien du grand et du petit séminaire, à celui de ses établissements de charité. Les sommes portées au budget du culte de l'Algérie étaient de beaucoup insuffisantes, et chaque année, à l'aide de virements, on en détournait une partie pour l'appliquer aux frais de la guerre. Sans entrer en de pénibles détails, nous dirons que dans l'espace de sept années et demie, Mgr Dupuch dût emprunter cinq cent soixante-seize mille francs, en partie à un taux usuraire. Il succomba sous le poids d'engagements nombreux qu'il avait pris, ne pouvant pas prévoir l'abandon dans lequel le gouvernement le laisserait, en violation de la responsabilité qu'il avait prise en envoyant un évêque établir le culte en Algérie.

Le 9 décembre 1845, Mgr Dupuch envoyait sa démission à Rome, et puis il se dirigeait vers la Trappe de Staouëli, où il se proposait de finir ses jours.

La mort seule devait lui procurer une entière délivrance. Cette mort arriva à Bordeaux, le 18 juillet 1856. Nous verrons comment les restes du saint et malheureux prélat, déposés d'abord dans le caveau qui avait gardé longtemps les ossements de l'illustre cardinal de Cheverus dans l'église primatiale de Bordeaux, furent transportés à Alger, sur la demande de Mgr Pavy. C'est dans la cathédrale de cette ville qu'ils attendent la résurrection de la chair.

CHAPITRE II

Mgr PAVY.

Mgr Pavy, doyen de la faculté de théologie de Lyon, succéda à Mgr Dupuch au siége épiscopal d'Alger. Le nouvel évêque n'avait que quarante et un ans; mais sa haute science et ses vertus sacerdotales, sa jeunesse même justifiaient le choix du gouvernement, car si la science et la piété sont indispensables à un évêque pour la bonne direction spirituelle de son diocèse, la promptitude dans l'examen d'une question, la fermeté de caractère et les forces physiques n'étaient pas moins nécessaires à Mgr Pavy, héritier d'une œuvre dont les commencements avaient coûté si cher à son prédécesseur. Son brillant professorat, ses prédications et ses écrits avaient donné la mesure de ce dont il était capable pour la direction des âmes; la facilité avec laquelle il parcourait l'Europe, comme pour se délasser des travaux de la chaire et du cabinet, témoignait d'un tempérament inaccessible à la fatigue.

L'évêque ne démentit pas les promesses du professeur : son épiscopat est une suite non interrompue de fondations charitables ou pieuses, de luttes contre toutes les administrations, de voyages dans son vaste diocèse, en France, en Espagne, en Italie, et même en Allemagne. Il présidait dans la journée une assemblée ou une cérémonie religieuse; il prêchait le matin, il prêchait le soir; et le lendemain, lorsqu'on le croyait dans son palais, se reposant de la fatigue de la veille ou livré à des travaux de cabinet, Monseigneur voguait sur la Méditerranée, allant à Paris discuter avec les ministres, à Rome soumettre quelque point de discipline ou de doctrine au Saint-Père, à Biarritz obtenir de l'Empereur ce qu'il ne pouvait arracher aux ministres ; chez tous les peuples, dans toutes les cathédrales, quêter pour l'Église d'Afrique. Mgr Pavy était un prodige d'activité, de persévérance ; nous oserions presque dire d'heureuse obstination. Les circonstances venant en aide à ces dispositions naturelles, il a pu doter l'Algérie de monuments et de fondations qui resteront pour perpétuer sa mémoire.

L'épiscopat de Mgr Pavy dura près de vingt et un ans, du 26 février 1846, date de son élévation, au 16 novembre 1866, jour de sa mort. Le second évêque d'Alger léguait à ses successeurs une situation relativement bonne, et qui ne pouvait aller qu'en s'améliorant, jusqu'au jour où un cardinal, archevêque d'Alger, primat d'Afrique, aidé des deux suffragants d'Oran et de Constantine, assoirait la nouvelle Église sur des bases désormais indestructibles. Cette marche progressive était naturelle : les milieux dans lesquels agissaient les premiers évêques n'étaient pas semblables, ils changeaient même dans le cours de leur épiscopat ; ils s'amélioraient depuis que le gouvernement avait fait connaître par ses paroles et par ses actes sa résolution de garder définitivement l'Algérie, et manifesté une vue plus juste des moyens à employer pour la colonisation. Mgr Pavy le reconnaissait lorsque, dans un de ses rapports aux présidents des conseils de la Propagation de la Foi, — 16 avril 1852, — il écrivait, en s'excusant de ne pas parler de la question arabe sur ce que sa position avait de diffi-

cile à cet égard : « Les obstacles s'amoindrissent avec le
« temps; ils ne tarderont pas à cesser, ou du moins à s'at-
« ténuer, de telle sorte qu'une prudence commune suffira
« pour les vaincre. »

Le second évêque d'Alger a fait de grandes et belles
choses durant son épiscopat; il fut servi dans l'accomplissement de sa mission par son mérite d'abord, qui était
considérable, puis par des circonstances providentielles
et des mouvements politiques qu'il sut faire tourner à
l'avantage de son œuvre. Nous citerons particulièrement,
parmi les événements heureux pour l'Algérie, survenus
dans une période de quelques années, le court mais fertile gouvernement général du duc d'Aumale et le voyage
en Algérie de l'empereur Napoléon III et de l'impératrice
Eugénie. L'influence que, par ses hautes qualités personnelles autant que par la grandeur de sa mission, l'évêque
prit sur les souverains, Mgr Pavy l'exerça uniquement
dans l'intérêt de l'Église d'Afrique, laquelle en ressentit
les heureux effets. Mgr Pavy fut, en outre, le premier à
profiter de la réaction qui suivit les faiblesses des quinze
premières années de la conquête. Ce que la république de
1848 avait compris, — comme nous allons le voir, —
l'Empire devait encore mieux le sentir. Cette conviction
que sans la religion on ne ferait rien de stable en Algérie, avait pénétré l'esprit de Napoléon III.

La bienveillance de l'Empereur ne fit jamais défaut à
Mgr Pavy, qui recourait sans cesse à lui dans ses embarras
ou dans ses conflits soit avec les gouverneurs généraux,
soit avec les chefs de la magistrature et des diverses administrations, et dont, grâce à ce puissant patronage, il sortait toujours victorieux. La majeure partie de ces conflits
pouvaient être évités, mais il eût fallu pour cela que, d'un

côté, les fausses idées de colonisation eussent complétement disparu ; de l'autre, que l'évêque mît plus de patience à les extirper. Mais quelques militaires étaient encore sous l'influence des instructions déplorables des bureaux de Paris, et Mgr Pavy ne transigeait jamais avec ses droits, pas plus qu'avec ses devoirs de chef de l'Église africaine. Des heurts devaient en résulter, et ils ont causé au vénéré prélat bien des ennuis dont il eût pu s'épargner une partie, en faisant, comme on dit, la part du feu.

LE MARÉCHAL BUGEAUD.

Le maréchal Bugeaud était à la tête de l'Algérie, lorsque Mgr Pavy en fut nommé évêque. Tout le monde connaît le légendaire vainqueur d'Isly, sa rondeur militaire et la bonté de son cœur. La première entrevue du gouverneur et du prélat fut extrêmement cordiale. C'est sous la meilleure impression que Mgr Pavy commença sa tournée pastorale.

Le gouverneur général voulut donner une marque de sa déférence envers l'évêque, en lui écrivant une lettre où il le félicitait du bien qu'il avait opéré dans sa visite épiscopale, et où il levait l'interdit mis jusqu'alors à la procession de la Fête-Dieu à Constantine. Comme pour donner un gage de la sincérité de ces sentiments religieux aux populations catholiques et aux Arabes, il tint à assister à la procession de la Fête-Dieu à Alger. Nous étions, ce jour-là, sous les armes, et nous avons gardé la plus profonde impression de cette solennité qui fait époque dans les annales algériennes ; nous n'évoquerons cependant pas nos souvenirs personnels, croyant préférable de citer le tableau officiel qui en a été tracé dans le temps :

« La procession de la Fête-Dieu d'Alger est un des plus beaux spectacles que l'on puisse contempler.

« Au milieu de la place du Gouvernement s'élève le reposoir. Il est surmonté de la croix qui, de sa hauteur, domine le croissant de la mosquée de la Pêcherie ; à sa base s'agitent une multitude de têtes d'anges, parées et couronnées de fleurs. Ce sont les enfants des asiles qu'on a assis, la face tournée vers le peuple, sur les gradins qu'ils animent et mouvementent. Les quatre faces du monument regardent les quatre points cardinaux et ont devant elles : au nord, le port où se balancent mille mâts pavoisés aux couleurs de toutes les nations ; au sud, la ville qui se dresse en amphithéâtre et dont chaque fenêtre embrasse le coup d'œil ; à l'est, le quartier Bab-Azoun et les deux Mustapha ; à l'ouest, enfin, Bab-el-Oued et le vert Boudjaréah. Tel est le cadre où se déploie la procession d'Alger.

« Deux haies de soldats se déroulent à droite et à gauche, sur tout le parcours de la procession. Les fanfares, les musiques militaires et civiles ont déjà pris leur position de distance en distance. Un escadron à cheval piaffe et hennit sur la place. Les matelots sont debout sur leurs vergues, remplissant les hunes ; les fenêtres et les terrasses des maisons se peuplent de spectateurs ; les Arabes tapissent les murs, se cramponnent aux angles des édifices, se hissent les uns sur les autres pour mieux voir.

« Voici la procession : quatre gendarmes à cheval ouvrent la marche ; viennent entre les deux haies mobiles des soldats deux immenses files de jeunes filles blanches, composées de toutes les écoles de la ville d'Alger ; puis les orphelines de Mustapha, les confréries de femmes, les dames de la Société de charité, les religieuses de tous les

Ordres. A leur suite se développaient les lignes de garçons, tous les enfants des écoles primaires, des petites pensions de la ville, tenant des oriflammes à la main; les orphelins de Ben-Aknoun, le lycée, le petit séminaire, et, après eux, les confréries d'Italiens, de Maltais, d'Espagnols, avec leurs bannières déployées; les conférences de Saint-Vincent de Paul, toutes les maîtrises de la ville, le grand séminaire, tout le clergé, le chapitre, l'abbé de Staouëli avec sa crosse de bois, l'évêque, sous le dais, portant le Saint Sacrement, et, derrière lui, une masse d'hommes suivis de quatre gendarmes qui ferment la marche.

« Au fur et à mesure qu'elle arrive, la procession se déroule et s'enroule sur la place, forme mille lacets, mille méandres autour du reposoir, et dessine, sans se rompre, une multitude de figures semblables à une fine toile d'araignée.

« Dès que le Saint Sacrement débouche par la rue Bab-Azoun, le gouverneur général avec son brillant état-major, la cour en robe rouge, le tribunal, les fonctionnaires civils descendent du palais et viennent se placer en face du reposoir. Après les oraisons, l'évêque, tenant en main l'ostensoir, se tourne pour bénir. Une voix puissante crie : « Genoux, terre! » Aussitôt les tambours battent aux champs, les musiques retentissent, les cantiques s'entremêlent, les fusils résonnent en reposant sur le sol, les canons de mer répondent aux canons de terre, un frémissement involontaire s'empare des cœurs : Dieu est là! on s'incline et l'on se relève avec un immense soupir de foi et d'admiration qui couvre, comme un religieux hourra, l'autel, la place et la cité [1]. »

---

[1] L'abbé PAVY, *Mgr Pavy, sa vie, ses œuvres.*

Ces imposantes et salutaires solennités religieuses, qui réjouissaient notre âme en la fortifiant, sont interdites aujourd'hui en Algérie comme en France. Non-seulement les soldats n'escortent plus les processions, mais ils n'entrent même pas dans les églises pour y rendre les honneurs funèbres à leurs chefs et à leurs camarades décédés. Un gouvernement peut bien empêcher l'armée de s'associer aux manifestations du culte, mais il est impuissant à arracher du cœur du soldat la foi dans la divinité, objet de ce culte. C'est là ce qui fait sinon notre consolation pour le présent, du moins notre espoir pour l'avenir.

Les relations entre le maréchal Bugeaud et Mgr Pavy furent toujours cordiales. Nous en avons une preuve dans le portrait que trace du vainqueur d'Isly l'historiographe du second évêque d'Alger, si chatouilleux sur tout ce qui touche à son frère. « Homme de guerre consommé, dit-il, fondateur de villes, habile colonisateur, travailleur infatigable, père du soldat et du colon, le maréchal Bugeaud a laissé en Afrique les traces les plus profondes et les plus glorieux souvenirs..... Le maréchal Bugeaud avait le sens religieux très-prononcé. « Je ne suis pas « sans religion, disait-il souvent, j'ai la foi, l'espérance et « la charité. » Et il le montrait par la manière dont il se tenait à la messe militaire, qu'il manquait rarement.

LE DUC D'AUMALE.

Le maréchal Bugeaud ayant donné sa démission à la suite des tracasseries que lui suscitaient ses ennemis politiques, le duc d'Aumale fut nommé gouverneur général de l'Algérie. Cette nomination pouvait seule consoler l'armée et la colonie de la perte qu'elles faisaient en la personne du duc d'Isly.

L'Algérie connaissait son nouveau gouverneur général, et, ici, connaître signifie aimer. L'armée l'avait vu accourir au plus fort de l'insurrection, se placer dans ses rangs et parvenir au sommet de la hiérarchie militaire par des échelons dont chacun était une action d'éclat. Elle l'avait vu à sa tête dans les rudes campagnes des Ziban et des Ouled-Sultan; elle avait, sous ses ordres, enlevé la Smalah, et tressailli à ces paroles du prince-général, répondant à des conseils de prudence au moment suprême de cette journée : « Un Bourbon ne recule jamais. » Elle avait assimilé ce mot chevaleresque au bâton de commandement jeté par l'aïeul du prince, le grand Condé, dans les lignes de Fribourg.

La population civile n'était pas moins heureuse que l'armée de voir ses destinées confiées à un administrateur chez lequel la maturité avait devancé l'âge, et qui, dans le commandement de la province de Constantine, avait fait preuve des plus hautes capacités, en même temps qu'il gagnait les cœurs par l'affabilité de son caractère et son entier dévouement. Le prince gouverneur fut reçu à Alger avec des transports d'enthousiasme; la duchesse d'Aumale, fille de Léopold de Salerne, retenue quelque temps en France par la suite de ses couches, rejoignit son époux le 11 novembre 1847, et fut l'objet des plus chaleureuses démonstrations.

Mgr Pavy harangua le prince à son arrivée : « Nous « prierons le Seigneur, lui dit-il, de répandre sur l'homme « de sa droite ses bénédictions les plus puissantes »; et le duc d'Aumale lui répondit par ces mots d'une grande élévation : « Priez, Monseigneur, la bénédic-

« tion du ciel est la plus sûre garantie de nos succès. »

Les actes du duc et de la duchesse étaient en tous points conformes à cette déclaration de principes; la duchesse assistait tous les jours à la messe à la chapelle de l'évêché; le duc s'y rendait souvent et y faisait ses dévotions aux grandes fêtes de l'Église. L'influence du gouverneur général se faisait sentir dans l'armée et dans la population civile. L'autorité de l'exemple agissait avec sa force accoutumée; généraux et officiers supérieurs, affranchis de la consigne qui avait jusqu'alors comprimé leurs convictions, se livraient aux élans de leur cœur, écoutaient la voix de leur enfance religieuse et se montraient empressés auprès des représentants de leur foi catholique. L'évêque continuait ses visites pastorales; aucune fatigue ne l'arrêtait, aucun danger ne l'intimidait, partout il était l'objet de la courtoisie de l'armée et de la respectueuse admiration des indigènes.

Il quitte Alger pour aller visiter la subdivision de Médéah. Prévenu de ce voyage, le général Blangini, commandant à Blidah, lui envoie sa voiture à Mered, et lui offre l'hospitalité dans son hôtel. Le lendemain, à son départ pour les mines de Mouzaïa, le général lui donne un escadron de spahis d'escorte. Il visite la grotte où il trouve une croix gravée sur le roc et la trace vivante des temps espagnols. Au passage du col de Mouzaïa, le commandant Paüer le fait asseoir à une diffa préparée par les soins du bach-agha, Moul-el-Oued; le général Marey-Monge, qui commande Médéah, va à une lieue et demie au-devant de l'éminent voyageur et le reçoit chez lui, après lui avoir présenté les ulémas, les marabouts, les tolbas des montagnes, les représentants des divers rites musulmans et ceux des confréries religieuses, appelés pour faire honneur au grand pontife chrétien.

A la vue de l'évêque, tous portèrent la main sur leur cœur en signe de joie et de respect, s'inclinèrent sur son passage et lui firent cortége jusqu'à la porte de la subdivision où il logea. Le lendemain, le général, son état-major et un groupe d'officiers sans troupe accompagnèrent l'évêque à l'église, où il officia. C'était un enchantement! Ces manifestations, qui se reproduisaient spontanément partout, n'étaient du fait ni d'un général, ni d'une localité; elles étaient l'effet de l'empire qu'exerçait l'autorité militaire sur les populations arabes, sur les tolbas, sur les marabouts eux-mêmes. Cet empire était si grand que bien des personnes purent croire sans témérité que le jour où l'armée voudrait sérieusement prêter son concours à l'œuvre des missions, on verrait faiblir la résistance des indigènes, et qu'on pourrait travailler raisonnablement, pour ne pas dire fructueusement, à leur conversion.

L'Algérie ne jouit que peu de temps du gouvernement réparateur du duc d'Aumale. La révolution de 1848 chassa la branche cadette des Bourbons, comme la révolution de 1830 avait expulsé la branche aînée. Le prince et la princesse de Joinville étaient auprès du duc et de la duchesse d'Aumale quand la fatale nouvelle arriva à Alger. Joinville adoré de la flotte, d'Aumale cher à l'armée, pouvaient en débarquant l'un à Toulon, l'autre à Marseille, rétablir la monarchie sans effusion de sang. Le conseil leur en fut même donné, dit-on, par Changarnier, mais d'Aumale ne voulut pas y accéder. Les princes et leurs familles partirent pour l'exil.

Mgr Pavy s'empressa d'adhérer au nouveau gouvernement, invitant par une circulaire du 12 mars 1848 le clergé à suivre son exemple, et à bénir, comme il le faisait lui-même, tous les arbres de la liberté.

LE GÉNÉRAL CAVAIGNAC.

Le général Cavaignac, nommé gouverneur général, arriva de Tlemcen où les événements l'avaient surpris. A peine les réceptions officielles des corps constitués étaient-elles terminées, qu'il rendit sa visite à l'évêque, lui promettant toutes ses sympathies pour sa personne et son concours le plus entier pour le bien de la religion, le remerciant en outre de la direction qu'il avait donnée à son clergé.

Le nouveau gouverneur général ayant, par cette démarche, dessiné aux yeux du public la conduite qu'il entendait suivre, il était tout naturel que les relations entre l'administration civile et l'autorité ecclésiastique fussent cordiales. L'évêque et le clergé devaient bientôt éprouver les bons effets de cette cordialité. L'ancien camp de Kouba, demandé en 1847 par l'évêque pour y établir le grand séminaire, et refusé sous prétexte d'insuffisance de logement pour les troupes, lui fut cédé par le général Cavaignac.

L'installation du grand séminaire eut lieu le 23 mai 1848; mais Cavaignac ne fit que passer au gouvernement général de l'Algérie; et peu de temps après son départ, son successeur reçut du ministère de la guerre l'ordre de conserver le camp de Kouba, et de *n'y laisser entrer à aucun prix les séminaristes.* Heureusement que le successeur de Cavaignac était Changarnier.

LE GÉNÉRAL CHANGARNIER.

Celui-ci, tout contristé, s'en fut annoncer la triste nouvelle à l'évêque.

« Monsieur le gouverneur général, répondit monseigneur, on vous défend de laisser entrer les séminaristes à Kouba; on ne vous a pas dit de les renvoyer. Ils y sont maintenant; voulez-vous mettre en marche un escadron pour les en chasser? — Ils y sont? dit le gouverneur. — Oui. — Eh bien, qu'ils y restent. » C'est ainsi que la belle position de Kouba fut acquise à l'église d'Alger.

Outre le don, qui était magnifique en lui-même, Mgr Pavy voyait dans la bienveillance du gouverneur tous les symptômes d'une politique favorable à la religion. « Croiriez-vous, écrivait-il à un de ses amis, que par le temps qui court, on vient de me faire cadeau d'un camp admirablement placé, capable de contenir cinq cents hommes, d'où l'on a fait évacuer les troupes à dessein, et cela pour me faire un grand séminaire? Croiriez-vous que les généraux Cavaignac et Changarnier ne manquent pas la messe militaire le dimanche; qu'à l'heure qu'il est, mon frère, — l'abbé Pavy, son historien, — s'enfonce dans le sud, et que le général Herbillon fait en partie les frais de sa route, mulets, escorte, logements à la subdivision de Batna? »

Ainsi, l'entente la plus parfaite régnait entre l'église et l'autorité militaire en Algérie, même dans les jours si agités d'une république naissante[1].

---

[1] L'abbé Pavy, *la Vie et les œuvres de Mgr Pavy*.

LE GÉNÉRAL CHARON.

Le général Charon succéda au général Changarnier appelé à Paris. Ce changement se faisait en prévision des colonies agricoles, — système Lamoricière, — dont on préparait la création en conseil des ministres. Le général Charon ayant été longtemps à la tête du service du génie en Algérie, nul ne devait connaître mieux que lui les détails d'une pareille opération.

Les colons arrivèrent enfin. Ils furent reçus avec des démonstrations qui faisaient sourire les vieux Africains et gémir les hommes tant soit peu clairvoyants. L'évêque les harangua, les bénit, eux et leurs drapeaux; le clergé les accompagna processionnellement au chant du psaume : *Laudate Dominum, omnes gentes,* tandis que nous cherchions sur ces figures sinistres l'assassin de Mgr Affre.

L'historien de ces fêtes exulte le long de quatre grandes pages, puis viennent quatre lignes empreintes d'une douloureuse mélancolie. « Évidemment, dit-il, on avait voulu « débarrasser Paris d'un tas d'émeutiers; on y avait « réussi. On essaye d'en faire des paysans, on n'y réussit « point. »

Des prêtres furent attachés à ces pseudo-colonies, et ils y déployèrent le zèle le plus ardent et le plus admirable dévouement. Nous avons dit dans la première partie de ce livre par quelles misères était récompensée leur charité. L'auteur de *la Vie et les œuvres de Mgr Pavy* fait un tableau navrant de l'existence de ces martyrs jetés au milieu de cette écume de la société, comme autrefois les chrétiens aux bêtes. Il s'écrie : « Encore si ces pauvres curés des colonies agricoles avaient eu les consolations du saint ministère ; ils auraient été dédommagés de tant de privations ! Mais on a vu plus haut avec quelles gens ils avaient à vivre : gens sans foi, sans mœurs, gâtés par les sociétés secrètes, garnements des faubourgs de Paris ; et c'est avec de pareils éléments qu'ils devaient créer des paroisses ! *avec de pareils exemples qu'ils devaient inspirer aux Arabes l'amour de l'Évangile !* »

Le choléra vint, quelques mois après, mettre en relief les hautes vertus de l'évêque, de son clergé et des congrégations religieuses. Plusieurs membres de l'un et des autres payèrent de leur vie leur dévouement aux malades.

INTÉRIM DU GÉNÉRAL PÉLISSIER.

Le général Charon fut rappelé en France dans le courant de novembre 1850. Il ne partit pas sans avoir écrit à Mgr Pavy une lettre d'adieux, témoignant que comme ses prédécesseurs Bugeaud, d'Aumale, Cavaignac, Changarnier, il avait vécu dans une intelligence parfaite avec l'évêque d'Alger, excepté en ce qui concerne l'action évangélique sur les Arabes (n'oublions pas qu'ils ne faisaient qu'obéir aux ordres de Paris).

Le successeur du général Charon était, provisoirement, le général Pélissier, préludant aux quatre ou cinq intérims qu'il devait faire avant d'être nommé définitivement au gouvernement général.

La cordialité entre le général Pélissier et Mgr Pavy allait parfois jusqu'à la familiarité, comme le témoignent plusieurs faits rapportés par le frère du prélat.

Le presse antichrétienne donnait, à cette époque, de

graves soucis à Mgr Pavy, et les tribunaux se montraient bien tièdes à le défendre et à le protéger. Mais, d'un autre côté, son cœur d'évêque trouvait une ample compensation à ces déboires, dans le concours que lui offrait l'armée en toute occasion. « L'Algérie, écrivait-il à un de ses amis, devient un pays très-chrétien. Je vous confie cela à l'oreille; nous ne disons mot, pour ne pas gâter par une louange inutile des œuvres naissantes que le zèle peut enfanter, mais que la discrétion seule peut soutenir et féconder. »

Dans sa visite à Sétif, non-seulement la garnison fut sous les armes, et le canon gronda pour annoncer l'entrée du prélat; non-seulement les rues furent pavoisées, et le soir, illuminées, mais encore le bureau arabe fit appel aux caïds, aux cheiks du cercle, à tous leurs goums, et vint, avec plus de huit cents cavaliers, au-devant de l'évêque sur la route de Constantine. Tous ces hommes à cheval marchaient de front sur un vaste espace; quand la voiture de l'évêque parut, ils poussèrent ensemble un immense cri de fête. Le commandant supérieur et le chef du bureau arabe ayant félicité l'illustre voyageur, sa voiture prit place au milieu de cette singulière mais glorieuse escorte, et marcha triomphalement vers Sétif[1].

Ainsi, tandis que par ses tracasseries et son mauvais vouloir l'administration civile contraignait l'évêque à cacher ses œuvres apostoliques, l'armée faisait au chef de la religion catholique en Algérie d'incomparables réceptions. Les Arabes en étaient extrêmement frappés; et comme ils mesurent la religion à la grandeur extérieure de celui qui la représente, ils concevaient la plus haute

---

[1] *Mgr Pavy, sa vie et ses œuvres*, par M. l'abbé Pavy.

idée de la nôtre, au spectacle de l'appareil grandiose et respectueux dont était entourée la présence du marabout kebir des Français.

LE MARÉCHAL RANDON.

M. le général Randon était gouverneur général de l'Algérie, lorsque fut érigée la statue du maréchal Bugeaud, entre la ville d'Alger et le faubourg d'Isly, sur l'emplacement où était autrefois la porte Bab-Azoun, porte que nous avons vue garnie, à la crête de son mur, de crochets en fer où les deys d'Alger faisaient accrocher les têtes qu'ils avaient abattues dans la journée.

L'élément civil et l'armée concourant à cette solennité, la religion ne pouvait pas y rester étrangère : l'évêque et son clergé y assistaient en habit de chœur, entourant un autel dressé en face de la statue de l'illustre maréchal. L'évêque saisissait toutes les occasions de faire intervenir la religion dans les cérémonies officielles, afin de les marquer du caractère chrétien, et d'accoutumer le pays à ne rien faire d'important et de solennel sans le secours de l'Église.

C'est au pied de la statue que Mgr Pavy célébra le mariage d'un orphelin pris dans l'orphelinat fondé en 1839 à Ben-Aknoun par Mgr Dupuch et confié au R. P. Brumault, avec une orpheline de l'établissement créé par madame la baronne de Vialar et protégé depuis par madame la duchesse d'Isly.

L'ARABE GERONIMO.

Une autre joie, un honneur plus grand étaient réservés à Mgr Pavy, celui de découvrir le corps de l'Arabe Geronimo, martyr pour la foi chrétienne.

Geronimo, tout enfant, avait été pris par les Espagnols en 1538, et vendu comme esclave au vicaire général de la ville, Jean Caro, qui l'éleva dans la religion chrétienne et le baptisa. A l'âge de dix ans, il fut repris par les Maures et rendu par eux à sa tribu. Il y resta jusqu'à 1559, sans que les pratiques musulmanes auxquelles il était astreint lui fissent oublier son baptême. Il s'enfuit un jour de sa tribu et retourna chez son père adoptif, Jean Caro. Il avait alors vingt-cinq ans, et le vénérable ecclésiastique le maria à une jeune Mauresque, convertie au catholicisme. Geronimo entra dans les troupes espagnoles, et il arriva qu'ayant pris la mer avec neuf soldats pour donner la chasse à un brigantin algérien, il fut fait prisonnier ainsi que ses compagnons. Dans la répartition des captifs, Geronimo échut au dey d'Alger, qui était Euldj-Ali, un renégat calabrais. Furieux d'apprendre que cet esclave était un musulman converti, le dey voulut le faire apostasier; mais il se heurta à une résistance que ni les menaces ni les mauvais traitements ne purent faire fléchir. Euldj-Ali résolut de le faire mourir d'une mort si atroce, qu'elle fût un épouvantail pour tous les chrétiens, et voici ce qu'il trouva dans sa recherche d'un raffinement de cruauté.

On construisait, par son ordre, en dehors de la porte de Bab-el-Oued, un fort que nous appelâmes le *Fort des vingt-quatre heures.* Les murs se montaient en pisé, à l'aide de caisses en bois qu'on emplissait de terre fortement tassée. L'idée infernale vint alors au dey d'y ensevelir Geronimo vivant. Averti du dessein d'Euldj-Ali par le maître maçon Michel, esclave chrétien, Geronimo se confessa à un de ces prêtres qui, même avant saint Vincent de Paul, allaient, captifs volontaires, s'enfermer dans les bagnes, pour donner les secours de la religion à leurs malheureux compagnons.

« Geronimo communia avant le jour ; et c'est avec ces
« armes spirituelles et invincibles, — dit Haëdo, dont les
« chroniques ont perpétué ce drame, — que le confesseur
« de Dieu se fortifia et attendit l'heure où le ministre de
« Satan devait le conduire à la mort.

« Traîné sur le lieu du supplice, Geronimo fut inter-
« pellé par le dey : — Holà, chien, lui cria-t-il, pourquoi
« ne veux-tu pas être musulman ? — Je ne le serai pour
« aucune chose du monde, répliqua Geronimo ; chrétien
« je suis, chrétien je resterai. — Si tu ne m'obéis pas, je
« t'enterrai tout vif. — Fais ce que tu voudras, répondit
« l'héroïque confesseur. Je suis préparé à tout ; rien ne
« me fera abandonner la foi de Notre-Seigneur Jésus-
« Christ. »

A cette réponse, Euldj-Ali, frémissant de rage, fit coucher Geronimo, pieds et mains liés, dans le moule à pisé, on commença à le couvrir de terre ; un renégat, nommé Temango, s'armant d'un pilon, sauta dans la caisse qu'on continuait à remplir et la foula vigoureusement. D'autres renégats l'imitèrent.

« Confiants dans la miséricorde de Dieu, continue le
« chroniqueur Haëdo, nous espérons de sa bonté qu'un
« jour nous tirerons Geronimo de cet endroit, et qu'avec

« les corps des autres saints martyrs du Christ, qui ont
« consacré cette terre par leur sang et leur mort, nous les
« placerons dans un lieu plus honorable pour la gloire du
« Seigneur, qui nous a laissé, à nous autres captifs, de
« tels saints et de tels exemples. »

L'espoir du captif Haëdo ne s'est réalisé que trois siècles plus tard, le 27 décembre 1853, par la découverte que fit Mgr Pavy du corps de Geronimo dans le bloc de pisé où il avait été enseveli vivant.

Dès l'année 1846, il était question de raser le fort des *Vingt-quatre heures* pour dégager l'esplanade Bab-el-Oued et y établir un parc d'artillerie. On était en marché avec un entrepreneur civil pour les travaux de démolition, lorsque les chroniques de Haëdo tombèrent entre les mains du savant bibliothécaire de la ville d'Alger, M. Berbruger, qui en communiqua le texte au gouverneur général et à l'évêque, en même temps qu'il en publiait une traduction dans le journal l'*Akbar*. L'émotion fut grande; les pourparlers avec l'entrepreneur cessèrent, et l'artillerie se chargea de la démolition du fort. M. le capitaine Susoni en eut la direction, et y apporta les soins qu'exigeait la crainte de compromettre la découverte qu'on se promettait. Les espérances furent d'abord ébranlées parce qu'on avait mal interprété Haëdo, touchant la partie du fort où devait se trouver le corps de Geronimo; on supposait que ce corps avait dû disparaître avec le pisé qui l'enfermait, dans des réparations dont on voyait çà et là la trace, lorsque l'artilleur Blot découvre un enfoncement dans lequel se trouve un squelette.

« A l'instant les travaux cessent, — dit Mgr Pavy, dans
« une lettre sur ce sujet, adressée aux conseils de la Pro-
« pagation de la foi. — M. le capitaine Susoni est averti.

« A la position des ossements, à la terre qui les couvre,
« aux débris de la corde qui liait les mains de la victime
« d'Euldj-Ali, il reconnaît Geronimo. M. Berbruger accourt
« des premiers et partage la même conviction. Alors on
« me fait prévenir ; je me hâte vers la glorieuse tombe
« avec les prêtres qui étaient autour de moi. Je contemple
« de mes yeux ce spectacle avec une émotion d'autant
« plus grande que ma position de juge m'imposait plus de
« réserve. Un coup d'œil suffit pour me convaincre ; mais
« je me tus. Après avoir donné les ordres nécessaires
« pour la garde du corps, j'avertis moi-même MM. le
« gouverneur général et le préfet d'Alger. »

Le gouverneur général Randon, protestant de religion, mais catholique de cœur, se prêtait de la meilleure grâce du monde aux désirs de l'évêque. Sa Grandeur ayant habilement fait coïncider la pose de la première pierre du nouveau parc d'artillerie avec la translation des restes du vénérable Geronimo, il s'ensuivit que les administrations judiciaires et civiles, ainsi que l'armée, concoururent, comme par hasard, à la manifestation religieuse. En effet, après la pose de cette pierre et les quelques coups frappés sur cette pierre avec le marteau d'argent, précédés d'un très-beau discours sur la guerre par Monseigneur, l'imposant cortége se groupa autour du squelette de Geronimo, d'où il gagna la ville « par le même chemin qu'avait suivi le martyr marchant à la mort ».

18 septembre 1569! — 28 mai 1854!... Quel contraste !

« Les autorités de la colonie suivaient le cortége. La gendarmerie et la milice à cheval fermaient la marche. On ne peut se faire une idée de la foule accourue à cet imposant spectacle. Cette population innombrable et profondément recueillie encombrait les rues par où passait le cortége, se pressait aux croisées, se penchait aux terrasses. Pas un petit point, pas un débouché, pas une ouverture, pas une maison qui ne fût garnie de spectateurs. Sous les arcades de l'hôpital civil, touchant spectacle! nous trouvons assis tous les malades que la gravité de leur position n'avait pas forcés de rester au lit ou dans leurs salles. . . . .

« Arrivés à la cathédrale, nous plaçâmes la châsse et les précieux ossements qu'elle contient dans une petite sacristie dont je gardai la clef. Le lendemain, le bloc fut posé dans une chapelle destinée à Geronimo...[1]. »

NOTRE-DAME D'AFRIQUE.

Mgr Pavy faisait construire en ce temps-là le sanctuaire de *Notre-Dame d'Afrique,* qui s'élève gracieusement sur la colline de Saint-Eugène. Les marins la voient de loin ; elle est pour eux une seconde *Notre-Dame de la Garde,* les protégeant du rivage sud de la Méditerranée, comme celle de Marseille les bénit du nord. Les voyages incessants de monseigneur, loin de nuire à son œuvre, la servaient, puisqu'il recueillait de nombreuses offrandes dans les églises ou il se faisait religieusement écouter.

Parmi ces dons de la piété envers Marie, il en arriva

---

[1] Lettre de Mgr Pavy aux présidents de la Propagation de la Foi.

C'est dans la première chapelle à droite en entrant dans la cathédrale que se trouve le monument. On y lit, sur une tablette de marbre, une inscription latine signifiant : « Ossements du vénérable Geronimo, serviteur de Dieu, que l'histoire rapporte avoir souffert la mort pour la foi chrétienne dans le fort des *Vingt-quatre heures,* où il a été découvert d'une manière providentielle et inattendue, le 27 décembre 1853. »

un à Mgr Pavy, qui lui fit un plaisir plus grand que tous les autres. Ce don avait passé la mer; il venait de Sébastopol. Il était dû au général Pélissier, qui avait appris par l'évêque lui-même la fondation de la chapelle africaine.

L'illustre général avait le commandement en chef de l'armée d'Orient, objet de tous ses vœux. La France suivait avec anxiété les mouvements de notre armée, l'Algérie surtout vivait plus en Crimée qu'en Afrique. N'est-elle pas la terre classique de l'armée? Elle a vu passer et grandir tous nos généraux.

L'évêque d'Alger ordonna, au milieu du mois de Marie de 1856, une neuvaine de prières pour le succès de nos armes. Les vœux les plus unanimes et les plus ardents montaient chaque jour vers le ciel, et le 8 septembre suivant, Sébastopol tombait entre nos mains. En reconnaissance de l'intervention de la sainte Vierge, le vainqueur de la Crimée envoya un riche don en argent à Notre-Dame d'Afrique et une croix détachée de l'une des flèches de la cité vaincue, pour être placée sur le front de la chapelle en construction. Déjà après la prise de Laghouat, en 1852, il avait fait parvenir à l'évêque d'Alger les plus belles palmes de l'oasis, pour être bénites le dimanche des Rameaux et offertes en hommage au Dieu des armées; et nous le verrons, à son lit de mort, léguer son épée de Sébastopol à Notre-Dame d'Afrique, comme un trophée d'amour et de reconnaissance devant reposer aux pieds de la statue de Marie, avec celle d'un des plus brillants soldats qu'ait produits l'Algérie, le général Iusuf.

C'est qu'il y avait chez cet homme de guerre, aussi légendaire par ses talents militaires que par certaines excentricités de son caractère et ses licences de langage, un véritable fonds de piété et une grande confiance envers Marie.

« Il fallait le voir, dit un historien, agenouillé devant l'image de la sainte Vierge à côté de la duchesse de Malakoff, quand sa fille était malade. Avec quelle ferveur il priait! Quel amour il témoignait à sa souveraine! » Ces sentiments de piété intime se trouvent nettement exprimés dans cette phrase de la lettre d'envoi des dons de Sébastopol à l'évêque d'Alger : « N'oublions pas que « l'homme le plus fort et le plus habile n'est aux mains « de Dieu qu'un instrument auquel ce grand roi donne ou « refuse à son gré la victoire. »

A la suite d'un dissentiment avec l'administration civile, qui voulait démolir l'évêché sous prétexte de viabilité, et transférer l'évêque à Mustapha, Mgr Pavy part pour la France et se rend à Biarritz, où l'Empereur et l'Impératrice devaient passer quelque jours. Quand il crut l'heure venue, il écrivit pour demander une audience. Comme le secrétaire des commandements lui objectait que Leurs Majestés ne recevaient pas, il lui fit comprendre qu'il était de loin, qu'il avait franchi la mer pour soumettre ses affaires au souverain, et qu'à ce titre il réclamait une exception. L'exception fut admise; l'Empereur et l'Impératrice se montrèrent d'une grâce parfaite; l'évêché d'Alger fut conservé, et l'évêque emporta de Biarritz une riche aumône pour Notre-Dame d'Afrique.

LE PRINCE JÉRÔME MINISTRE DE L'ALGÉRIE.

Un autre événement, qui semblait le prélude de la mise à exécution du fameux royaume arabe, rêve de l'Empereur, contre lequel Mgr Pavy avait publié une lettre remarquable, s'accomplit en 1858, et passa rapidement sans laisser de trace sensible. Un décret du 31 août créa un ministère de l'Algérie et le confia au prince Jérôme Napoléon. Un autre décret du 27 octobre institua les conseils généraux qui ont survécu au ministère éphémère.

Qu'allait devenir l'Église d'Alger dans les mains d'un homme connu pour n'être pas favorable à la religion ? L'évêque écrivit au prince ministre et reçut de lui une lettre qui le rassura, ainsi que le clergé et les fidèles. En effet, l'Église d'Alger n'eut pas à souffrir du passage du prince aux affaires, sauf quelques tracasseries et les singularités des hommes de son choix. Il porta même à un chiffre supérieur à tout ce qui avait précédé le budget diocésain, et donna la plus vive impulsion à la construction des édifices religieux. Cela ne doit pas nous étonner ; dès qu'ils sont au pouvoir, ces bravaches d'impiété sentent la nécessité du culte religieux, et nous verrons l'auteur de ce propos odieux : « Le cléricalisme, voilà l'ennemi », soutenir de sa bourse l'œuvre des missions africaines, qu'il n'osait pas défendre au parlement.

L'EMPEREUR ET L'IMPÉRATRICE A ALGER.

Le 17 septembre 1860, l'empereur Napoléon et l'impératrice Eugénie arrivaient à Alger, à bord de l'*Aigle*, qu'escortaient les vaisseaux l'*Eylau*, la *Gloire*, le *Vauban*, la *Reine Hortense*. Ils avaient été précédés par le *Christophe Colomb*, portant M. de Chasseloup-Laubat, successeur du prince Jérôme au ministère de l'Algérie. Leurs Majestés s'étaient arrêtées dans la Savoie, nouvellement annexée à la France, et avaient fait escale en Corse, pour y visiter le berceau de la famille Bonaparte. Malheureusement Napoléon III avait eu, à Chambéry, sa trop célèbre entrevue avec Cialdini, le très-prochain envahisseur des États du Pape, et pendant qu'Alger recevait ses souverains avec une pompe indescriptible, l'interlocuteur de Napoléon à Chambéry écrasait Lamoricière à Castelfidardo. — Victoire facile : dix contre un.

Pendant son séjour à Alger, l'Empereur avait réuni un grand conseil composé des hauts fonctionnaires, des généraux et des préfets. La divergence des idées et l'opiniâtreté de la lutte à les soutenir furent telles que l'Empereur, ne pouvant les mettre d'accord, leva la séance en disant « qu'il réfléchirait, qu'il agirait ». En effet, un décret du 24 novembre 1860 supprima le ministère de l'Algérie et rétablit le gouvernement militaire en Afrique.

L'évêque eut, au lendemain du décret qui paraît l'avoir fort contrarié, une preuve nouvelle de cette sollicitude de l'armée pour le clergé. Parti pour Laghouat avec son vicaire général, M. l'abbé Suchet, il se trouva, avant d'arriver à Djelfa, en pleine insurrection arabe. Le commandant de Sonis, chef du cercle de Laghouat, l'avait averti des dangers qu'il courait, l'engageant à remettre sa visite à des temps plus calmes. Mgr Pavy n'ayant tenu compte ni de ces avis, ni des conseils de M. l'abbé Suchet, autrement expérimenté que son évêque en ces choses-là, M. de Sonis se porta avec toute sa cavalerie à Djelfa, distant de deux marches de Laghouat. Monseigneur risquait fort d'être enlevé, sans l'intervention de nos escadrons. Il est douteux qu'un sous-préfet eût montré autant de zèle que le commandant de Sonis.

LE MARÉCHAL PÉLISSIER.

Le maréchal Pélissier, duc de Malakoff, fut nommé gouverneur général en remplacement du maréchal Randon, appelé au ministère de la guerre. Mgr Pavy écrivait à un de ses amis : « Je suis en termes parfaits avec le ma-
« réchal et son directeur général, M. Mercier-Lacombe. »

Ce beau ciel ne tarda pas cependant à s'obscurcir; une question de préséance fut le nuage qui s'interposa entre le gouverneur et l'évêque. Une décision de l'Empereur le dissipa.

Mgr Pavy avait deux devises ou, si l'on veut, deux principes qu'il formulait en ces termes : « Des épreuves,
« mais pas d'insuccès. — Pas de triomphes, mais des
« succès. » La résultante de ces formules était que tout devait plier sous sa volonté, et que la moindre hésitation devant ses désirs prenait à ses yeux les proportions d'une hostilité. De ces principes, l'éminent prélat s'était fait un système qu'il exposait en ces termes à M. l'abbé Girard, supérieur du grand séminaire : « Quand je suis arrivé en
« Algérie, j'ai dû relever la dignité épiscopale dans l'es-
« prit de nos généraux et des fonctionnaires publics; voilà
« pourquoi je me suis montré dès l'abord homme d'au-
« torité. »

Cependant les faits parlent hautement en faveur de l'armée et de son attitude aussi respectueuse que dévouée envers le clergé. Nous en avons rapporté plusieurs; nous pouvons en citer d'autres. Ainsi, au moment même de la brouille entre le maréchal Pélissier et Mgr Pavy, le général de Martinprey envoie à l'évêque 500 fusils pris aux

Flittas qu'il vient de désarmer, avec prière d'en faire une balustrade où une grille à Notre-Dame d'Afrique. — Le général Lasserre lui remet 180 francs que les officiers de sa division ont recueillis entre eux pour la chapelle en construction. — Le colonel du 43ᵉ de ligne, alors au camp de Châlons, M. Wolf, lui fait parvenir 198 fr. 50, produit d'une souscription ouverte dans son régiment pour le même objet. Offrandes modestes, il est vrai, mais où se montre le cœur de cette armée, dont on se plaint ou qu'on loue, suivant que l'évêque est en bonne ou mauvaise intelligence avec le général en chef.

« Notre armée a la foi, dit quelque part M. l'abbé
« Pavy ; elle saurait encore entreprendre l'œuvre des croi-
« sades, comme ses pères, et la terminerait mieux... En
« Afrique, elle a été peu édifiante, les premières années ;
« mais à partir de 1846, elle a fait un grand pas vers la
« religion. »

Mais un douloureux événement devait bientôt faire voir le néant de tous ces jugements contradictoires, et montrer à l'Algérie, tristement émue, que le dissentiment entre son gouverneur général et son évêque n'était qu'à la surface, et que les piqûres de l'amour-propre n'arrivaient pas à leurs nobles cœurs.

MORT DU MARÉCHAL PÉLISSIER.

En effet, le gouverneur général tomba dangereusement malade, Mgr Pavy accourut aussitôt près de son lit. Ces deux hommes, qui s'estimaient et se combattaient, qui s'étaient si fortement heurtés, en 1862 surtout, se donnèrent alors un gage touchant de confiance et d'affection. En voyant entrer le prélat dans sa chambre, le maréchal lui tendit la main et lui dit avec émotion : « Monseigneur, « je vous remercie de venir me voir sur mon lit de dou- « leur. Nous n'avons pas toujours été d'accord, mais je « vous ai toujours aimé et vénéré. Aussi, dans ce moment « suprême, je fais appel à votre ministère pour purifier « mon âme, et je mets toute ma confiance en vous. »

Touché jusqu'aux larmes, l'évêque reçut la confession de l'illustre pénitent, et lui prodigua les soins de la plus tendre charité. Le vainqueur de Malakoff ne se contenta pas de cette confession, il voulut y revenir une seconde fois, et la fit avec les sentiments les plus chrétiens. Après l'absolution, il remercia, à haute voix et les yeux pleins de larmes, le bon Dieu de lui avoir pardonné ses péchés, et, quand vint l'heure des derniers sacrements, il tendit lui-même, comme un agneau docile, ses mains qui avaient si glorieusement porté devant l'ennemi l'épée de la France, et reçut, en priant avec la plus grande piété, les onctions saintes. Il prit de sa main défaillante la croix pectorale de Monseigneur, la porta religieusement à ses lèvres. Enfin, patient et doux envers la mort, il joignit ses mains en signe de prière et s'éteignit, le 22 mai, dans une résignation calme et vraiment sublime [1].

L'Empereur voulut que les funérailles du maréchal Pélissier se fissent aux frais de l'État, et que son corps allât se ranger, à la suite de tant de héros, dans le caveau des Invalides.

Cette cendre illustre partit, le 4 juin, accompagnée de la veuve et de la fille du maréchal, de Sœur Madeleine et de l'abbé Suchet, vicaire général, qui entoura de prières

---

[1] Circulaire de Mgr Pavy, 4 juin.

le cercueil pendant la route et le remit solennellement, au nom de l'évêque d'Alger, à M. Largentier, curé des Invalides.

M. l'abbé Suchet avait pour mission de passer par Bordeaux, en revenant de Paris à Alger, et de ramener les restes de Mgr Dupuch, qui reposaient depuis sept ans dans la basilique de Saint-André. Le vapeur qui portait le cercueil du premier évêque de l'Afrique moderne étant arrivé à Alger, Mgr Pavy se rendit à bord, à la tête de son clergé, pour y prendre les ossements de son vénéré prédécesseur. Après les prières et le transfert à terre, le cercueil fut porté processionnellement dans les bâtiments de l'Amirauté, où une chapelle ardente avait été préparée, en attendant le jour de la translation solennelle à la cathédrale.

LE MARÉCHAL MAC MAHON.

Le duc de Magenta succéda au duc de Malakoff en 1864. Cet événement combla de joie Mgr Pavy; et comme il se produisait au lendemain de la promulgation du sénatus-consulte touchant le rétablissement de la suprématie militaire en Algérie, l'évêque écrivait : « L'Al-« gérie est tout en émoi des graves changements que « l'Empereur vient d'y faire. Heureusement que c'est « Mac Mahon qui nous arrive. » Le bonheur qu'en éprouvait l'évêque se comprend facilement, si l'on sait que le prélat avait eu avec le général les meilleurs rapports pendant que ce dernier était commandant supérieur à Alger avant la guerre d'Italie, et qu'à cette même époque l'évêque avait trouvé en madame de Mac Mahon une puissante auxiliatrice pour les œuvres auxquelles la portaient sa piété et sa charité actives jusqu'à l'ardeur. Nous allons voir que leur entente ne fut malheureusement pas de longue durée.

L'EMPEREUR RETOURNE A ALGER.

L'Empereur retourna en Algérie le 3 mai 1865. Mgr Pavy, le recevant à la porte de la cathédrale, lui rappela les évêchés, dont la création était devenue indispensable. L'Empereur lui répondit en ces termes : « C'est « à moi de remercier le clergé d'Algérie et vous, monsei-« gneur, de tout le bien que vous faites ici depuis long-« temps ; car dans les pays lointains surtout, la religion « seule répand la véritable civilisation. Aussi, je compte « beaucoup sur vos prières ; elles me porteront bonheur, « ainsi qu'à la colonie. » Le souverain ne fit aucune allusion à la question des évêchés ; mais, trois jours après, voyant l'évêque avec quelques ecclésiastiques près de la cathédrale, il l'aborda, lui tendit la main et le salua du titre d'archevêque. Mgr Pavy y vit la preuve solennelle de la création si attendue des deux évêchés et la juste récompense des éminents services par lui rendus à la colonie. Les évêchés furent, il est vrai, créés, comme nous le verrons bientôt, mais Mgr Pavy ne porta pas le titre qu'il était dans l'intention de l'Empereur de lui donner. Comme Moïse, il entrevit la Terre promise sans y entrer.

DISSENTIMENTS.

La bonne entente, avons-nous dit, ne subsista pas longtemps entre le palais du gouvernement et l'évêché. Elle se rompit sur une question qui eût semblé devoir au contraire la resserrer : sur une question de charité. Pendant que l'évêque continuait la distribution de ses aumônes, madame la maréchale voulut, de son côté, faire quelque chose pour les Arabes. Elle ouvrit, à la Casbah, un asile destiné à recevoir les pauvres indigènes, jeunes filles, femmes et vieillards. On y apprenait aux jeunes personnes le français, la couture et autres travaux de femme.

L'évêque répondit à ce qu'il regardait comme un empiétement sur son autorité, en établissant une œuvre dite *des paroisses algériennes*, destinée à suppléer par des offrandes au déficit causé dans les budgets des fabriques par la diminution qu'avait opérée le maréchal Pélissier sur les subventions accordées jusqu'alors aux paroisses. L'intention du maréchal avait été d'habituer les colons à se passer des secours de l'État et à se suffire à eux-mêmes autant que possible. L'intention était bonne; mais c'était toucher la corde sensible des colons, habitués à exploiter l'État avec un sans gêne qui frisait le scandale, à recevoir, à exiger de lui des subventions qui les dispensaient de travailler, à le rendre responsable même des mauvaises saisons. Ces colons ne tenaient nullement à leur église, Monseigneur le savait bien, mais, dans sa foi robuste, il espérait les gagner aux bonnes mœurs par l'Église, et nous ne pouvons que le louer de cette pensée, ainsi que de ses efforts pour la réaliser.

Quoi qu'il en soit, une ordonnance épiscopale du 20 décembre 1864 porta création de l'œuvre, et, le 28, un règlement général en fixa l'organisation.

Le gouvernement notifia à l'évêque « que son ordon-
« nance *synodale* était contraire aux lois qui nous régis-
« saient, et qu'il avait cru devoir fermer les yeux sur sa
« promulgation, afin de conserver à l'État le droit de la
« supprimer ». Les esprits étaient tellement montés que l'historien, frère de l'évêque, a été jusqu'à imputer cette décision du maréchal à des mobiles mesquins, ridicules et en opposition avec la grandeur d'âme du duc de Magenta.

Il est certainement fâcheux qu'à l'élévation de ses sentiments, à la loyauté de ses pensées, à sa bravoure chevaleresque, le maréchal n'ait pas joint une vue plus nette des situations, une perspicacité plus exercée à connaître les hommes dont il s'entourait, et qui, petit à petit, s'emparaient de son esprit et dirigeaient ses actes, tout en paraissant, aux yeux distraits du public, n'être que les instruments de ses volontés. C'est ainsi que, pendant toute cette période de son gouvernement où il paraissait, lui sincère chrétien, entraver la diffusion de l'Évangile, c'était en réalité l'influence du chef de son bureau politique qui se faisait sentir. Ce chef était le colonel Gresley, depuis la République ministre de la guerre, profondément sceptique, et que l'opinion publique considérait comme le mauvais génie du maréchal en Algérie.

Mgr Pavy ne tint aucun compte de la notification du gouvernement; il monta en chaire, et proclama son œuvre instituée. Les comités s'installèrent, les souscriptions s'ouvrirent, et, — ce qui donne une idée de ces étranges conflits, — madame la maréchale s'inscrivit pour cent francs. Tout était donc à la surface, dans ces querelles;

rien au fond. Une rivalité entre deux charités qui se coudoyaient, lorsqu'elles auraient dû marcher la main dans la main.

MORT DE Mgr PAVY.

Tant de travaux et de fatigues, de si constantes préoccupations avaient profondément altéré la santé de Mgr Pavy, mais son état de souffrance n'arrêtait pas son zèle apostolique. Il se mit en route dans les premiers jours de 1866 pour une visite pastorale dans la province d'Alger, et la réception splendide qui lui fut faite par le général Liébert, commandant à Milianah, dut le convaincre que s'il éprouvait quelque contrariété de la part du gouvernement général, contraint lui-même de se conformer aux vues politiques du ministère, l'armée était tout entière de cœur avec lui. Or, les vues du ministère étaient des vues de protection des Arabes contre la rapacité des colons, tandis que Mgr Pavy, tout en voulant évangéliser les Arabes, était entraîné à sacrifier leurs intérêts matériels à ceux des colons, pour la généralité desquels il avait néanmoins peu d'estime.

Avant de rappeler à lui son généreux athlète, Dieu lui donna deux consolations en récompense de ses glorieux travaux. Il put, le 31 mai, jour de la Fête-Dieu et clôture du mois de Marie, inaugurer le sanctuaire élevé par ses soins à la Reine des cieux sous le vocable de Notre-Dame d'Afrique, et lire les bulles du Saint-Père, en date du 29 juillet 1866, érigeant Alger en archevêché, Oran et Constantine en évêchés. La première de ces trois bulles désignait pour l'archevêché Louis-Antoine Pavy, « évêque actuel d'Alger ». Les deux autres bulles désignaient Mgr Callot pour l'évêché d'Oran et Mgr de Las Cases pour celui de Constantine. C'était le couronnement du grand épiscopat de Mgr Pavy [1]. Un décret impérial du 12 janvier 1867 confirma ces deux dernières désignations du Saint-Père.

Cependant le mal dont souffrait Monseigneur, — une maladie du foie, — allait grandissant. Ses médecins lui prescrivirent une saison à Vichy, il s'y refusa, tant étaient grandes sa sollicitude pour son diocèse et sa crainte qu'une de ses nombreuses fondations charitables eût à souffrir de son absence. Sa mort, qui survint le 16 novembre 1866, fut celle d'un grand évêque. Il l'attendait avec la sécurité d'un saint; il entoura sa venue de la pompe épiscopale; il la reçut avec la fermeté que donne l'assurance des récompenses éternelles.

Ses funérailles eurent lieu le 23 avec la solennité la plus grande et au milieu d'un deuil universel, car, de l'Algérie, il s'étendait à la France entière et à toute l'Église catholique. Après les absoutes, le corps de l'éminent et vénéré prélat fut descendu dans le caveau de la cathédrale qu'il avait fait exécuter lui-même, à côté des restes mortels de Mgr Dupuch, pour être porté plus tard à Notre-Dame d'Afrique, comme l'illustre pontife l'avait recommandé dans son testament.

COUP D'ŒIL D'ENSEMBLE.

L'épiscopat de Mgr Pavy fut grand et fertile : grand par le caractère de l'évêque, fertile par le nombre d'éta-

---

[1] Mgr Pavy avait proposé son frère, l'abbé Pavy, pour l'évêché de Constantine, et M. l'abbé Compte-Calix pour celui d'Oran.

blissements pieux et charitables qu'il fit éclore à son souffle fécond. « L'Église d'Alger n'est plus l'arbuste que
« nous avons vu faible et courbé au souffle du vent, —
« dit l'historiographe du second évêque; — elle est un
« arbre où viennent s'abriter toutes les populations du
« ciel ; plus que cela, si nous n'en considérons que la
« ramure, c'est une espèce de géant, qui étend ses bran-
« ches sur une immense surface. Le littoral, les plaines,
« les forêts, les monts, l'Atlas, le Djurjura, l'Aurès, jus-
« qu'aux oasis de Laghouat et de Biskra le voient rever-
« dir avec bonheur ; il a pénétré partout : avec le temps
« et la colonisation, il couvrira les moindres plis de ter-
« rain, les roches les plus désertes, de son ombre tuté-
« laire. »

Cette brillante métaphore n'est pas absolument le fruit d'une riche imagination, elle reproduit poétiquement une vérité que confirme Mgr Pavy dans un de ses rapports aux présidents des conseils de la Propagation de la Foi.

« Lorsque je suis arrivé à Alger en 1846, dit l'évêque,
« il n'y avait dans toute l'Algérie que vingt-neuf paroisses;
« il y en a aujourd'hui cent soixante-douze, il y en aura
« demain cent quatre-vingt-deux ; c'est donc cent qua-
« rante-trois paroisses dont j'ai eu le bonheur de procu-
« rer l'érection. Il n'y avait que cinq vicariats, il y en a
« aujourd'hui quarante-trois, et dans un mois il y en
« aura quarante-quatre. Il y avait environ quatre-vingts
« religieuses de diverses congrégations, appliquées au
« service des orphelinats, des hôpitaux, des refuges et
« des écoles; il y en a aujourd'hui huit cents et près de
« trois cents maisons. »

CHAPITRE III

S. ÉM. LE CARDINAL LAVIGERIE, ARCHEVÊQUE DE CARTHAGE ET D'ALGER. — LE MARÉCHAL MAC MAHON. — L'AMIRAL DU GUEYDON. — LE GÉNÉRAL CHANZY.

Avec Mgr Lavigerie, l'épiscopat africain atteint des sommets où il se maintiendra sans doute, mais au-dessus desquels il ne s'élèvera peut-être jamais. C'est que le prince de l'Église, qui réunit les deux titres glorieux d'archevêque de Carthage et d'Alger, joint aux vertus qui ont illustré ses prédécesseurs, des mérites personnels dont l'ensemble constitue un privilége de la Providence.

Il possède le patriotisme et la largeur de vues de Mgr Dupuch, la fermeté qui distinguait particulièrement Mgr Pavy. Mgr Lavigerie a combattu avec autant de vaillance que Mgr Pavy pour le droit impérissable, que les prêtres tiennent de Jésus-Christ, d'enseigner les nations; mais, dans ce combat, on ne voit pas l'homme, l'évêque seul apparaît. Le droit qu'il tient de Dieu, la dignité de l'épiscopat, la liberté pour son clergé, l'amour pour le troupeau qui lui est confié, l'exercice de la pitié envers toute créature humaine, voilà ce que revendique l'évêque. Quant à l'homme, on ne le voit nulle part : il a été immolé sur l'autel de la charité.

Mgr Lavigerie n'appartient heureusement pas à l'histoire. Nous serons donc très-respectueux envers lui, en ne le louant pas comme nous le voudrions faire. Nous relaterons simplement les faits principaux de la vie et de l'épiscopat du *Grand Évêque*, résumant en ces quatre mots notre jugement : Mgr Lavigerie est à l'Église d'Afrique ce que le maréchal Bugeaud était à l'armée.

Né à Bayonne le 31 octobre 1825, Mgr Allemand-Lavigerie (Charles-Martial) manifesta dès ses premières années une vocation prononcée pour l'état ecclésiastique. Sa famille le plaça de bonne heure au petit séminaire de Larressorre, où il resta jusqu'à l'âge de quinze ans. En 1840, il fut confié par ses parents aux soins de M. l'abbé Dupanloup, depuis évêque d'Orléans, alors supérieur du petit séminaire de Paris. Trois ans après, il entrait au séminaire de Saint-Sulpice. Le 2 juin 1849, n'ayant que vingt-quatre ans, il était ordonné prêtre, en vertu d'une dispense d'âge.

Bachelier, licencié, docteur ès lettres en moins de temps qu'on n'en met d'ordinaire pour obtenir un de ces grades universitaires, il enseignait, dès 1854, l'histoire ecclésiastique à la Sorbonne, comme suppléant d'abord, puis, trois ans après, comme titulaire de la chaire. Enfin, il compléta son blason scientifique et littéraire en allant à Rome conquérir le titre de docteur *in utroque,* en droit civil et en droit canon.

« Mais, lisons-nous dans le Bulletin de l'*OEuvre de Saint-Augustin et Sainte-Monique,* quelque éclat qu'eût le professorat de Mgr Lavigerie, ce n'était pas là sa vocation. Comme il l'a dit depuis lui-même, il se sentait appelé à des travaux différents. Il était né missionnaire, et ce n'est que dans cette voie qu'il devait trouver le complet développement des dons qu'il avait reçus de Dieu. »

Il accepta, en 1855, la présidence de l'œuvre des *Écoles d'Orient*, et c'est de ce moment que commença sa carrière apostolique.

L'organisation de l'œuvre marchait au milieu des difficultés inhérentes à toute fondation nouvelle, lorsque les événements lamentables survenus au Liban à la fin de l'année 1859 et au commencement de 1860 lui donnèrent un élan inattendu. Les Druses et les Métualis, populations féroces de la Syrie, s'unirent aux musulmans pour se précipiter sur les chrétiens. Les villes, les villages furent livrés à l'incendie, au pillage, au massacre; plus de cinquante mille chrétiens perdirent la vie. Des misères sans nombre, des orphelins, des veuves par centaines sollicitèrent la charité du monde catholique. La France, alliée et protectrice séculaire de ces populations chrétiennes, ressentit une émotion profonde. Une expédition fut résolue pour sauver ce qui restait des populations du Liban. Au départ du corps expéditionnaire, l'Empereur adressa au peuple français une proclamation où se lisait cette pensée dont on ne peut pas nier la majesté : « Quand « le drapeau de la France apparaît, une grande idée le « précède et un grand peuple le suit. »

L'œuvre des Écoles d'Orient entrait de son côté en campagne. Son directeur adressait au clergé de France un appel qui fut entendu de toutes parts, et il se rendit lui-même dans le Liban pour distribuer les secours que la charité mettait à sa disposition.

Ses éclatants services le signalèrent à la cour des Tuileries comme à celle de Rome, et, au mois d'octobre 1861, il était nommé auditeur de rote pour la France, tout en gardant, — condition mise par lui à son acceptation, — la direction de l'œuvre des Écoles d'Orient.

Mgr Lavigerie fut enlevé, moins de deux ans après, à la cour de Rome, par sa nomination du 5 mars 1863 à l'évêché de Nancy. Sacré en grande pompe dans l'église nationale de Saint-Louis des Français, le nouvel évêque prit possession de son siége au mois de mai, et le conserva quatre ans.

C'est au palais épiscopal de Nancy qu'il reçut du maréchal Mac Mahon les premières ouvertures touchant l'archevêché d'Alger, par une lettre que nos lecteurs trouveront plus loin, ainsi que la réponse dont elle fut l'objet de la part du prélat.

Obéissant à l'attrait impérieux de sa vocation de missionnaire, et non à l'ambition d'occuper un emploi plus élevé dans la hiérarchie ecclésiastique, Mgr Lavigerie accepta la nomination dont il était l'objet, et il est permis de croire que la présence du maréchal Mac Mahon au gouvernement de l'Algérie fut pour une bonne part dans sa détermination. Ces deux éminents personnages s'étaient connus à Nancy, et avaient conçu l'un pour l'autre une estime que leurs différends ultérieurs ne parvinrent pas à altérer.

Mgr Lavigerie prit possession de son archevêché dans le courant de septembre 1867, puis il partit pour Rome à l'occasion du centenaire. Six mois à peine après son retour définitif à Alger, il éprouva les effets de l'instabilité humaine et de la versatilité des esprits dépourvus de la clairvoyance nécessaire pour distinguer la nature des influences qui s'agitent autour d'eux, et de l'énergie indispensable pour leur résister, quand elles sont mauvaises. La concorde ne subsista pas longtemps entre le maréchal et l'archevêque; elle se rompit entre ces deux hommes animés par la charité sur une question qui devait plus

étroitement les lier : une question de charité. Exposons
brièvement les faits, puisqu'ils sont généralement connus,
en rappelant l'origine du conflit.

CONFLIT ENTRE LE MARÉCHAL MAC MAHON ET Mgr LAVIGERIE.

Dès le mois de novembre 1867, trois terribles fléaux,
le typhus, le choléra et la famine, s'abattirent sur notre
grande colonie; trois cent mille indigènes succombèrent,
le plus grand nombre mourant de faim; ils en vinrent
même à se manger entre eux. C'était épouvantable. Le
cœur et le zèle épiscopal de Mgr Lavigerie, mis à la plus
rude et à la plus pénible épreuve, furent à la hauteur du
triple fléau; le clergé se montra digne de son évêque. A
la voix du prélat, il se répandit dans le monde entier,
tendant la main pour les pauvres enfants arabes, et
l'évêque, par une lettre du 1er juillet 1868 à la presse
catholique de France, faisait connaître dans toute son
horreur la situation des musulmans.

Dans cet appel, resté fameux, l'illustre prélat n'hésitait pas à faire remonter les causes de la famine à la déplorable administration appliquée jusqu'alors aux indigènes.
Le monde chrétien répondit à l'appel de l'archevêque
d'Alger et à la voix suppliante des prêtres, ses admirables
quêteurs; les aumônes et les souscriptions atteignirent le
chiffre de plus de deux millions, à l'aide desquels on put
recueillir dix-huit cents enfants arabes, depuis le mois
de novembre 1867 jusqu'au mois de juin 1868, époque
où la famine cessa avec la récolte nouvelle. Près de cinq
cents moururent; d'autres, en moins grand nombre,

furent réclamés par leurs familles dès que les distributions de secours eurent fait cesser les tourments de la faim. Il en resta encore mille environ, qui furent élevés par l'archevêque d'Alger, les plus jeunes dans les diverses maisons de refuge, de secours et de charité, les plus grands dans les villages dits d'Arabes chrétiens, œuvre admirable de sagesse et de prévoyance, conçue et commencée par Mgr Lavigerie, mais dont la radicaille algérienne a entravé le complet développement par les moyens les plus abominables. Ce qui excitait le plus la fureur de cette radicaille, c'était la pensée que, dans ces villages, se formeraient des familles chrétiennes. Elle en fit demander la destruction à la tribune du parlement, et l'un de ses députés, M. Warnier, proposa de distribuer les enfants sauvés par l'archevêque entre les villages européens qui « leur ren- « dront le service de leur apprendre ce qu'est la véritable « famille chrétienne ». « Bravo ! écrivait à ce sujet l'*Indé-* « *pendant de Constantine ;* avant un an, les trois quarts « de vos néophytes ne seront plus catholiques, sans avoir « envie, pour cela, de se faire musulmans. »

Et pourtant, quelle pensée plus féconde que celle qui avait inspiré cette création ? C'était commencer l'assimilation au moyen des relations multiples et surtout par l'éducation des enfants, par la diffusion de la langue et des idées de la France. Tous les bons esprits la réclamaient dès lors ; mais l'influence néfaste qui régnait à l'hôtel du gouvernement général pendant l'épiscopat de Mgr Pavy, y sévissait encore pendant les premières années de Mgr Lavigerie. L'homme que nous avons appelé ailleurs le mauvais génie du maréchal Mac Mahon tortura le sens d'une lettre de l'archevêque à l'Œuvre des Écoles d'Orient pour lui contester le droit de s'occuper des indigènes, même pour leur faire la charité. Ce fut l'origine d'un conflit qui est l'événement politique le plus grave de l'épiscopat de Mgr Lavigerie. Les deux lettres qui suivent en constituent l'énergique physionomie.

Lettre du gouverneur général de l'Algérie à Mgr l'archevêque d'Alger.

« Quartier général d'Alger, le 21 avril 1868.

« MONSEIGNEUR,

« Lorsque, au mois de décembre 1866, M. le garde des sceaux vous fit connaître que l'Empereur avait l'intention de vous appeler à l'archevêché d'Alger, vous avez bien voulu me dire que vous accepteriez très-volontiers cette position, où vous vous croyiez appelé à remplir une mission providentielle. Comme je ne m'expliquais qu'imparfaitement le sens que vous attachiez à ce mot de mission, je vous demandai si vous vouliez parler de la conversion des musulmans au christianisme. Votre réponse fut qu'ayant longtemps habité l'Orient, vous aviez la conviction que ce n'était pas par des prédications, encore moins par la force, qu'on pouvait arriver à ce résultat; que la mission dont vous vouliez parler n'avait d'autre but que d'attirer en Algérie de bons cultivateurs, animés de sentiments religieux. Je ne pus, dès lors, que vous donner l'assurance de mon concours pour cette œuvre de colonisation.

« Depuis cette époque, vos idées au sujet de la conversion des musulmans semblent s'être profondément modifiées, ainsi que le prouvent divers articles publiés dans l'*Écho de Notre-Dame d'Afrique*. J'aurais pu fermer les yeux, si vous vous étiez borné à manifester vos nouvelles tendances dans cette publication spéciale, que je pouvais considérer comme destinée seulement aux fidèles de votre diocèse. Je comprenais jusqu'à un certain point que pour les sommes nécessaires à la création et à l'entretien de vos établissements hospitaliers, vous ayez cru pouvoir assombrir le tableau et représenter la situation de l'Algérie comme plus fâcheuse qu'elle n'est réellement, sans même vous préoccuper des embarras que pourraient causer au gouvernement des assertions exagérées, qui étaient d'autant plus graves qu'elles partaient de plus haut.

« Mais je lis aujourd'hui dans les journaux la lettre pastorale que vous avez publiée le 6 de ce mois, et j'y trouve des opinions telles que je crois devoir, comme gouverneur général, protester immédiatement au nom du gouvernement.

« Après avoir fait le récit détaillé de quelques faits déplorables qui se sont passés en Algérie, vous ajoutez : « L'absence complète de sens moral, qui est le propre de « cette malheureuse race déchue, favorise, sans contredit, « la multiplication de ces forfaits. » Permettez-moi, Monseigneur, de vous faire d'abord une simple observation. Est-il juste de mettre sur le compte de la religion musulmane des horreurs commises par quelques individus qui professent cette religion? Quant à moi, je préfère me ranger à l'opinion des docteurs qui ont étudié les maladies qui se manifestent à la suite des disettes; ils attribuent le cas d'anthropophagie que l'on a eu malheureusement à constater pendant ces sortes de crise, à des transports au cerveau, qui frappent parfois les individus épuisés par la privation et leur enlève leur libre arbitre.

« Vous reconnaitrez sans doute avec moi que l'Irlande est un des pays les plus religieux qu'il y ait au monde. Il s'y est cependant produit, pendant la dernière famine, des cas d'anthropophagie, comme dans ce moment en Algérie.

« Vous terminez votre lettre par cette phrase : « Il faut « que la France lui donne (au peuple musulman), je me « trompe, lui laisse donner l'Évangile, ou qu'elle le chasse « dans les déserts, loin du monde civilisé. »

« Comme représentant du pouvoir, je vous déclare que l'Empereur et son gouvernement repoussent hautement toute idée de refouler dans les déserts les populations indigènes, dont la France s'est engagée par des traités à respecter la religion et la propriété, et dont les droits sont garantis par des lois. Non-seulement le gouvernement repousse toute idée de refoulement, mais il fait tous ses efforts pour arriver à fusionner les races et à former un jour un seul peuple.

« Quel effet va produire votre lettre, qui aura certainement un grand retentissement? La France entière s'était émue de votre pensée de charité et avait répondu à votre appel; les musulmans bénissaient la main qui s'ouvrait pour recueillir les enfants et panser leurs blessures. Mais quand les indigènes vont apprendre par la voix des journaux que vous voulez les forcer à renoncer à leur religion ou à quitter leur pays, ne vont-ils pas se méfier de la charité même que vous faites? Ne pourront-ils pas dire que vous voulez profiter de l'état de détresse où ils se trouvent, pour leur faire acheter par le sacrifice de leur religion le pain que vous leur donnez? Ce n'est pas tout : avez-vous bien réfléchi aux graves conséquences que peut avoir votre proposition de mettre un peuple dans cette double alternative, ou de changer de religion, ou de quitter son pays? Si la justice et l'humanité ne nous défendaient point d'avoir recours à de pareilles mesures, la prudence seule devrait nous l'interdire.

« Quoi qu'il en soit, l'idée que vous avez émise de refouler les indigènes dans le désert a eu pour résultat de rallier à vous tous ceux qui, en Algérie, sont le plus opposés aux principes posés par l'Empereur dans sa lettre du 20 juin 1865 au gouverneur général de l'Algérie.

« Comment expliquer autrement la proposition qu'on s'est cru autorisé à vous faire de vous mettre à la tête d'une démonstration récente auprès d'un député de l'extrême gauche ? Votre Grandeur a refusé, je le sais, mais son nom, mis depuis en avant dans les journaux, comme un drapeau, au sujet d'une nouvelle démonstration, prouve que cette opposition croit pouvoir compter sur le concours de l'archevêque d'Alger. Tout ce qui est hostile au gouvernement a été très-heureux de voir qu'un personnage haut placé, et qui, par le caractère spécial dont il est revêtu, est en dehors des lois communes, manifestât une opinion qu'aucun autre personnage n'aurait osé exprimer, dans la certitude où il eût été de tomber immédiatement sous les coups de la loi pour excitation à la haine entre les citoyens. Vous ne devez pas ignorer, en effet, qu'aujourd'hui un certain nombre de musulmans naturalisés sont non-seulement Français, comme tous leurs compatriotes, mais encore *citoyens français*.

« Dans cet état de choses, vous trouverez naturel que j'aie adressé votre lettre pastorale du 6 avril au gouvernement de l'Empereur, en lui demandant de vous faire connaître, avec plus d'autorité que je ne pourrais le faire moi-même, sa manière de voir sur les idées que vous avez émises.

« Malgré ces observations, Votre Grandeur peut compter qu'elle trouvera toujours de ma part, comme elle l'a trouvé jusqu'à présent, un concours empressé pour toutes les œuvres que la charité lui inspirera.

« Veuillez agréer, Monseigneur, l'assurance de ma haute considération.

« *Signé* : Maréchal DE MAC MAHON. »

Réponse de Mgr l'archevêque d'Alger à M. le maréchal de Mac Mahon.

« Alger, le 23 avril 1868.

« MONSIEUR LE MARÉCHAL,

« J'étais occupé des soins nombreux que me donnent les orphelins, les veuves indigènes, l'hospice que je prépare pour les vieillards européens de la province d'Alger, lorsque j'ai reçu votre lettre datée d'avant-hier.

« J'ai dû en relire à plusieurs reprises l'adresse et la signature pour me convaincre qu'elle était adressée à un évêque par le gouverneur d'un pays chrétien.

« En regrettant, Monsieur le maréchal, l'absence d'une courtoisie à laquelle on m'avait partout accoutumé, je ne me permettrai pas d'imiter Votre Excellence : je me souviendrai qu'elle est ici le représentant du souverain dont je suis le sujet et auquel je dois tout mon dévouement et mon respect, et que je suis moi-même le représentant du Dieu de la charité et de la paix. Je ne m'arrêterai donc pas à relever les insinuations doublement blessantes, et par le fond des choses et par leur expression.

« Mieux que personne, vous savez qu'en parlant des

meurtres et des actes répétés d'anthropophagie qui épouvantent notre colonie, je ne pouvais, moi évêque, leur donner l'excuse que m'indique Votre Excellence.

« M'engager, avec l'autorité de votre parole, à expliquer *par un transport au cerveau qui enlève le libre arbitre*, comme le font les médecins matérialistes, les assassinats dont j'ai parlé, c'est-à-dire des assassinats prémédités et renouvelés en commun sur sept personnes différentes et à des intervalles de plusieurs semaines, c'est vouloir légitimer et encourager tous les crimes, et achever de répandre la terreur parmi nos colons, en donnant aux assassins arabes une audace nouvelle.

« Mieux que personne, Monsieur le maréchal, vous savez qu'en écrivant cette phrase, que je maintiens et que je répète ici avec une force nouvelle : « *Il faut que la France « lui donne (au peuple arabe), je me trompe, lui laisse « donner l'Évangile, ou qu'elle le chasse dans le désert, « loin du monde civilisé* » ; vous savez qu'en écrivant cette phrase, je n'ai eu qu'un seul but, celui de prouver par *l'absurde*, c'est-à-dire par l'impossibilité matérielle, morale, d'accomplir la seconde de ces deux choses, la nécessité, après la navrante expérience que nous venons de faire, d'accorder enfin la première ; de nous donner non pas l'usage de la force, dont nous ne voulons à aucun degré, mais la liberté de l'apostolat ; et par là j'entends la liberté de la charité, la liberté du dévouement, la liberté de la mort, puisqu'on nous en menace pour le jour où nous irions seuls, désarmés, au milieu des Arabes.

« Et les actes ici donnent à mes paroles un commentaire autrement éloquent que tous les discours. Dites-moi, Monsieur le maréchal, en ce moment, qui attire les Arabes près de lui, malgré les dangers de leur voisinage ?

qui les accueille dans ses asiles, dans ses séminaires, dans sa propre maison? qui les soigne? qui donne un refuge à leurs femmes et à leurs enfants? qui sacrifie pour eux la vie de ses prêtres et de ses religieuses?

« Et au contraire, qui les refoule comme des troupeaux humains, loin des regards européens, sur leurs montagnes et dans leurs forêts? sous quelle nécessité impérieuse, dans quelles conditions et avec quels résultats? Hélas! vous le savez et je le sais aussi.

« Mieux que personne vous savez ce que valent ces odieuses insinuations, que Votre Excellence ne craint pas de renouveler à la suite d'une presse antichrétienne : que je veux faire payer par le sacrifice de leur religion, à ces pauvres Arabes, le pain que leur distribue par mes mains la charité catholique.

« Non, Monsieur le maréchal, il n'en va pas, il n'en ira jamais ainsi de la part d'un évêque. Je n'ai pas dit ni laissé dire un mot dans ce sens aux Arabes que je secours. Je n'ai pas voulu, et je l'ai déclaré hautement, qu'un seul des douze cents enfants recueillis par moi fût baptisé autrement qu'au moment de la mort, et encore, au moment de la mort, je ne l'ai permis que pour ceux qui n'avaient pas l'âge de raison.

« J'ai voulu, je veux qu'ils conservent à cet égard toute leur liberté, et s'ils préfèrent rester mahométans, lorsqu'ils seront en âge de prendre une décision raisonnée, je ne leur en continuerai pas moins mon amour paternel.

« Je leur apprendrai, il est vrai, qu'il est mieux de s'aider soi-même par le travail contre les coups de la fortune que de s'endormir dans la mort en invoquant le destin; qu'il est mieux d'avoir une famille que de vivre, sous prétexte de divorce et de polygamie, dans une perpétuelle et honteuse débauche; qu'il est mieux d'aimer et d'aider les hommes, à quelque race qu'ils appartiennent, que de tuer les *chiens de chrétiens;* que la France et son empereur sont plus grands aux yeux des hommes et de Dieu, que la Turquie et son sultan.

« Voilà ce que je leur apprendrai. Quel est celui qui oserait y trouver à redire?

« Si donc, comme vous me l'apprenez, la population algérienne se serre encore davantage autour de moi, c'est qu'elle considère les idées et les principes que je soutiens, comme son port de salut après tant de tempêtes. C'est mon troupeau, Monsieur le maréchal, ce sont les âmes dont je suis pasteur, et vous leur reprochez leur confiance en moi! et vous me reprochez de les aimer et de les sauver! et vous me faites entendre que, si je ne me sépare pas d'eux, *je ne suis pas l'ami de César!*

« Je connais l'Empereur, Monsieur le maréchal; son grand esprit et son grand cœur ne redoutent pas la lumière : il l'a déjà prouvé, il le prouve chaque jour, et c'est ce qui lui donne une force qu'aucune opposition ouverte ou cachée ne détruira.

« Le devoir de tout honnête homme, en présence de la crise qui illumine nos questions algériennes d'un jour sinistre, est de lui dire avec autant de respect que de courage, qu'on l'a trompé!

« On a trompé Votre Excellence elle-même, en lui disant qu'on m'avait proposé et que j'avais refusé de faire partie d'une députation auprès des membres de la Chambre. Jamais personne ne m'a fait une offre semblable. On m'a demandé d'oser dire toute la vérité à l'Empereur, si j'en pouvais trouver l'occasion, et cela, je le ferai.

« Mais je m'arrête à des détails alors que votre lettre a

une portée plus haute. Elle n'est que la conséquence d'un système malheureusement suivi jusqu'à ce jour, en Algérie, à l'égard de l'Église. C'est à l'origine de la conquête que remonte le système dont je parle.

« Le premier évêque d'Alger a été abandonné par le pouvoir et obligé de fuir cette terre qu'il avait arrosée de ses larmes et de ses sueurs, et sans le généreux concours du prince qui est aujourd'hui le souverain de la France, il serait mort sous les verrous. Or, c'est un fait public, que ce qu'on livrait en la personne de Mgr Dupuch aux poursuites de créanciers rapaces, c'était surtout l'apôtre qui gênait les projets d'indifférence religieuse, depuis longtemps connus et appliqués.

« Son successeur, Mgr Pavy, n'a pas été plus heureux.

« Tout rapport de propagande lui a été interdit avec les Arabes.

« Le vénérable supérieur de son grand séminaire a été publiquement menacé de la prison et des galères pour avoir recueilli dans les boues d'Alger quelques petits orphelins indigènes dont il voulait faire des hommes.

« Le vœu formulé par les évêques du concile d'Aix, pour le commencement de la mission arabe, a été repoussé par le gouvernement algérien.

« Et pendant qu'on leur refusait ainsi toute liberté d'apostolat, mes deux vénérables prédécesseurs avaient la douleur de voir élever à grands frais des mosquées le plus souvent inutiles : de voir encourager par des subventions les écoles, les réunions religieuses, où s'exaltait le fanatisme des indigènes : de voir le pèlerinage de la Mecque facilité, accompli aux frais de l'État, par les musulmans de l'Algérie, de voir enfin donner au nom de la France, chose incroyable! l'enseignement du Coran à ceux qui ne l'avaient jamais connu, comme les habitants de la Kabylie.

« Je devais voir se continuer les mêmes épreuves. Malgré l'autorisation que j'avais obtenue d'une auguste bienveillance, je n'ai pu parvenir, à cause de la résistance obstinée qui m'a été opposée, à établir à mes frais en Kabylie de simples maisons de Sœurs, pour distribuer aux indigènes, qui le demandaient, des médicaments ou des aumônes.

« Lorsque la famine a étendu ses ravages sur l'Algérie, j'ai voulu user de mon droit et accomplir mon devoir d'évêque en recueillant les orphelins indigènes. Je l'ai fait, mais bientôt j'ai entendu autour de moi des paroles inquiétantes pour l'avenir de mon œuvre. Le silence gardé par vous au Sénat pour une œuvre qui assurait seule à la province d'Alger, pour les veuves et les orphelins arabes, un secours quatre ou cinq fois plus considérable que celui de l'État, a bientôt confirmé mes inquiétudes.

« Mais tout doute a cessé pour moi lorsque j'ai su que vous avez dit à l'époque de l'installation des Frères de Ben-Aknoun, que leur œuvre ne serait que transitoire, que les orphelins seraient réclamés après la moisson par leurs tribus respectives, et qu'on ne pourrait les leur refuser, ajoutant que dans quelques mois l'orphelinat serait ainsi fermé. C'est-à-dire, Monsieur le maréchal, que ces enfants sans père, sans mère, abandonnés de tous et livrés à la mort, mais recueillis par moi, grâce à la charité des évêques, des prêtres, des chrétiens de France, veillés, soignés au péril de leurs jours par nos religieux dont plus de vingt ont péri par le typhus, dont plusieurs ont déjà succombé, victimes de leur charité, nous ne les aurions sauvés et sauvés à ce prix, que pour les livrer après quelques mois, sans protection, sans défense, sans

parents, garçons et filles, aux façons bestiales de leurs
coreligionnaires. Mieux aurait valu mille fois les laisser
périr!

« Voilà ce que Votre Excellence présente comme nécessaire, mais il n'en sera pas ainsi sans que je fasse une déclaration solennelle.

« A leurs pères, à leurs mères je les eusse rendus sans difficulté; mais je suis le père, le protecteur de tous ces enfants dont les mères n'existent plus. Ils m'appartiennent parce que la vie qui les anime encore, c'est moi qui la leur ai conservée. C'est la force seule qui les arrachera de leurs asiles, et si elle les en arrache, je trouverai dans mon cœur d'évêque de tels accents qu'ils soulèveront contre les auteurs de ces attentats l'indignation de tous ceux qui méritent encore sur la terre le nom d'homme et celui chrétien.

« Je me résume, Monsieur le maréchal. Au fond Votre Excellence m'adresse deux accusations, et toutes deux seront le plus grand honneur de ma vie.

« L'une est d'avoir soulevé le premier, et un peu trop, selon vous, le voile funèbre qui cachait aux yeux de la France les malheurs de l'Algérie. Si c'est un crime, il est le mien.

« Évêque, je n'ai pas voulu, je n'ai pas pu assister sans implorer pour elle le secours plus abondant de la charité, à l'agonie de tant de victimes.

« L'autre est d'avoir exercé d'abord, réclamé publiquement dans une dernière lettre ensuite, un droit qui est le mien, parce qu'il est celui de l'Église, de la charité, parce qu'il est inscrit dans nos lois nationales, parce que son application est nécessaire en Algérie. Je veux parler de la liberté de l'apostolat chrétien, tel que je l'ai défini, la liberté du dévouement, de la charité, du sacerdoce chrétien auprès des Arabes.

« Si c'est là une faute, Monsieur le maréchal, je l'ai commise, je la commets encore, en demandant la liberté de l'Évangile en Algérie, en ne la demandant s'il le faut qu'aux seuls risques et périls de ceux qui l'exerceront, et sans protection de qui que ce soit.

« Je sais que je demande ainsi l'abolition du système suivi jusqu'à ce jour en Algérie, que je demande de renverser cette infranchissable barrière qui nous sépare des Arabes, de renoncer à la pression exercée sur eux pour les empêcher d'écouter nos voix.

« Mais ce système dont je demande l'abolition, où donc nous a-t-il conduits? Je reconnais tout ce que l'armée a fait de grand, de durable, d'excellent dans ces plaines, dans ces vallées, sur ces montagnes où elle s'était déjà couverte de gloire; mais ce n'est ici ni de l'armée ni de l'autorité militaire que je parle; je parle du système d'administration qui règle nos rapports avec les Arabes.

« *Politiquement,* nous avons autant d'ennemis qu'au moment de la conquête. Vous-même, Monsieur le maréchal, me déclarant, un jour, avant la famine actuelle, pourquoi vous vous opposiez à toute propagande chrétienne, et me donnant pour raison de votre opposition la crainte de surexciter le fanatisme des Arabes, me disiez qu'en cas de guerre européenne, on ne pourrait pas compter ici sur la fidélité de vingt indigènes en présence d'une insurrection.

« *Économiquement,* les Arabes sont depuis cinq mois en proie à la famine, ils sont ruinés pour de longues années.

« *Moralement,* ils ont pris nos vices sans acquérir une de nos qualités; ils se sont montrés obstinément réfractaires à tout progrès.

« Voilà le résultat d'une domination de trente-huit années, et cela entre les mains de la France, et de la France chrétienne ! C'en est assez pour qu'on puisse enfin renoncer a des errements condamnés sans appel par la voix des hommes comme par celle de Dieu.

« Peut-être serons-nous obligés de faire quelques efforts de plus, mais mieux vaut cent fois des efforts, des sacrifices même de quelques années, que de condamner la France à rouler dans le vide ce rocher de Sisyphe qui pourrait l'écraser si elle ne lui donnait une base, et cette base, c'est celle sur laquelle elle repose elle-même ; c'est la civilisation chrétienne.

« J'ai terminé Monsieur le maréchal. Veuillez seulement me permettre, après ces graves observations, de rectifier un fait personnel que Votre Excellence me rappelle au commencement de sa lettre.

« Elle semble attribuer, en effet, à S. Exc. M. le ministre des cultes l'initiative de ma nomination au siége archiépiscopal d'Alger. C'est le lendemain même de la mort de Mgr Pavy, le 17 novembre 1866, que je reçus la première ouverture relative à ma translation. Cette ouverture venait de vous, Monsieur le maréchal, et voici les termes de votre lettre, que j'ai précieusement conservée :

« Compiègne, le 17 novembre 1866.

« Monseigneur, je reçois à l'instant la nouvelle de la mort de Mgr Pavy, évêque d'Alger. Dans cette circonstance malheureuse, j'ai dû prévoir le cas où Sa Majesté voudrait bien me consulter sur le choix de son successeur. En y réfléchissant bien, j'ai pensé que je ne pouvais lui présenter un candidat présentant des conditions meilleures pour remplir le poste d'archevêque d'Alger, que l'évêque actuel de Nancy. C'est ma conviction intime. Mais je n'ai pu la faire connaître avant d'avoir connu vos intentions. Je viens donc vous prier de me mander si vous voudriez bien accepter cette position. Elle est selon moi une des plus importantes qui puissent être confiées au clergé de France; elle présente, il est vrai, des difficultés grandes, mais je connais votre zèle pour la religion, et je suis persuadé que ce ne seront pas ces difficultés qui pourront arrêter un homme de votre caractère.

« Veuillez être assez bon pour me répondre le plus tôt qu'il vous sera possible.

« *Signé* : Maréchal DE MAC MAHON. »

« A côté de cette lettre, je retrouve le projet de celle que je répondais à Votre Excellence et que je lui demande la permission de lui rappeler encore :

« Nancy, le 19 novembre 1866.

« Monsieur le maréchal, après avoir réfléchi mûrement et prié Dieu de m'éclairer sur ce que je devais répondre à Votre Excellence au sujet de la demande si imprévue qu'elle m'adresse, en date d'avant-hier, je viens vous dire ma pensée avec toute franchise.

« Jamais je n'aurais pensé de moi-même à quitter un diocèse que j'aime profondément et où j'ai commencé des œuvres nombreuses; et si Votre Excellence me proposait un siége plus considérable que celui de Nancy, ma réponse serait négative. Mais je n'ai accepté l'épiscopat que comme une œuvre de dévouement et de sacrifice. Vous me proposez une mission pénible, laborieuse, un siége épiscopal inférieur au mien et qui entraîne avec lui l'abandon de tout ce qui m'est cher ; vous pensez que je puis faire plus de bien qu'un autre : un évêque catholique, Monsieur le maréchal, ne peut répondre qu'une seule chose à une semblable proposition : j'accepte le douloureux sacrifice qui m'est offert, et si l'Empereur fait appel à mon dévouement, je n'hésiterai pas, quoi qu'il m'en coûte. J'autorise Votre Excellence à faire connaître ma réponse à Sa Majesté.

« Vous ne vous étiez pas trompé, Monsieur le maréchal, ma mission épiscopale devait rencontrer ici bien des difficultés ; mais lors même qu'elles se sont produites du côté où, après de tels précédents, je devais le moins les prévoir, si elles ont douloureusement percé mon cœur, elles ne l'ont point ébranlé.

« Veuillez agréer, Monsieur le maréchal, l'expression de la haute et respectueuse considération avec laquelle j'ai l'honneur d'être,

« De Votre Excellence,
« Le très-humble et obéissant serviteur,

« *Signé* : † Charles,
« Archevêque d'Alger. »

Avant que cette vigoureuse et irréfutable réponse fût connue du chef de l'État, celui-ci, sur le rapport du ministre de la guerre, avait désapprouvé l'archevêque, par une lettre où il concluait ainsi :

« Vous avez, Monsieur l'archevêque, une grande tâche à remplir, c'est de moraliser les deux cent mille colons catholiques qui sont en Algérie. *Quant aux Arabes, laissez au gouverneur général le soin de les discipliner et de les habituer à notre domination.* »

Que pouvait faire Mgr Lavigerie? En appeler de l'Empereur circonvenu à l'Empereur mieux instruit. Il partit donc pour la France, obtint une audience de Napoléon III et lui exposa complétement la situation dont l'Empereur ne connaissait qu'un seul côté. Napoléon revint de ses préventions, et promit à l'archevêque que satisfaction lui serait donnée.

En effet, une lettre du ministre de guerre au prélat, insérée au *Journal officiel* du 28 mai 1868, terminait le débat public et reconnaissait à l'archevêque d'Alger le droit de continuer à étendre son œuvre. On lit dans cette lettre la déclaration suivante : « Croyez, Monseigneur, que le gouvernement *n'a jamais eu l'intention de restreindre vos droits d'évêque,* et que toute latitude vous est laissée pour étendre et améliorer les asiles où vous aimez à prodiguer aux enfants abandonnés, aux veuves et aux vieillards les secours de la charité chrétienne. »

Le maréchal de Mac Mahon repoussait, de son côté, les intentions que lui prêtaient des amis, plus désireux de satisfaire leurs passions que de rendre exactement la pensée du gouverneur général. Ayant osé publier « que le
« gouvernement de l'Algérie croyait le moment opportun
« de dissoudre la plupart des orphelinats organisés par
« l'archevêque et son clergé, et de rendre les jeunes Arabes
« recueillis par la charité chrétienne à leurs tribus respec-
« tives », le maréchal leur répondit par une lettre au journal *la Patrie,* en date du 19 mai 1868. « Le gouverneur général, y est-il dit, dément de la manière la plus formelle l'intention qu'on lui a gratuitement attribuée de dissoudre les orphelinats, qu'il a toujours favorisés. Il a toujours pensé que nous avions tout avantage à admettre les enfants indigènes dans nos établissements et nos écoles,

où, par les leçons qu'ils reçoivent, et par leur contact avec les enfants européens, ils sont mieux préparés pour arriver un jour à une fusion que poursuit la politique du gouvernement..... »

La lettre énumère ensuite tout ce qu'il a fait pour aider l'archevêque dans son œuvre de charité; et, faisant allusion à ce point du conflit où Mgr Lavigerie se déclarait prêt à rendre les enfants à leur père ou à leur mère, mais résolu à les refuser, s'ils étaient complétement orphelins, aux tribus qui ne les réclameraient que pour faire des filles des objets de trafic, elle ajoute : « Le gouvernement « ne se reconnaît pas plus le droit d'enlever les enfants « aux orphelinats, que celui d'autoriser ces établissements « à les conserver toujours.

« La justice seule est compétente en cas de conflit dans « cette question.

« Le gouverneur général n'a jamais tenu et ne pouvait « pas tenir un autre langage. »

Jamais Mgr Lavigerie, pas plus que ses vénérables prédécesseurs et ses coopérateurs actuels, les évêques de Constantine et d'Oran, n'ont méconnu le concours empressé que leur ont donné les généraux sur tout le territoire soumis à leur commandement, lorsqu'ils étaient libres de suivre les impulsions de leur cœur. Mgr Lavigerie reconnaissait hautement le bon vouloir de l'armée, dans une lettre aux directeurs de la *Propagation de la foi*, où se lit le passage suivant :

« Pendant que je trouvais dans les officiers généraux de la province d'Alger le plus complet concours en tout ce qui dépendait d'eux seuls, une influence toute différente, que vous connaissez bien, Messieurs, se faisait sentir ailleurs. »

Ainsi l'armée, en tant qu'armée, n'est pour rien dans les tracasseries et la malveillance dont le clergé fut l'objet, Mgr Lavigerie le reconnaît, et son témoignage justifie la thèse que nous avons en vue en écrivant ce livre : l'accord entre le clergé et l'armée, entre le prêtre et le soldat, tant que celui-ci n'est pas empêché de manisfester sa foi.

Livrés à eux-mêmes, les officiers des bureaux arabes étaient aussi bons chrétiens, aussi respectueusement dévoués aux chefs de leur religion, aux ministres de leur culte, que leurs camarades des régiments. Nous les avons vus conduire leurs goumes au-devant de Mgr Dupuch lors de sa visite pastorale à Sétif; plus tard, offrant une splendide *diffa* à Mgr Pavy, aux mines de Mouzaïah ; nous entendrons bientôt les évêques de Constantine et d'Oran déclarer qu'ils en ont reçu le concours le plus dévoué, toutes les fois qu'ils le leur ont demandé, et souvent sans qu'ils le leur demandassent.

Oui, une influence funeste à l'œuvre de la civilisation n'a cessé de régner en Algérie; mais elle était, elle est encore politique et non militaire, et nous ne craignons pas d'affirmer que le cœur du soldat, en Algérie comme ailleurs, a toujours battu à l'unisson du cœur du prêtre.

LES ŒUVRES DE L'ARCHEVÊQUE.

L'archevêque d'Alger reprit ses œuvres un instant interrompues; il compléta celles commencées par ses prédécesseurs, il en créa un si grand nombre que leur nomenclature exigerait une brochure à part. Nous ne pouvons cependant pas garder le silence sur deux de ces œuvres qu'on peut appeler ses *œuvres maîtresses* : l'organisation du service religieux dans l'armée d'Afrique et la création de la Société apostolique des *Pères de la mission d'Alger*.

Nous avons eu déjà l'occasion de parler de la première de ces deux œuvres, dont l'inauguration fournit à Mgr Lavigerie le sujet d'un discours que « Bossuet n'eût pas désavoué », suivant l'expression d'un de nos publicistes les plus distingués [1].

Semblable à cet arbre de la terre où elle est née, qui porte en même temps des fleurs et des fruits, la Société apostolique des Pères de la mission d'Alger révéla sa création par ses œuvres, et chaque jour de son existence est une étape en avant dans cette mystérieuse Afrique équatoriale « dont l'Algérie est le seul vestibule », comme parle l'éminent prélat.

Il est évident que l'établissement de cette mission était, dans la pensée de Mgr Lavigerie, le corollaire des écoles d'Orient, et que, depuis longtemps, il devait en rêver; mais ce rêve ne commença à prendre corps qu'en 1868 — encore n'était-il qu'à l'état embryonnaire. C'est seulement en 1874 que fut fondée la mission du Sahara et du Soudan, et que les premiers missionnaires furent envoyés vers les peuples idolâtres par la voie du sud oranais, la plus courte sans doute, mais la moins sûre aussi pour se rapprocher de l'équateur.

Les trois premiers missionnaires furent les trois premiers martyrs de la congrégation naissante. Les Révérends Pères Marie-Alfred Paulmier, Philippe Ménoret et Pierre Bouchand tombèrent, sur la route de Tombouctou où ils allaient porter la foi, sous les coups de ces mêmes

---

[1] M. Laurentie, rédacteur en chef de l'*Union*. — 28 juin 1875.

Touaregs qui, presque à la même place, massacrèrent plus tard la colonne Flatters.

La mort de ces premiers apôtres ne découragea pas leurs confrères; ne pouvant pénétrer dans le centre de l'Afrique par le sud de l'Algérie, ils y sont entrés par la Tripolitaine d'abord, puis par Zanzibar. Ils ont établi des missions sur plusieurs points de l'intérieur, et dépassé tout ce que l'on savait des merveilles accomplies par les plus hardis explorateurs.

Pendant que les Pères de la mission d'Alger s'établissaient aux lacs Nyanza, au lac Tanganika, à l'extrémité nord du cours du Congo, vers le 7° 30″, le fondateur de leur société créait sur le littoral sud de la Méditerranée des institutions de toutes sortes, destinées à faire pénétrer la langue française parmi les populations, et à les préparer ainsi à la connaissance de l'Évangile.

Carthage devait l'attirer par ses souvenirs chrétiens et français; aussi a-t-il relevé, sur la colline de Byrsa, témoin de la mort de saint Louis, le culte de ce grand roi, et fondé à Tunis des établissements pieux et charitables qui justifient, mieux que la politique, le protectorat que nous exerçons sur ce pays.

A Tripoli, la Société des missionnaires d'Alger a une maison de leur Ordre. A Jérusalem, elle a pris la garde du sanctuaire élevé à la place de la maison où, d'après la tradition universelle de l'Orient, a été conçue et est née la très-sainte vierge Marie. Enfin, elle dirige, dans la Kabylie, des écoles spéciales pour les indigènes, aux filles desquels des religieuses donnent de leur côté l'enseignement qu'elles sont susceptibles de recevoir.

Cette œuvre immense a traversé de mauvais jours; mais l'autorité de son fondateur, la confiance qu'il inspire l'ont préservée de la ruine dont souvent elle a été menacée. Elle marche, elle se développe, elle grandit. Elle porte au front le signe providentiel qui la désigne comme un de ces instruments que Dieu suscite pour l'avénement de son règne universel sur la terre.

Parmi les jours néfastes dont nous venons de parler et qui pesèrent sur le pasteur et sur le troupeau, nous devons citer 1870-1871, qui vit s'écrouler notre puissance militaire et s'obscurcir notre gloire. Les désastres de cette époque furent bien douloureux pour cet évêque si éminemment français; les troubles qui s'ensuivirent en Algérie n'étaient rien pour lui, à côté des convulsions de la mère patrie. L'amiral du Gueydon d'abord, puis le général Chanzy, calmèrent par leur sage administration les tristesses qui suivirent la chute de l'Empire; les préoccupations persistaient néanmoins, et les événements devaient bientôt les justifier.

Préconisé archevêque de Carthage dans le consistoire du 13 novembre 1884, Mgr Lavigerie, confiant l'administration particulière du diocèse d'Alger à son coadjuteur, Mgr Duserre, ancien évêque de Constantine et d'Hippone, nommé archevêque de Damas, a fixé sa résidence habituelle à Tunis.

Là, du haut de la colline à jamais sacrée de Byrsa, l'illustre prélat plane du regard sur la nouvelle Église africaine, et indique du geste à ses missionnaires le chemin de l'équateur!

CHAPITRE IV

LES ÉVÊQUES D'ORAN ET DE CONSTANTINE.

En 1866, lorsque l'évêché d'Alger fut érigé en archevêché, et que furent créés les évêchés d'Oran et de Constantine, l'Algérie était calme ; toutes les tribus étaient soumises de la frontière du Maroc à celle de la Tunisie, de la Méditerranée au désert. Pour parler comme nous l'avons fait à la première partie de ce livre, le laboureur avait fini sa tâche, le semeur pouvait venir.

Il vint en effet : prêtres et religieux des deux sexes accoururent à la voix des évêques, et si le champ musulman restait en friche, la terre dévolue aux catholiques était cultivée avec zèle, sinon avec grand fruit.

De notables changements politiques coïncidèrent avec ce silence des armes. Le gouvernement général de l'Algérie passa de l'armée à l'élément civil ; les généraux n'eurent plus d'action sur les affaires administratives ; s'ils étaient désormais impuissants pour le bien, ils n'étaient pas non plus contraints au mal, et si leur sphère d'influence s'était rétrécie, leur conscience était plus au large ; ils pouvaient, sans crainte de disgrâce, se laisser aller à leurs sentiments chrétiens, à leur sympathie pour le clergé.

C'est ce que nous exprimaient les évêques d'Afrique dans les termes suivants :

« La meilleure entente a toujours existé, dans les diocèses créés en 1866, entre le clergé et l'armée. Elle a été inspirée par un égal dévouement à la cause de l'Algérie. L'armée, loin d'opposer des obstacles à l'action du clergé, l'a favorisée en maintes circonstances, en créant des succursales dans les centres soumis au régime militaire, et les subventionnant selon les besoins du culte. Le clergé, de son côté, a mis tout son dévouement au service de l'armée, dans les ambulances, dans les hôpitaux, dans les colonnes expéditionnaires, toutes les fois qu'on a eu recours à son ministère. Tous les prêtres qui ont passé quelque temps sous ce qu'on appelle le régime militaire, n'ont eu qu'à se louer de MM. les officiers commandants supérieurs des cercles, ainsi que des généraux. »

Interrogés sur la question religieuse, c'est-à-dire sur la possibilité d'évangéliser les Arabes, les mêmes prélats nous adressaient la réponse suivante :

« La diffusion de l'Évangile n'est pas impossible. Sans la défense formelle, officielle, du prosélytisme, des efforts auraient été tentés, d'abord sur des enfants arabes, souvent abandonnés à eux-mêmes par leurs familles auxquelles ils sont à charge, ensuite auprès des jeunes gens qu'on aurait fait participer, par l'éducation et le travail, aux bienfaits de la civilisation; qu'on aurait établis entre eux, en créant la vie de famille et leur assurant, avec un peu de protection du gouvernement, une modeste position.

« Les adultes, faits à une religion qui favorise tous leurs instincts sensuels, auraient certainement présenté d'autres difficultés; mais l'Évangile, qui a su vaincre partout et toujours, n'a rien perdu de sa force.

« Que cela eût pu présenter quelques dangers au

point de vue de la conquête, nous ne le croyons pas, puisqu'il n'eût pas été question de violence, que l'Église réprouve, mais de persuasion, dont elle a le secret.

« Le danger aurait pu exister... oui... pour les missionnaires ; mais ils ne s'en effrayent pas ; au besoin, ils savent mourir, et c'est là le grand secret de la diffusion de l'Évangile. »

Cette opinion n'a pas cessé d'être celle des évêques algériens, depuis Mgr Dupuch jusqu'à Mgr Lavigerie qui en a fait un point de doctrine. C'est aussi celle qu'une expérience de trente années a formée dans notre esprit, et l'on voit que les évêques actuels la partagent. L'heure d'évangéliser les Arabes est à Dieu, ses ministres l'attendent.

ÉVÊCHÉ D'ORAN.

Évêché fondé par la bulle *Supremum pascendi munus*, donnée à Rome le 25 juillet 1866, suffragant d'Alger, ayant pour circonscription les limites de la province du même nom.

Quoiqu'il soit moralement certain que d'autres évêchés aient existé jadis dans cette province, il n'a pas été possible jusqu'à présent de retrouver un nom ni de déterminer une circonscription.

Oran, conquis par les Espagnols (18 mai 1509), fut soumis à l'archevêché de Tolède (Espagne).

Après la conquête de l'Algérie par l'armée française, la province d'Oran fit partie du diocèse d'Alger (suffragant d'Aix), créé le 9 août 1838. Elle fut administrée par un vicaire général résidant à Oran, jusqu'à la création de cet évêché en juillet 1866.

A cette date, la province d'Oran possédait :

Succursales de 1re classe	5
— 2e classe	53
Vicariats reconnus	9
Prêtres auxiliaires	2

Elle avait plusieurs établissements religieux.

Le premier évêque d'Oran fut Mgr Callot (Jean-Baptiste-Irénée), né à Beaujeu, archidiocèse de Lyon, le 23 novembre 1814, nommé évêque d'Oran par décret impérial du 12 janvier 1867, préconisé à Rome le 12 juillet, même année, et sacré dans l'église primatiale de Lyon le 22 septembre suivant, ci-devant chanoine d'honneur de ladite primatiale et curé du Bon-Pasteur de Lyon, décédé en France le 1er novembre 1875.

Deuxième évêque d'Oran. — Mgr Vigne (Louis-Joseph), né à Grignan, diocèse de Valence, le 15 décembre 1826, nommé évêque d'Oran par décret du 1er mars 1876, préconisé à Rome le 3 avril et sacré dans la basilique cathédrale de Valence le 27 mai de la même année, précédemment vicaire général de Valence, nommé à l'évêché de Digne en mars 1880.

Troisième évêque d'Oran. — Mgr Ardin (Pierre-Marie-Étienne), prélat domestique de S. S. Léon XIII, comte romain, né à Clairvaux le 26 décembre 1840, nommé évêque d'Oran par décret du 12 février 1880, préconisé à Rome le 27 du même mois, et sacré dans la chapelle du château de Versailles le 1er mai de la même année, nommé évêque de la Rochelle au mois de mars 1884.

Sous l'épiscopat de Mgr Ardin, malgré la création de nouveaux centres de population, le gouvernement ne veut plus reconnaître aucun autre poste curial que ceux qui existent; la plupart des communes, de leur côté, refusent la faible subvention de binage. L'évêque fait appel au dévouement de son clergé, et celui-ci assure partout le service religieux, même dans des annexes à 15 et 20 kilomètres de la succursale.

C'est le moment de la persécution religieuse : la loi d'expulsion a fait fermer le collége des Jésuites, et les Pères ont dû quitter le diocèse.

On a laïcisé quatre écoles chrétiennes et l'hôpital civil de Saint-Denys du Sig. Mais grâce au zèle de l'évêque et à la charité publique, d'autres écoles ont pu s'ouvrir à titre d'écoles libres. La charité est plus forte que la persécution.

Mgr Gaussail (Noël-Mathieu-Victor-Marie) est le quatrième évêque d'Oran. Il est né à Beaupuy (Tarn-et-Garonne), le 24 décembre 1825. Nommé évêque d'Oran par décret du 10 janvier 1884, préconisé à Rome le 27 mars suivant, il fut sacré, le 1er mai de la même année, dans l'église de Philippeville (diocèse de Constantine), dont il était précédemment curé.

Du jour de l'intronisation de Mgr Gaussail à celui où ces lignes sont écrites, les titres reconnus ainsi que les établissements religieux sont restés les mêmes.

Trois écoles chrétiennes ont été laïcisées.

Par contre, une maison de Sœurs Thérésiennes espagnoles (maison mère à Tarragone, Espagne) a été fondée à Oran (février 1885) pour soigner les orphelines pauvres et leur donner un état qui les mette à même de gagner honnêtement leur vie.

Un asile de vieillards des deux sexes a été ouvert à Oran (avril 1885) par les Petites Sœurs des pauvres.

Une crèche (Oran, août 1885) a été confiée aux religieuses Trinitaires.

ÉVÊCHÉ DE CONSTANTINE (CIRTA).

Évêché fondé au deuxième siècle, rétabli le 25 juillet 1866, suffragant de l'archevêché d'Alger. Le Saint-Père lui a uni le titre d'Hippone.

A la création de l'évêché, la province de Constantine, alors sous la juridiction de Mgr Pavy, évêque d'Alger, possédait :

Succursales de 1re classe	5
— 2e classe	45
Vicariats reconnus	14
Prêtres auxiliaires	2

(Il n'y en pas davantage aujourd'hui.)
Elle avait plusieurs établissements religieux.

Premier évêque. — Mgr DE LAS-CAZES (Félix-François-Joseph-Barthélemy), né à Poudis (Tarn), le 12 septembre 1819, ci-devant curé de Notre-Dame d'Angers, nommé évêque par décret impérial du 12 janvier 1867, préconisé le 27 mars et sacré à Paris le 5 mai de la même année. Démissionnaire le 22 août 1870 et nommé chanoine de Saint-Denis. Décédé à Béziers (Hérault), le 1er octobre 1880.

Deuxième évêque. — Mgr ROBERT (Louis-Joseph), né à Annonay (Ardèche) le 22 mars 1819, nommé par décret du 27 janvier 1872, préconisé le 6 mai, sacré à Alger, le 13 octobre de la même année, précédemment vicaire général de Viviers; nommé à Marseille par décret du 13 juin 1878.

Troisième évêque. — Mgr DUSSERRE (Prosper-Auguste), né à Aveneslles (Nord) le 30 avril 1833, nommé par décret du 31 juillet 1878, préconisé le 13 septembre, sacré à Alger le 15 décembre de la même année, précédemment vicaire général d'Alger, nommé coadjuteur d'Alger le 4 février 1880, préconisé le 27 du même mois, avec le titre d'archevêque de Damas, *in partibus infidelium*.

Quatrième évêque. — Mgr GILLARD (François-Charles-Marie), nommé par décret du 4 février 1880, préconisé par bref du 27 du même mois, et décédé sans avoir été sacré, le 29 septembre de la même année. Précédemment, vicaire général d'Alger.

Cinquième évêque. — Mgr COMBES (Clément-Barthélemy), né à Marseillette (Aude) le 29 septembre 1839, nommé par décret du 17 février 1881, préconisé le 13 mai, sacré à Bône, le 9 octobre de la même année, précédemment vicaire général d'Alger.

La dernière succursale créée par l'État dans le diocèse de Constantine est celle de El-Kseur (4 février 1879). Depuis cette époque, malgré la création de nouveaux centres, malgré les pétitions locales, malgré les demandes réitérées de l'évêché, l'État n'a rien fait. L'administration diocésaine envoie chaque année des missionnaires dans les centres nouveaux, et engage les desservants voisins à redoubler de zèle, pour que la foi se maintienne parmi les populations.

La laïcisation des écoles et hôpitaux a sévi à Constantine comme à Oran, à Alger et en France, mais comme en France aussi, la charité chrétienne a créé des écoles libres.

Les évêques nommés à Constantine et à Oran depuis la création de ces deux évêchés continuent les traditions de leurs illustres devanciers au siège d'Alger, traditions qui ont fait dans le monde entier à l'épiscopat français le plus grand renom de piété, de science, de patriotisme et de charité.

Ces évêques sont presque tous des vétérans du clergé d'Afrique, unissant à la connaissance de ce pays la sagesse indispensable à leur mission. Mgr Gaussail, pour ne citer que lui, a, pendant vingt-cinq ans, comme curé de Mascara et de Philippeville, édifié les colons en améliorant leurs mœurs, et gagné l'affection des indigènes en même temps que leur respect [1].

---

[1] Depuis que ces pages ont été remises à l'imprimerie, Mgr Gaussail, dont la santé pouvait être compromise par un séjour prolongé outre mesure en Afrique, a été transféré à l'évêché de Perpignan, par décret du 31 mars 1886.

Ce même décret lui a donné pour successeur Mgr Soubrier, précédemment curé de la cathédrale d'Alger, qui a été préconisé le 10 juin 1886 et sacré, à Alger, par S. Ém. le cardinal Lavigerie, le 2 octobre suivant.

Le cinquième évêque d'Oran est comme son éminent prédécesseur un vétéran du clergé d'Afrique, sa vie sacerdotale (trente-cinq ans de prêtrise) s'étant tout entière écoulée en Algérie.

TROISIÈME PARTIE

AUMONIERS ET MISSIONNAIRES.

Nous avons tracé les grandes lignes de l'histoire épiscopale de l'Algérie depuis le premier jour de la conquête jusqu'à la fin de l'administration militaire, et prouvé que si les gouverneurs généraux et les évêques ont été parfois en désaccord sur quelques points administratifs, cette dissidence n'atteignit jamais le for intérieur des gouverneurs ni des prélats.

Nous avons à montrer maintenant l'aumônier et le soldat, le missionnaire et le marin unis par des liens qu'explique seule une communauté providentielle de sentiments et cette voix intime qui les désigne les uns aux autres comme des instruments indispensables à la réalisation des desseins de Dieu sur l'humanité. Ils sont en contact continuel; si un gouvernement intelligent et libéral le leur permet, ils rivalisent de dévouement, d'abnégation, de bravoure même; le prêtre gagne le cœur du soldat; il lui sert d'intermédiaire non-seulement avec Dieu, mais encore avec sa famille, et reçoit de lui, en échange de ses bons offices, sa confiance entière, l'abandon de son âme qu'il console et qu'il fortifie dans les épreuves de chaque jour.

Quelques faits, que nous pourrions multiplier, feront voir l'influence de nos missionnaires dans les régions lointaines d'outre-mer, dans les îles perdues de l'Océan, où ils préparent par l'exemple, la charité, la prière et l'instruction, les populations du monde entier à recevoir l'Évangile, lorsque viendra l'heure de Dieu.

CHAPITRE PREMIER

LETTRES D'UN AUMÔNIER DE TUNISIE.

Nous sommes l'heureux possesseur d'une intéressante correspondance avec l'un des aumôniers du corps d'occupation de la Tunisie, M. l'abbé Marceille, dont nous avons déjà cité une lettre dans notre première partie. C'est à ce prêtre pieux et distingué que nous demanderons de nous mettre en tiers dans ses rapports affectueux avec les soldats. — Nous lui laissons avec plaisir la parole :

UNE PREMIÈRE COMMUNION DE SOLDATS EN TUNISIE.

« A trente kilomètres de Teboursouk, en Tunisie, se trouve un bordj nommé Messaoudi. Il est construit dans un frais vallon, non loin des ruines d'une ville romaine.

« En 1883, une compagnie du 87ᵉ de ligne y était campée. C'était dans les environs de la fête de Pâques ; après avoir obtenu l'agrément du capitaine commandant Bordj-Messaoudi, je me rendis auprès des soldats, dans l'espoir de faire gagner les Pâques à quelques-uns d'entre eux. Je recommandai mon voyage à la très-sainte Vierge et aux saints anges gardiens, et je me mis en route à six heures du matin, avec mon ordonnance et un muletier.

« J'arrivai vers une heure ou deux de l'après-midi. Le

capitaine commandant me fit l'accueil le plus affectueux.
« J'ai annoncé, me dit-il, votre visite à mes soldats. Je
« leur ai dit le but de votre venue; j'ai la confiance qu'ils
« répondront à votre appel. Il n'y aura pas d'exercice ce
« soir, — c'était le samedi, veille des Rameaux ; — les
« soldats seront libres d'assister à votre conférence aujour-
« d'hui, et la journée de demain sera entièrement à leur
« disposition. » Je le remerciai et crus devoir lui faire
remarquer qu'une conférence religieuse, quoique bien
désirable, n'était pas trop réglementaire. — « C'est mon
« affaire, me répondit-il; je désire que vous la fassiez. Je
« l'ai annoncée sous la réserve d'une entière liberté : cela
« suffit; vous n'y aurez pas d'ennuis; je réponds de la
« tenue de mes hommes. » Enchanté, lui dis-je. — « Du
« reste, reprit-il, j'ai trois soldats qui n'ont pas fait leur
« première communion, et qui vous attendent. Il y en a
« même un quatrième, originaire de Paris, qui ne croit
« pas pouvoir se préparer en si peu de temps et à qui
« vous serez utile cependant. » J'admirai secrètement les
dispositions miséricordieuses de la divine Providence à
l'égard de ces soldats.

« A trois heures, je me rendis dans la cour du bordj.
Bientôt quelques soldats approchèrent; j'échangeai quelques paroles affectueuses avec eux, en leur offrant des cigarettes. — La cigarette est presque un *vade mecum* obligé d'un aumônier en campagne, et elle lui sert d'entremetteur. — Le nombre des soldats s'accrut rapidement, ils étaient bien une centaine. Nous parlâmes un peu de tout, et, finalement, sans transition solennelle, de la fête de Pâques qui était proche.

« Je les engageai à se préparer à cette fête. La conversation prit alors un caractère plus grave. Je leur récitai la passion du Sauveur, les visages étaient devenus plus sérieux et plus attentifs. Il y a dans le récit des souffrances de notre Rédempteur un charme secret qui captive et émeut vite un soldat. Quand je l'eus achevé, je les engageai à se confesser, et leur annonçai une messe solennelle pour le lendemain.

« Voilà longtemps peut-être, leur dis-je, que vous n'avez reçu le bon Dieu ! Peut-être même quelques-uns d'entre vous n'ont pas eu le bonheur de faire leur première communion. — Nous ! me dirent alors trois soldats ; faites-nous-la faire, monsieur l'aumônier, vous nous rendrez bien heureux ! — Je vous le promets, leur dis-je, mais préparez-vous bien. — Nous vous le promettons, répondirent-ils. De loin, le capitaine A... considérait cette scène avec une visible émotion ; elle était en partie son œuvre. Nous nous séparâmes. J'oublie de dire que j'engageai tous les soldats qui étaient là à se joindre à leurs trois camarades dans l'accomplissement de leur devoir pascal. Ceux-ci restèrent seuls avec moi, je leur fis une instruction particulière, je les confessai et leur donnai rendez-vous pour le soir, à sept heures et demie.

« A l'heure marquée, je les retrouvai là, tous les trois, recueillis déjà comme de futurs premiers communiants. Après une seconde instruction, je leur fit terminer leur confession générale. Je n'osais espérer davantage ; il en fut tout autrement. Une cinquantaine de soldats s'étaient joints à eux et se confessèrent. A onze heures du soir, j'entendais encore leur confession. Le capitaine ne put résister au désir de s'assurer par lui-même de ce résultat ; il vint et adressa quelques paroles bienveillantes à ceux qui attendaient leur tour de confession.

« Le lendemain, au lever du jour, je dis la messe do

communion. L'autel était dressé dans la cour du bordj, entouré de tentures et d'arbres verts. Près de soixante soldats étaient rangés autour de l'autel, les trois premiers communiants en avant de leurs camarades. J'interprétai avant la messe la touchante cérémonie du renouvellement des vœux du baptême, puis je commençai le saint sacrifice ; à la consécration, nous chantâmes l'*O salutaris hostia !* Je leur adressai la parole avant la communion, et puis distribuai avec une profonde émotion à tous ces soldats le pain des forts.

« A huit heures eut lieu la messe solennelle ; tous les soldats du poste étaient réunis dans la cour du bordj ; le capitaine, suivi de son lieutenant, se plaça à côté de l'autel. A l'Évangile, je félicitai tous ces soldats et remerciai leur capitaine. Les chants se succédèrent pendant toute la messe ; le vent en portait l'écho sur les montagnes environnantes, comme une semence chrétienne. Après la messe, je donnai la bénédiction avec le Très-Saint Sacrement : la cérémonie était terminée, chacun de ces soldats se retira joyeux, emportant dans sa tente comme un parfum du ciel et de ses joies.

« Le soir, à trois heures, tous ces soldats se réunissaient de nouveau autour de l'autel. Nous chantâmes l'*Ave, maris stella ;* je leur adressai encore quelques paroles. La joie était peinte sur tous les visages ; la cérémonie terminée, le camp tout entier retentit de chants patriotiques et religieux, qui se prolongèrent jusqu'à l'heure de la retraite.

« Le lendemain matin, je célébrai la messe pour les soldats morts pendant la campagne, et dont les tombes étaient voisines. Je quittai mes nouveaux amis vers midi, emportant de cette visite un ineffaçable souvenir. Un mois et demi après je revins dans ce poste, et j'eus la consolation d'apprendre que les trois premiers communiants étaient les modèles de leurs camarades.

« L. Marceille,
« Aumônier militaire en Tunisie. »

Voilà, exposée dans sa touchante simplicité, l'action douce et fortifiante des aumôniers de l'armée en campagne. Cette armée est dispersée sur une vaste étendue de terrain, comme en Tunisie et en Algérie; l'aumônier va d'un détachement à l'autre; il est accueilli affectueusement par les officiers, respectueusement par les soldats, avec reconnaissance par tous; c'est un rayon de soleil dans le ciel de la nostalgie qui pèse sur ces hommes ardents, dans la vigueur de l'âge, soupirant après le mouvement, les marches, les combats, et perdant leur sève généreuse dans le stationnement d'un blokhaus ou d'un bordj.

Le commandant laisse toute liberté au prêtre pour exercer son ministère, aux soldats pour assister aux cérémonies du culte ou s'en éloigner; mais tous s'y rendent. Pour beaucoup d'entre eux, c'est un retour d'un jour dans la patrie absente; pour d'autres, un réveil de la foi de leur enfance; pour quelques-uns, enfin, une initiation aux pratiques d'un culte dont ils ignoraient les beautés, et ces derniers entrés dans la voie chrétienne sont désormais des *modèles pour leurs camarades*. C'est M. l'abbé Marceille qui nous le dit, et il le tient du commandant lui-même, le meilleur juge de ses soldats.

UN DINER CHEZ LE KALIFAT DE TABOURKA.

En exerçant son saint ministère auprès des soldats, l'aumônier est en contact avec la race indigène, en Tunisie comme en Algérie; il se sent entraîné vers ces déshérités de la foi chrétienne; il répond par de bonnes et douces paroles aux démonstrations respectueuses dont il est l'objet, et il s'établit bientôt entre l'homme de la prière et le guerrier musulman des relations empreintes d'une touchante cordialité.

La lettre suivante de M. l'abbé Marceille, dont nous mettons la correspondance à contribution, nous offre un charmant tableau de ces relations dont l'avenir nous dira certainement un jour la fécondité :

« J'ai dîné seul chez le kalifat de Tabourka. C'était un homme d'une soixantaine d'années environ, d'une complexion délicate, très-sympathique, au moins en apparence, à la cause française en Tunisie. Je l'avais rencontré en chemin de fer, un jour où je revenais de Tunis. Nous échangeâmes en wagon quelques politesses. A l'arrivée du train à Tabourka, le kalifat me céda le pas pour descendre et m'invita à aller le voir. Je lui promis d'y aller. Quelques jours après, en effet, un serviteur du kalifat, tenant par la bride un cheval sellé, se présentait à la caserne et demandait le marabout. On vint me prévenir; je montai à cheval; l'Arabe marchait à mes côtés.

« Nous prîmes le chemin de Tabourka, et dans moins de vingt minutes nous parvînmes au village. — Où va le marabout français? demandaient tous les Arabes que nous rencontrions. — Chez le kalifat, répondait mon conducteur. L'étonnement était général. C'était bien, je crois, la première fois qu'un prêtre, et peut-être un Français, recevait une telle marque d'honneur à Tabourka.

« Arrivé devant la maison du kalifat, je descendis de cheval; mon guide frappa deux coups à la porte... Une petite fille de huit à neuf ans vint ouvrir et alla tout aussitôt prévenir le kalifat. Il paraissait très-heureux de me voir, et, après m'avoir demandé des nouvelles de ma santé, il m'introduisit dans sa maison.

« Comme la plupart des maisons arabes, celle-ci n'avait qu'un étage; des quatre côtés d'une cour pavée en mosaïque s'ouvraient d'assez jolis appartements dont les fenêtres étaient fermées par des grilles peintes en vert et ornées de rideaux en étoffe. Dans le milieu de la cour était un puits d'une très-petite dimension et revêtu de porcelaine; au-dessous était une piscine.

« Le kalifat m'introduisit dans une pièce meublée à demi à l'européenne, et m'invita à m'asseoir sur un canapé, auprès d'une table en marbre blanc. Elle était déjà servie. « Tu veux manger, n'est-ce pas? » me dit-il. « Oui, sans doute », lui répondis-je. Aussitôt le kalifat me présenta un plat de concombres ou de carottes cuites dans du lait. Évidemment, il allait me servir lui-même. « Et toi, lui dis-je, assieds-toi donc et mange avec moi. » « Tu le veux, répondit-il; mais c'est notre usage que le maître de la maison serve son hôte. » « Assieds-toi, repris-je, et voilà tout... » Il s'assit alors à mon côté.

« Ce premier plat était tellement doux qu'après en avoir mangé un peu, je remerciai mon hôte. Celui-ci frappa alors légèrement de la main sur la table, et la petite fille que j'avais vue à mon arrivée entra, enleva timidement mon assiette, et alla se placer derrière le rideau de la porte d'entrée.

« Le second plat était composé de petits morceaux de viande fortement épicée. J'en pris dans mon assiette; sur mes instances, le kalifat en mangea; ses doigts lui servirent de fourchette. « Que boiras-tu? me dit-il. J'ai du vin de France à t'offrir. » Je le remerciai; il exprima son admiration et me présenta une coupe de lait froid. J'en bus un peu; le kalifat but après moi. Je ne partageais pas sa satisfaction, quoique ce lait fût très-frais. En retour, je trouvai excellent le couscous qu'il m'offrit. Le couscous est de tradition dans tous les repas arabes. Il est fait avec de la farine d'orge, du beurre, des raisins secs et de la viande rôtie. Le kalifat me présenta le plat et une cuiller en bois; j'en mangeai conjointement avec lui. C'est un signe de parfaite amitié. La petite fille revint sur le même signal, changea mon assiette et servit le dessert, consistant en miel, fruits et gâteaux de toute sorte.

« Je n'osais pas témoigner le moindre intérêt à cette pauvre enfant, qui, certes, occupait pour moi une grande place dans ce repas. Après le dessert, le kalifat m'offrit du thé parfumé à la violette et du café. Ce dernier était exquis, et me fit oublier l'impression fade de ce thé étrangement parfumé.

« Pendant le repas, le kalifat me parla longtemps de ses enfants, qu'il avait perdus, et me montra des bijoux qui leur avaient appartenu. Je lui offris mes condoléances et mes regrets. « Allah l'a voulu, me dit-il; je me soumets à sa volonté... » J'aurais voulu pouvoir lui révéler le bonheur réservé aux enfants baptisés; je me contentai de lui dire : « Dieu est la bonté infinie; mets en lui ton espérance. »

« Sur ces entrefaites, la petite fille entra, apportant des vases de parfums, et le kalifat en voulut répandre sur mes habits et sur mes mains. Je le laissai faire. Je ne pouvais m'empêcher de penser aux parfums répandus sur la tête et les pieds du Sauveur dans la maison de Simon le Pharisien, et j'admirais la persistance, à travers les siècles, des traditions orientales.

« Le repas était terminé ; j'allais me retirer ; le kalifat me pria d'attendre encore un peu : il sortit ; je restai seul dans cet appartement, et me mis à prier notre divin Sauveur.

« Un rideau extérieur de la fenêtre s'abaissa, et je vis passer un certain nombre de femmes. J'étais quelque peu intrigué. Au bout d'un moment, le kalifat rentra et m'invita à visiter sa maison. En vrai musulman, il était allé enfermer ses femmes. Nous parcourûmes ensemble tous les appartements et les dépendances de sa maison. Arrivé devant une salle fermée à clef, le kalifat s'arrêta et me dit en français : « Là, femmes. » Puis : « *Teeb chouffadou?* Désires-tu les voir ? » « Non », lui dis-je. Et il parut très-satisfait. Nous rentrâmes dans le salon où j'avais dîné. Après quelques moments, je pris congé de mon hôte ; il me précédait. Arrivé à la porte, j'aperçus la petite fille qui nous avait servis. J'ai rarement vu une aussi profonde impression de tristesse peinte sur un visage d'enfant. Je la saluai, lui dis quelques mots bienveillants, et ce visage d'enfant se dérida, un gracieux sourire vint effleurer ses lèvres. Le kalifat m'accompagna à pied jusqu'aux limites du village. Les Arabes que nous rencontrions baisaient la main du kalifat, et celui-ci les invitait à me rendre le même honneur, en leur disant : « *Radjel mleah!* Vois, c'est un homme bon. » Je rentrai vers cinq heures au camp, et j'allai apporter au général un témoignage irrécusable de la réception embaumée qui m'avait été faite.

« L'abbé MARCEILLE,
« Aumônier militaire.

« *P. S.* — Ce kalifat est mort depuis. Je lui ai écrit une lettre quelques jours avant sa mort. Je sais qu'il a été très-touché de mes paroles. Dieu lui ait fait miséricorde! »

UNE ÉCOLE ARABE-FRANÇAISE A TÉBOURSOUK.

En même temps que, par leurs déclarations spiritualistes, les aumôniers militaires en Afrique se font admirer des chefs arabes, ils se font aimer du menu peuple par la pureté de leur vie, leur charité, et cette heureuse application de deux des principes de leur programme civilisateur leur facilite la mise en œuvre d'un troisième, l'instruction. C'est ainsi que nous verrons l'honorable abbé Marceille fonder à Téboursouk une école arabe-française par des moyens étonnants et dans des circonstances trop curieuses pour ne pas laisser notre digne aumônier les raconter lui-même. Voici sa lettre, qui débute par une intéressante description du théâtre où se place la scène :

« Téboursouk est un village arabe situé au nord, dans les montagnes de la Tunisie, à trente kilomètres environ de la station du chemin de fer de Béja. C'était autrefois un poste militaire, peut-être même une colonie romaine. On aperçoit encore les restes d'une citadelle et d'une haute tour. Au milieu du village se trouve une magnifique source que les Romains avaient entourée de solides constructions en pierres. Elle se déverse dans la plaine qu'elle fertilise. Le village est entouré d'une large ceinture d'oliviers. De loin, il apparaît comme dans un site pittoresque et agréable.

« Cette impression tombe vite quand on y entre. La plus grande partie des maisons sont en ruine ; les rues sont sales et défoncées ; à l'entrée de la ville et de tous côtés s'élèvent des montagnes de fumier séculaire dont les exhalaisons malsaines sont une cause permanente de maladies et de fièvres. Aussi bon nombre d'enfants de Téboursouk souffrent-ils d'ophthalmies repoussantes. J'en fus douloureusement impressionné dès mon arrivée. Je fus heureux, quelque temps après, des reproches que m'adressa le général d'Aubigny sur mon apparente insouciance à cet endroit, et je me promis d'y porter remède. C'était un siége d'un nouveau genre et un assaut plus difficile que périlleux. Ceux qui ont vécu en Tunisie savent que, dans les premiers temps de l'occupation, l'Arabe nous regardait passer avec une indifférence affectée ; le jeune enfant lui-même faisait violence à sa nature confiante, et ne répondait pas aux prévenances qu'il recevait.

« Je m'avisai donc de faire pénétrer dans la place, non pas un cheval de bois, comme celui de Troie, mais un mulet chargé de douceurs. Je m'arrêtai devant un marchand arabe qui vendait des fruits secs et des bonbons ; j'en achetai et en offris aux enfants qui passaient. — « *Macach*, me dirent-ils ; je ne veux rien de toi. » Ce premier assaut fut infructueux et peu flatteur ; un second aussi ; mais le troisième me livra la place. Bientôt je fus moi-même assiégé par beaucoup d'enfants. On devine le reste. Les exhortations du marchand ne furent peut-être pas étrangères à ce revirement.

« Quoi qu'il en soit, je profitai de ces premiers pas pour

aller plus avant. « Oh! comme tu as les yeux malades ! dis-je à un enfant ; laisse-moi te les laver, tu guériras vite. »
« Ne me touche pas, marabout » , me répondit-il en colère.
« Comme tu voudras », fis-je d'un air indifférent... Tous les enfants s'éloignèrent ; j'échangeai quelques paroles avec le marchand, et me retirai. Quelque temps après, je tentai un nouvel effort, j'offris un sou à un pauvre enfant dont les yeux étaient profondément atteints. L'enfant étendit la main pour le prendre. « Je te le donnerai, je t'en donnerai même deux, si je te lave les yeux. » Un terrible combat se livrait dans le cœur de ce petit ; il resta un moment en suspens. « Eh bien ! lave-moi les yeux » , me dit-il... Il regardait les deux sous que je tenais à la main. Je lui lavai les yeux avec de l'eau bénite aussi profondément qu'il me fut possible ; de cœur, je priais notre Sauveur de daigner guérir cet enfant. Quand j'eus fini, je lui remis la petite somme promise ; ses yeux étaient propres, et son visage avait un nouvel aspect. « Te voilà joli » , lui dis-je. « Lave-nous les yeux aussi » , me dirent les autres enfants, « et donne-nous deux sous à chacun » . Je prétextai une occupation et remis au lendemain l'exercice de mes nouvelles fonctions de blanchisseur. C'était d'une bonne politique.

« Le lendemain, plusieurs enfants vinrent au-devant de moi et me prièrent de leur laver les yeux. Je le fis tout de suite et donnai encore deux sous à chacun d'eux. Passait en même temps une petite fille de huit à neuf ans, avec une assez lourde cruche, qu'elle allait remplir à la fontaine. Elle aussi souffrait beaucoup des yeux. Je l'engageai à se les laisser laver. Inutile. Je ne pus même pas lui faire accepter quelques bonbons. Elle s'éloigna vite, en murmurant quelques paroles grossières.

« Je ne me décourageai pas ; je revins les jours suivants à l'assaut, et j'eus enfin le bonheur d'obtenir pleine satisfaction. Au bout de peu de jours, ces mêmes enfants accouraient auprès de moi et me demandaient de l'eau qui guérit, pour leur mère ou leur sœur, malades à la maison.

« Peu s'en fallut que je ne parusse un médecin aux yeux de tous les Arabes. Si je me suis peut-être trop étendu sur ces détails, plus hygiéniques que pédagogiques, c'est qu'ils préparèrent utilement le terrain, et facilitèrent l'ouverture de l'école. Ce fut le général d'Aubigny qui en eut la première idée ; il me fit l'honneur de me la proposer ; je l'accueillis avec empressement. Le général réunit bientôt après les principaux habitants de Téboursouk chez le kalifat, et leur fit part de son projet. Les Arabes restèrent silencieux : il était clair que le dessein du général alarmait leur foi religieuse et heurtait leurs plus intimes sentiments patriotiques. Le général s'en aperçut, et me présenta à ces Arabes. — C'est lui, leur dit-il, qui fera l'école à vos enfants. Vous le connaissez et vous l'aimez... que craindriez-vous ? Il respectera vos coutumes et votre religion ; il apprendra à vos enfants la langue française, ce qui sera pour eux et pour vous tous, appelés désormais à vivre avec des Français, un précieux avantage. Je vous donne ma parole en garantie.

« — Alors, oui ! dirent tous les Arabes. Je les assurai de mes bons sentiments pour eux et pour leurs enfants ; ils baisèrent la main du général et se retirèrent. Peu de jours après, j'ouvris l'école dans un local que le kalifat mit à ma disposition.

« Vingt-cinq enfants environ me furent conduits par le kalifat : le plus jeune avait trois ans, le plus âgé quatorze ou quinze. En entrant à l'école, ils ôtèrent leurs souliers et s'assirent sur des nattes qui m'avaient été envoyées par le kalifat. J'offris de cœur à la sainte Vierge ces prémices, et appelai sur ces enfants les bénédictions du ciel. Ils étaient silencieux et attentifs.

« Dans les djamas, ou écoles arabes, l'enfant est assis par terre et récite à haute voix ce qui est écrit sur une tablette qu'il tient entre les mains. C'est un bruit confus de voix enfantines. Le taleb est debout devant eux, un bâton à la main. Quand l'enfant hésite ou dit mal, le taleb le frappe sans mot dire. Deux ou trois heures s'écoulent dans une telle répétition monotone et fatigante. Sur un signe du taleb, l'enfant cesse sa récitation, se lève, baise l'habit de son maître et se retire en silence.

« Je pris à tâche de leur rendre l'école française agréable; j'avais écrit sur des cartons l'alphabet arabe et français; je commençai par le leur faire réciter. L'audition d'une nouvelle langue excita bientôt l'hilarité de ces natures vives et impressionnables; je les laissai rire. Pour mieux graver dans leur esprit le souvenir de l'alphabet, je le leur fis écrire successivement sur un grand tableau. Cet exercice nouveau leur plut bien vite, et j'eus bientôt de la peine à régler leur empressement. Je les divisai en deux classes suivant leur âge, et je me hâte de dire que j'étais aidé par un interprète arabe, originaire de Constantine, nommé Aly.

« On ne saurait croire avec quelle rapidité ces enfants apprirent à lire et à écrire les lettres. Je profitai de ces dispositions pour leur enseigner les nombres, puis les noms français des jours de la semaine, ceux des mois de l'année, des saisons et des cinq parties du monde. Trois mois à peine suffirent à ces enfants pour apprendre ces leçons. Je crus le moment venu de les produire en public.

Je priai le lieutenant-colonel Debort, du 8ᵉ de ligne, qui commandait le cercle de Téboursouk, de me permettre d'amener chez lui mes élèves. Il mit gracieusement sa maison et sa bourse à ma disposition. J'invitai le kalifat et un certain nombre d'officiers de la garnison à cette fête scolaire. Les enfants vinrent tous, accompagnés quelques-uns de leurs pères ; ils étaient proprement habillés. Ensemble d'abord, ils récitèrent l'alphabet et les nombres. Chacun d'eux ensuite récita une leçon et écrivit l'alphabet sur une ardoise. Le colonel les complimenta et leur distribua des vêtements en récompense.

« Quelque temps après, le général d'Aubigny vint passer l'inspection trimestrielle à Téboursouk ; je lui présentai tous les enfants de l'école. Plusieurs le saluèrent en français. Je lui fis connaître leurs progrès et les espérances qu'il m'était permis de concevoir pour l'avenir.

« Malheureusement, plus tard, les troupes furent retirées de Téboursouk, où bon nombre de soldats avaient contracté les fièvres. Je reçus l'ordre de les suivre à Tunis ; je quittai à regret ce poste, où déjà une petite moisson commençait à jaunir.

« Les enfants de l'école m'accompagnèrent jusque dans la plaine. L'un d'eux me dit : « Marabout, je ne veux point me séparer de toi ; emmène-moi en France. » Je ne pus lui répondre que par mes larmes. Depuis ce jour, ma pensée me reporte au milieu d'eux ; de leur côté, ils m'ont envoyé leur bonjour à Souk-el-Djena et l'assurance de leur inaltérable souvenir.

« L'abbé Marceille. »

De ces détails intéressants, puisqu'ils nous dévoilent un côté peu connu de la vie arabe, — l'éducation des enfants, — se dégage un fait important à l'appui de la thèse en vue de laquelle nous écrivons ce livre : l'identité de sentiments et de principes entre le prêtre et le soldat, et l'impulsion civilisatrice résultant de leur action simultanée.

Voilà un général et un aumônier dans un village perdu de la Tunisie. Il leur vient à tous les deux la même idée charitable. L'aumônier, pénétré de sa subordination, garde le silence ; mais le général, maître de ses mouvements comme de sa pensée, expose celle-ci à l'aumônier et lui demande son concours. L'aumônier, déjà médecin des ophthalmies des enfants, se fait avec bonheur leur maître d'école ; sa bonté lui a d'avance aplani son terrain, et il obtient des résultats prodigieux que les nécessités militaires interrompent malheureusement trop tôt. S'il a suffi d'un général et d'un aumônier, obéissant librement à leur simple inspiration, pour ouvrir une école de français en plein village arabe, on peut se demander quels prodiges le prêtre et le soldat n'eussent pas accomplis en Algérie, s'ils n'avaient pas été tantôt séparés, tantôt entravés par une administration ignorante et tracassière.

L'AUMONIER EN EXPÉDITION.

L'aumônier fait partie d'une colonne expéditionnaire, et il écrit à son retour : « Deux ou trois incidents vulgaires, en ce sens qu'ils sont inévitables en compagne, pluie à supporter, rivières à traverser, rompirent seuls la monotonie de cette marche pacifique, dont le but était de montrer les armes françaises à nos nouveaux protégés. » Mais quel dédommagement de ces petites misères, lorsque le soleil se leva radieux sur le jour de Pâques et que le pieux aumônier put célébrer en rase campagne, devant les troupes sous les armes, la grande fête chrétienne de la résurrection du Sauveur!... Donnons de nouveau la parole à M l'abbé Marceille, qui va nous dépeindre cette imposante solennité et nous faire partager ses salutaires impressions.

« Nous étions campés, — nous écrivait le digne aumônier, — sur un mamelon rocailleux dominé de tous côtés par de hautes montagnes couvertes de genêts et d'arbustes verts. J'installai l'autel de campagne sur des caisses à biscuit; j'envoyai cinq ou six Arabes couper des branches de palmier et d'olivier sauvage. Ils m'en apportèrent une grande quantité, et j'en encadrai l'autel. Le général et les officiers m'offrirent à l'envi des tapis et des couvertures que j'étendis sur les marches et autour de l'autel. A une heure, je célébrai la messe; un piquet de soldats rendait les honneurs sous les ordres d'un officier. Le général d'Aubigny en grande tenue, accompagné des officiers, se tenait devant l'autel. Les soldats formaient le cercle autour de leurs chefs; par côté, à peu de distance de l'autel, les Arabes groupés considéraient cette scène religieuse, bien nouvelle pour eux.

« A l'évangile, j'adressai quelques mots de circonstance à tous. Au moment de l'élévation, les trompettes sonnèrent, les soldats fléchirent le genou et abaissèrent leurs armes. Avec quels sentiments d'espérance j'élevai la sainte Hostie au-dessus de toutes ces têtes inclinées! Un soldat entonna bientôt l'*O salutaris*. Ce chant paraissait avoir un immense écho dans le frémissement de cette nature sauvage que le soleil inondait de ses rayons. Que d'images et d'espérances passèrent dans ces trop courts moments devant nos cœurs chrétiens! On chanta l'*Ave, maris stella*, vers la fin de la messe; c'était justice : ne devions nous pas à la très-sainte Vierge ce beau jour et cette fête? Je donnai la bénédiction du Très-Saint Sacrement après la messe; de nouveau tout les fronts et tous les cœurs s'inclinèrent devant le Dieu Rédempteur. Le chant du *Laudate Dominum, omnes gentes,* termina cette touchante cérémonie, dont le souvenir est resté ineffaçable dans un grand nombre de cœurs.

« La colonne expéditionnaire put reprendre sa marche le lendemain. Le temps était au sec, et il se maintint beau jusqu'à notre retour à Tabourka, contrairement à toutes les prédictions. Aussi, les dimanches suivants, je pus célébrer devant les troupes le saint sacrifice de la messe vers une heure de l'après-midi. »

CHAPITRE II

LES PRÊTRES PENDANT LA GUERRE ALLEMANDE.

Quittons le nord de l'Afrique, où *la poudre ne parle plus*, où les successeurs des Suchet et des G'stalter n'ont plus occasion de rivaliser de bravoure, eux sans armes, avec les soldats armés. Revenons en Europe, en France ; reportons-nous de seize ans en arrière ; cherchons sur les bords du Rhin, de la Moselle, de la Seine et de la Loire la trace de nos prêtres et de nos religieux pendant la guerre allemande. Bien des historiens avant nous ont exploré ces champs glorieux et en ont rapporté une riche moisson de récits sublimes ; nous pouvons cependant glaner encore. Notre gerbe sera modeste sans doute, mais la fleur du patriotisme l'embaumera de son parfum et la rendra moins indigne des héros auxquels nous l'offrons.

Nous n'écrivons pas un martyrologe ; quelque séduisante que puisse être une œuvre pareille, elle dépasserait nos moyens d'investigation. Nous nous bornerons donc à un certain nombre de personnages, représentant chacun un type particulier de dévouement, de courage, de patriotisme, de charité allant jusqu'au sacrifice de sa vie pour le salut commun.

Nous n'avons pas à rappeler le patriotique élan du clergé aux premières nouvelles de nos revers. Qui pourrait oublier cette heure d'angoisses où, à la voix de la patrie en danger, les presbytères et les couvents se dépeuplèrent, où toutes les routes conduisant à la frontière étaient sillonnées par des prêtres, des religieux, de simples clercs, de saintes filles, accourant aux ambulances et même sur les champs de bataille?

Parmi ces prêtres qu'animait et conduisait ainsi la charité, prenons-en un et suivons-le. Ce qu'il faisait ici ou là, d'autres le faisaient sur des points divers du territoire envahi. Ce prêtre, aux pas duquel nous nous attachons en ce moment, est un jeune vicaire de la cathédrale de Toulouse, M. l'abbé Delpech. Il a sollicité de ses supérieurs la permission d'un court voyage à Paris, pour affaires personnelles; or, en fait d'affaires, il n'en avait qu'une, et il la cachait soigneusement, celle de rester dans notre capitale, déjà à demi bloquée, et de se vouer au service de l'aumônerie militaire.

Ses vœux sont exaucés : pendant plusieurs mois il partage avec les défenseurs de Paris les privations, les souffrances, les dangers du siége; et, pour calmer les inquiétudes de ses parents, de ses amis de Toulouse, il leur adresse par toutes les voies possibles, courriers, télégraphe, ballons et pigeons, des dépêches en quatre lignes, en quatre mots, que les journaux de la ville s'empressent de publier. C'est dans un de ces journaux, *la Semaine catholique de Toulouse*, que nous les avons recueillies, et nous pourrions donner pour titre à ce qui suit : *Extraits du journal d'un aumônier militaire pendant le siége de Paris en* 1870-1871.

« Par ballon monté, 29 septembre 1870.

« Je suis nommé aumônier de la 3ᵉ division du 14ᵉ corps d'armée. Campés à Boulogne-sur-Seine, nous

nous lorgnons continuellement avec les Prussiens, sans être entrés en sérieuse conversation. La Seine seule nous sépare.

« La présence des aumôniers, marchant en tête des bataillons commandés pour aller au feu, produit un effet considérable sur la classe ouvrière. Au combat du 19 septembre, les mobiles bretons se sont agenouillés sous le feu de l'ennemi, pour réciter un acte de contrition et recevoir une dernière fois l'absolution. Leur courage héroïque, leur sang-froid, leur gaieté même au milieu de la lutte étaient commentés de mille manières ; l'effet produit au point de vue religieux a été considérable.

« Il se fait du bien ici. En punissant les nations, Dieu sauve ses enfants : grand nombre de soldats se sont réconciliés soit à Paris, soit à la caserne, soit au camp, où chaque jour apporte sa modeste moisson. Il est rare qu'on éprouve un refus, lorsqu'on ose l'affronter pour l'amour de Dieu. »

M. l'abbé Delpech a organisé la prière du soir dans la division dont il est aumônier et qui occupe Boulogne-Sur-Seine.

« Paris, 1er novembre 1870.

« Il paraît que ce mouvement religieux, sensible surtout dans la mobile, indispose certains Parisiens. On dénonce dans les journaux les aumôniers comme déployant un zèle intempestif. Ces messieurs trouvent bon qu'on vienne les défendre ; ils louent le dévouement simple et naïf du Breton, la bravoure du Vendéen, la tenue du Bourguignon, et ils ricanent contre la foi qui inspire ces courages. Ils voudraient qu'on s'occupât sans retard à combattre, dans l'armée et dans la mobile des départements, ces préjugés qui contrastent, disent-ils, avec de si belles qualités.

« Peut-on, en vérité, pousser si loin l'inconséquence et le cynisme! Ils ne voient pas que la foi est précisément ce qui inspire à leurs défenseurs cet héroïsme qui fait leur supériorité. N'est-ce donc pas une souveraine ingratitude de refuser la liberté de la foi à celui qui offre sa vie pour vous défendre?

« Un jeune engagé volontaire m'avait, il y a quelques jours, refusé obstinément de recevoir une médaille. « Monsieur l'abbé », m'avait-il dit, « c'est inutile; je n'ai pas la foi. » « Dites, mon ami, que vous l'avez perdue. Prenez priez, et vous la retrouverez, je l'espère. » « N'insistez pas, reprit-il; ma mère m'en a offert une au départ, et je l'ai refusée. » J'avoue que cette réponse paralysa ma langue, et je me retirai le cœur navré.

« Or cet enfant est revenu un de ces soirs. « C'est moi », me dit-il; « voudrez-vous m'entendre?... J'étais au feu; les balles formaient comme un treillis sur ma tête. Notre conversation m'est revenue comme un éclair, et j'ai fait vœu sur l'heure de venir vous trouver si j'échappais. Je tiens ma promesse. » « Vous croyez donc aujourd'hui? » « Oh! je n'ai plus le moindre doute... » Et il tirait de sa poche un long papier où il avait écrit sa confession, pour ne rien oublier.

« J'ai pu être édifié bien des fois des bonnes dispositions d'un grand nombre de nos soldats. J'ai vu leur empressement à fréquenter les sacrements dès qu'on leur en donne la facilité! « Ah! monsieur l'aumônier, il y a longtemps que je le désirais, me disent-ils... » Pourquoi faut-il qu'une œuvre si désintéressée, si patriotique de la part des prêtres qui l'exercent, ait rencontré tant

d'entraves du côté de certains chefs ! « Non, me disait
« l'un deux, je ne souffrirai pas que vous changiez ma
« caserne en couvent. » Hélas! ne vaudrait-il pas mieux
le couvent que la débauche, et les cantiques feraient-ils
plus de mal que certaines chansons?

« Ce que je vois ici confirme, tout au contraire, cette
parole bien différente d'un chef d'état-major : « Mon-
« sieur l'abbé, là où il n'y a plus de foi, il n'y a plus
« d'amour du devoir ni d'amour de la patrie. L'incrédu-
« lité nous a amollis. Oh! qu'ils sont braves dans le péril,
« ceux que rien ne trouble dans le passé, et qui voient le
« ciel leur sourire dans l'avenir ! »

« Mon Père, disait encore un capitaine que ses soldats
« estiment des plus intrépides et qui est un vrai saint,
« je songeais à prendre ma retraite lorsque la guerre a
« éclaté. Eh bien! j'irai maintenant au feu aussi tran-
« quille que j'allais tous les soirs à ma visite au Saint-
« Sacrement. »

« Hier, avant un engagement auquel nous avons pris
peu de part, un soldat vint à moi pour se réconcilier, et
il me disait ensuite ces paroles sublimes : « J'avais
« toujours rêvé d'être prêtre; mais, n'est-ce pas, mon
« Père, que, si je meurs, je serai aussi agréable à Dieu,
« parce que j'aurai fait sa volonté? »

« Champ de Mars, 28 novembre 1870.

« Voilà décidément Boulogne quitté par ma division.
Demain matin, à six heures, nous partons d'ici. O Dieu!
ô Marie! ô saint Sernin ! protégez nos armes, sauvez
l'âme de nos soldats! Je ne puis vous écrire plus long,
parce qu'il faut faire provision de sommeil; et puis, que
dire à cette heure?... Pleurer?... J'en aurais envie par-

fois ; mais ce n'est pas reçu au camp. Rire ?... Ce n'est pas le cas, en vérité, en face des préparatifs que je vois ici : voitures, ambulances, personnel, omnibus réquisitionnés en vue sans doute de blessés plus nombreux. Prions, cela vaut mieux, et attendons dans un grand silence la solution prochaine. Hélas ! pour qu'elle soit honorable, il faut du sang. »

« Le 3 décembre (au lendemain des terribles combats des 30 novembre et 2 décembre).

« Je vis encore et me porte très-bien. Cette nouvelle doit vous suffire : beaucoup n'en pourront dire autant à leur malheureuse famille.

« Le 5 décembre.

« Vous avez entendu parler déjà des combats du 30 et du 2. Quelles horreurs, mon Dieu ! et, à côté, quel héroïsme ! La guerre me devient de plus en plus un mystère. Mystère aussi, que je puisse me faire à ce spectacle, et que les hommes ne soient pas à jamais dégoûtés d'une si épouvantable besogne. Le secret du mystère, c'est que Dieu dirige tout cela : il punit ou purifie les uns par les autres.

« Vous serez donc bien aises de savoir que j'en étais ; et je me porte cependant à ravir, sauf le pauvre cœur, qui est bien soulevé après de telles émotions et un tel spectacle. La bataille n'est rien ; mais l'ambulance ! mais le champ de bataille après le combat ! »

Arrêtons ici nos citations des dépêches de M. l'abbé Delpech[1]. Les derniers mots que nous en avons tran-

---

[1] M. l'abbé Delpech fut décoré pour sa belle conduite pendant la guerre. Il est aujourd'hui curé archiprêtre de la cathédrale de Toulouse.

scrits dépeignent bien notre admirable clergé. *La bataille n'est rien,* disent nos prêtres par l'organe de l'un deux, *mais l'ambulance! mais le champ de bataille après le combat!* Le cœur de l'aumônier est là tout entier. Pendant la bataille, l'esprit domine la matière; la bravoure et le patriotisme le rendent indifférent à la mort, qui vole et frappe de tous côtés autour de lui, et qui souvent l'atteint lui-même; mais à *l'ambulance, sur le champ de bataille après le combat,* l'humanité reprend ses droits; il gémit sur les maux de la guerre, il en déplore les suites horribles, et ne se l'explique que par le mystère des desseins de Dieu.

LES VICTIMES.

Nous n'écrivons pas un martyrologe, avons-nous dit. Non; mais nous ne nous pardonnerions pas de ne pas rendre hommage à toutes les nobles victimes du patriotisme, en négligeant d'en citer quelques-unes, sans distinction.

A Reischoffen, une jeune religieuse suivait nos troupes battant en retraite. Tout à coup elle s'arrête. Un soldat vient de tomber, et elle a entendu un cri. Un instant après, elle est à côté du blessé, qu'elle soigne et qu'elle console. Son saint travail est fini, et, le doigt au front, elle ébauche un signe de croix aussitôt interrompu; un boulet de canon lui emporte les deux jambes, et elle tombe mourante sur le blessé.

Son nom, qui le sait? qui peut le dire? Elle n'en a pas: c'est une sœur de charité. Ces vaillantes femmes sont souvent des filles du peuple, des pauvres soignant et consolant des pauvres. Mais combien de fois aussi ce sont des filles de haut rang, qui renoncent à la dentelle pour la robe de bure, à leurs joyaux pour le chapelet noir et le Christ en cuivre! Le rang, le nom lui-même a disparu; il ne reste plus que la sœur de charité, c'est-à-dire la femme la plus noble et la plus élevée de l'ordre social, et l'expression la plus touchante du christianisme.

Comme le sang de la sœur de charité, le sang du prêtre se mêlait souvent à celui du soldat. Un capitaine de chasseurs a raconté cet épisode de la dernière guerre : « Je venais d'être porté à l'ambulance établie dans une grange. Le nombre des blessés augmentait de minute en minute, et les deux chirurgiens ne pouvaient suffire; on les appelait de tous côtés; mais le tumulte était si grand que les gémissements se perdaient, pour ainsi dire, dans une immense clameur qui exprimait toutes les souffrances humaines. Deux artilleurs entrèrent, portant un prêtre sur un brancard. Sa tête, entourée d'un mouchoir ensanglanté, son visage pâle, ses yeux fermés, ses lèvres entr'ouvertes et agitées indiquaient assez qu'il avait été atteint par un projectile. Les artilleurs déposèrent le prêtre sur la paille de l'ambulance et s'éloignèrent.

« N'ayant qu'une balle dans l'épaule, je pouvais marcher sans trop de peine. J'allai donc vers ce prêtre, qui portait sur la poitrine une croix de drap rouge sur fond blanc. Je soulevai sa tête, et, prenant de l'eau, je frictionnai ses yeux et ses joues. Il ne tarda pas à reprendre ses sens, et porta la main à son front, promenant autour de lui des regards étonnés. J'appelai un des chirurgiens, qui examina la blessure. Une balle avait contourné le crâne. Le pansement fut prompt.

« Pendant l'opération, l'aumônier priait, les mains jointes. Après avoir remercié, il se leva, et, s'appuyant sur une fourche abandonnée dans cette grange, il fit quelques pas. Je remarquai que la bande qui entourait sa tête rougissait peu à peu : le sang coulait. Bientôt ce sang glissa comme des larmes sur le visage du prêtre. J'avertis le chirurgien qui me répondit : « Ce n'est rien. » Le prêtre fit encore quelques pas, se dirigeant vers les blessés. J'allai reprendre ma place sur la paille, sans perdre de vue ce prêtre, qui, d'un moment à l'autre, pouvait tomber évanoui.

« Je le vis s'agenouiller près de ceux qui souffraient le plus; il leur prenait les mains et leur parlait à voix basse. Les pauvres soldats blessés le considéraient avec des yeux baignés de larmes. Sa parole semblait les consoler tous.

« Parmi ces soldats, l'un avait la mâchoire brisée, et le bas du visage était entouré de bandages. C'était un vieux dragon, dont on ne voyait que les yeux étincelants. Il écoutait les paroles du prêtre avec une joie qu'exprimait son regard. Voulant changer de position, le dragon souleva sa main droite, fendue d'un coup de sabre. Il ne l'avait pas montrée au chirurgien. Le sang s'était figé et ne coulait plus de cette blessure, couverte de terre ; mais l'effort que fit le cavalier ouvrit la veine. Le prêtre appela par signe le chirurgien, qui revint sur ses pas. Pendant qu'il prenait dans une boîte la compresse et la bande nécessaires au pansement, le prêtre soutenait le bras du soldat ; alors je vis tomber du front de l'aumônier deux grosses larmes de sang ; elles glissèrent lentement sur ses joues pâles, et tombèrent sur la main du dragon.

« Le sang du prêtre s'était mêlé au sang du soldat. Ce

qui se réalisait depuis longtemps dans le monde idéal venait de s'accomplir dans le monde matériel [1]. »

Que de noms de simples curés et de pauvres religieux devraient être écrits en lettres d'or dans l'histoire de notre temps, si les pages n'en étaient envahies par des réputations frelatées et des ambitions de bas étage. Curés et religieux tombaient comme les simples soldats, leurs frères, tandis que les *fous avisés* sablaient le champagne mousseux et fumaient des cigares exquis.

Ah! du moins, quelques noms dans ce livre d'un vieux soldat, livre dont la modestie ne sera sauvée, nous le savons, que par le patriotisme qui l'inspire!

L'abbé Frère, vicaire de Saint-Vincent, jeune prêtre d'une très-délicate complexion, mort de fatigue au milieu des soldats qu'il exhortait par ses paroles et son exemple. — Le frère Néthelme, de cet ordre admirable des écoles chrétiennes, qui fit de si grandes choses pendant le siége de Paris, frère Néthelme, mortellement blessé par une balle prussienne et commençant la série des victimes de sa congrégation. — Le soir de la bataille de Spikeren, ceux qui relevaient les morts trouvèrent une sœur de charité, le front brisé par la balle d'un Prussien. Elle était tombée près de ceux qu'elle secourait (le général Ambert ne donne pas son nom). — Une autre religieuse, sœur Sainte-Claire, est tuée, le soir de Rezonville, sur le cacolet qui la portait, à la suite de l'ambulance en retraite sur Metz. — La supérieure des Sœurs de Forbach est également tuée par une bombe, le jour de la bataille de ce nom. — Le P. Tailhan, de la Compagnie de Jésus, reçut une balle à la tête au combat de Buzenval. — Le

---

[1] *L'héroïsme en soutane*, par le général AMBERT, page 37.

P. Pradeaux-Saint-Clair, de l'ordre de Saint-Vincent de Paul, fut ramassé, grièvement blessé, sur le champ de bataille de Gravelotte. — L'abbé Gardet, du clergé de Paris, fut fait prisonnier sur le champ de bataille de Reischoffen.

LES SUPPLICIÉS.

Ceux-là sont tombés au champ d'honneur, frappés en soldats, au plus fort du combat. Si nous avons pour eux tant d'admiration et de regrets, quel culte ne devons-nous pas rendre à la mémoire des victimes de la barbarie prussienne, de ces Sœurs, de ces prêtres, de ces simples citoyens que quatre soudards allemands, ivres de sang et de vin français, envoyaient, après une parodie de conseil de guerre, devant un peloton d'exécution !

A Soultz, les Prussiens font fusiller quatre sœurs de charité, sous prétexte qu'elles excitaient les populations à la résistance. — A Cuchery, près de Reims, le curé de la paroisse, l'abbé Miroy, est fusillé pour avoir conservé chez lui quelques fusils de chasse que ses paroissiens voulaient soustraire aux recherches de l'ennemi. — Le curé de Neuville, l'abbé Cor, âgé de plus de quatre-vingts ans, est trainé à travers champs, attaché à la queue d'un cheval, pour avoir favorisé la marche des Français et avoir retardé celle des Prussiens. — Le curé de Gunstatt est fusillé sur son refus obstiné de trahir sa patrie. — A Etuffont, près de Belfort, le curé et son vicaire sont percés de coups de baïonnette ; le vicaire reçoit à travers le corps une balle dont il meurt [1].

---

[1] La liste des suppliciés est longue. On la trouve complète dans les ouvrages de M. le général AMBERT et de M. BLANDEAU.

Nous n'arrêterons pas cette liste des suppliciés, très-incomplète du reste, sans rappeler un fait de charité sublime, rapporté par les journaux de l'époque et recueilli depuis par les historiens de l'année terrible. C'est même à l'un d'eux, M. le général Ambert, que nous en emprunterons le récit. Voici la scène :

« A la suite d'un vif combat entre Beaune et les Horties, une troupe prussienne fait halte dans un carrefour de la forêt, non loin de ce dernier village. Deux jeunes gens, étrangers à la commune, suivaient l'ennemi à la piste. Ils s'embusquent dans le taillis, choisissent chacun leur homme, et leurs balles frappent invariablement leur but. C'est en vain que les Prussiens fouillent les environs ; les deux habiles tireurs sont insaisissables ; six Allemands sont tombés, et c'est à peine si on a pu apercevoir une seule fois les deux Français à travers la clairière.

« On vit alors un détachement de soldats allemands se diriger vers le village. En y entrant, ils s'emparèrent de six habitants, les premiers venus, et les conduisirent chez le maire. Le chef du détachement dit à ce fonctionnaire : « Vous êtes ici la première autorité ; je viens donc, au nom de mon auguste souverain, vous dire que des coups de feu ont été tirés sur les troupes de Sa Majesté, près de votre village. Étant les plus rapprochés du théâtre du crime, vous êtes responsables. Il faut nous livrer les coupables, ou bien six habitants seront fusillés pour l'exemple. Hâtez-vous de faire les désignations ; j'attendrai jusqu'à demain à onze heures, l'exécution devant avoir lieu à midi ; vous n'avez pas de temps à perdre ; en attendant, votre village est occupé militairement, et je garde les six prisonniers.

« On ne saurait peindre la désolation des pauvres gens

du village. Les femmes poussaient des cris lamentables, les hommes cherchaient à fuir ; mais les Allemands faisaient bonne garde. Les habitants se réunirent, et il fut convenu, au milieu des sanglots, que le sort désignerait les victimes. . . . .

. . . .

« La journée se passa en discussions, en gémissements, en désespoir. Le maire, le curé, M. Gerd, et deux vieillards plus qu'octogénaires supplièrent vainement l'officier de pardonner ; on lui prouva que les habitants étaient étrangers à cette *trahison;* les femmes vinrent pleurer à ses pieds. Tout fut inutile. Le capitaine faisait exécuter sa consigne avec une bienveillante roideur, une froide politesse, sans colère et sans injures.

« Les six malheureux que le sort avait désignés furent livrés à cinq heures du soir et enfermés dans la salle d'école, au rez-de-chaussée de la mairie.

« L'officier prussien autorisa le curé à porter à ces hommes les consolations de la religion. Ils avaient les mains attachées derrière le dos. Une même corde leur liait les jambes.

« Le prêtre trouva ces hommes dans un tel état de prostration qu'ils comprenaient à peine ses paroles. Deux d'entre eux semblaient évanouis ; un autre était en proie au délire de la fièvre. A l'extrémité de la corde, la tête haute et le front calme en apparence, se trouvait un homme de quarante ans, veuf et père de cinq enfants en bas âge, dont il était l'unique soutien.

« Il sembla d'abord écouter avec résignation les paroles du prêtre ; mais, saisi par le désespoir, il se laissa bientôt aller aux plus abominables imprécations. Il maudissait la nature entière. Passant du désespoir à l'attendrissement, il pleurait sur ses enfants voués à la mendicité, à la mort peut-être. Alors il voulait que ses cinq enfants fussent, avec lui, livrés aux Prussiens; saisi d'un rire satanique, il s'écriait : « Oui, c'est le petit Bernard, âgé de trois ans, « qui a tiré sur ces gredins ! »

« Tous les efforts du prêtre furent inutiles pour ramener la paix dans cette âme brisée. Le curé sortit et marcha lentement vers le corps de garde où se tenait l'officier...

« Monsieur le capitaine, dit le curé, on vous a livré six otages qui, dans quelques heures, seront fusillés. Aucun d'eux n'a tiré sur votre troupe. Les coupables s'étant échappés, votre but n'est pas de punir ceux qui ont attaqué, mais bien de faire un exemple pour les habitants des autres localités. Peu vous importe donc de fusiller Pierre ou Paul, Jacques ou Jean. Je dirai même que plus la victime sera connue, plus l'exemple sera salutaire. Je viens, en conséquence, vous demander la faveur de prendre la place d'un pauvre père de famille, dont la mort plongera dans la misère cinq petits enfants. Lui et moi sommes innocents; mais ma mort vous sera plus profitable que la sienne.

« Soit », dit l'officier.

« Quatre soldats conduisirent le curé dans la prison; il fut garrotté avec les autres victimes.

« Le paysan, père des cinq enfants, embrassa son curé et rentra dans sa demeure, félicité par tous.

« Nous ne chercherons pas à dépeindre les angoisses de la nuit. Le jour parut; le curé avait ranimé le courage de ses compagnons d'infortune. Ces misérables, abrutis par la peur, étaient devenus, à la voix du prêtre, de glorieux martyrs que soutenaient la foi du chrétien et l'espérance d'une vie meilleure.

« A onze heures, une escorte attendait à la porte, et les prisonniers se mirent en marche. Le curé était en tête, récitant à haute voix l'office des morts. Sur le chemin, les villageois, agenouillés, jetaient un dernier regard sur leur pasteur.

« On approchait du lieu choisi pour l'exécution, lorsqu'un major prussien, qui passait par hasard avec une ordonnance, s'arrêta.

« La vue du prêtre fixa son attention. Le capitaine lui expliqua la chose, qui parut au major moins naturelle qu'à son subordonné. Le major fit suspendre l'exécution et adressa un rapport au général. Celui-ci fit comparaître le curé.

« L'explication fut courte. Le général était un homme de cœur qui comprit tout. Il dit au curé : « Monsieur, je ne puis faire une exception en votre faveur, et cependant je ne veux pas votre mort. Allez, et dites à vos paroissiens qu'à cause de vous, je leur fais grâce à tous. Que ce soit la première et la dernière fois. »

LE CLERGÉ JUGÉ PAR LES PRUSSIENS.

On rapporte que, le magnanime curé des Horties étant hors de la présence du général prussien auquel il devait la la vie, ce général dit aux officiers qui l'entouraient : « Si « tous les Français avaient le cœur de ce simple prêtre, « nous ne resterions pas longtemps de ce côté du Rhin ! »

« Il n'y a en France, disait le prince Frédéric-Charles dans une autre circonstance, qu'une classe debout et digne, noble et patriotique, véritablement influente; c'est le clergé. » Il était impossible de ne pas l'admirer sur les champs de bataille.

Dans le temps, on rendait publique une lettre de paysans allemands trouvée sur un uhlan fait prisonnier et interné au pénitencier de Tours.

« Ce matin, y lisait-on, nous avons reçu une dépêche annonçant la prise des ouvrages avancés de Paris. Cette Babel doit périr. Quand tu y feras ton entrée, tue qui tu auras en face ; tue surtout les curés, qui ont tourné la tête au peuple et l'ont rendu fou. »

Si nous rapprochons de ces paroles d'un prince et d'un général et de cette lettre d'un paysan cette exclamation : « O les braves gens ! » arrachée à l'admiration de l'empereur Guillaume par les charges successives de la brigade de chasseurs d'Afrique, à Sedan, nous trouvons, sous des formes diverses, mais avec le même fond, l'opinion de la société allemande, à ses divers degrés, sur le clergé français et sur notre armée. Pour tous, le clergé, c'est l'âme de la France ; l'armée, c'est son épée, qui se brise sur un ennemi sans cesse renaissant. Pour les hautes classes, le curé est l'objet d'un respectueux étonnement ; pour la masse ignorante, un sujet de terreur ; mais, en somme, l'appréciation de notre clergé par les Prussiens est plus juste que celle de certains Français ; et l'on a cru rêver lorsque, dans ces derniers temps, on a entendu un ministre de la guerre [1], blasphémer la vérité en disant à la tribune de la Chambre des députés qu'il ne voulait pas d'aumôniers à la caserne, parce qu'ils y étaient une cause de trouble. — Absolument comme l'agneau troublait l'eau du ruisseau où il se désaltérait au-dessous du loup.

---

[1] M. le général Campenon.

En vérité, ce serait à croire que ce général-ministre et ceux de son école n'ont jamais vécu en garnison avec la troupe, ni jamais fait campagne avec elle. Homme du devoir, l'aumônier ne peut prêcher dans les casernes que la discipline, l'obéissance passive et le respect absolu de la personne et de la volonté des chefs. En campagne, nous l'avons vu donner partout l'exemple de la bravoure et marcher froidement à la mort, lorsque d'autres que lui cherchaient à l'éviter. Nous l'avons vu, pendant la guerre allemande, partout où l'on se battait, partout où l'on souffrait. Ici, au danger de sa vie, un curé de village sauvait un bataillon, une brigade que l'ennemi croyait déjà tenir; là, c'étaient des officiers isolés qu'il recueillait, cachait, guérissait de leurs blessures et qu'il conduisait ensuite au delà de la frontière sous divers déguisements, même sous sa propre soutane. En tous lieux, le prêtre apparait aux côtés du soldat, comme un ange suscité par Dieu au moment suprême.

COURAGE ET FOI DES SOLDATS.

Le capitaine Lefèvre, du 1er bataillon des mobiles de l'Orne, venait de prendre position devant l'ennemi avec sa troupe, lorsque, voyant approcher le P. Labirol, l'aumônier du bataillon, il alla à sa rencontre et, lui serrant la main : « Mon Père, dans deux ou trois jours, j'aurai quelque chose à vous dire. » « Pourquoi pas tout de suite, capitaine ? » répond l'aumônier; « la journée sera chaude. » « Vous avez raison... Eh bien ! tout de suite, je suis à vous... » Les soldats les voient s'éloigner ensemble. Ils s'arrêtent à quelques pas de là, au pied d'un talus. Le capitaine s'agenouilla en faisant le signe de la croix ; la main du prêtre se leva sur sa tête, et il reçut l'absolution.

Une demi-heure s'était à peine écoulée, qu'il tombait foudroyé, atteint en pleine poitrine par un boulet.

Un capitaine blessé, voyant venir un prêtre : « Monsieur l'aumônier ! monsieur l'aumônier ! » « Me voilà, capitaine ; êtes vous pansé ? » « Non. Sommes-nous vainqueurs ? » « Oui ! oui ! » (ce n'était pas bien sûr). « Merci ; alors, je suis content ! »

Le prêtre s'arrête un instant près de lui ; c'est un homme de foi. « Adieu, capitaine ; votre nom ?... » Il le donna ; et, s'il a succombé, sa famille aura su qu'il avait reçu les dernières consolations religieuses.

Un soldat a reçu une affreuse blessure ; l'opération du pansement est très-douloureuse ; il pousse des cris déchirants. Un aumônier s'approche de lui et lui dit quelques paroles ; le patient se calme aussitôt. Au bout de quelques instants, croyant, sur un mouvement du prêtre, que celui-ci allait le quitter : « Je vous en supplie », s'écria-t-il, « ne vous en allez pas ! Cela me fait tant de bien de vous voir là !... » Et le prêtre resta.

Aux environs de Servigny, un aumônier rencontre, derrière une haie, un jeune homme grièvement blessé, qui s'écrie en le voyant : « Ah ! c'est vous, monsieur l'aumônier ! Oh ! que le bon Dieu soit béni de vous avoir envoyé ici ! Vite, donnez-moi les derniers sacrements ! Vite, je vais mourir. »

Le bon aumônier donne l'Extrême-Onction à ce soldat, et court, autant que l'obscurité le lui permet, auprès du lieutenant Trappier, du 59e de ligne, tombé mortellement frappé dans une vigne. Après lui avoir donné les secours de la religion, il reste près de lui pour écrire ses dernières volontés sur son carnet, à la lueur d'une allumette que tient l'ordonnance de l'officier; aussitôt une grêle de balles tomba autour d'eux, et ce fut un miracle qu'aucun n'en fût atteint.

Au combat de Champigny, le général Renault, *Renault de l'arrière-garde*, est grièvement blessé par un éclat d'obus. Les Frères des écoles chrétiennes le relèvent et le transportent à l'hôpital Lariboisière. La première chose que fait l'intrépide général est de demander une Sœur; puis l'aumônier se présente. En le voyant, et sans attendre une question du prêtre, le blessé lui tend la main et dit à haute voix :

« Je crois en Dieu le Père, le Fils et le Saint-Esprit... J'ai confiance dans les prières de ma sœur, qui est religieuse à Tours! Oh! oui, elle prie pour moi... »

La mort était prochaine; le général intrépide au feu, brillant aux combats, brave entre les braves, demande le crucifix, qu'il presse sur ses lèvres pendant l'Extrême-Onction.

Autour de son lit, les assistants priaient, et les Sœurs agenouillées tenaient en mains leurs chapelets. Le général interrompit le silence et dit : « Oui, priez pour moi, priez pour la France... Je meurs pour la France [1]. »

Un capitaine des mobiles de Maine-et-Loire dont M. Blandeau nous a transmis le nom, M. d'Épinay Saint-Luc, blessé et près de mourir, se fait porter à cent mètres plus loin que la zone dangereuse du feu. L'aumônier, qui l'a confessé, va lui donner la sainte communion. Sa compagnie l'entoure, et, au moment de recevoir son Dieu, le capitaine trouve la force de commander à ses hommes :

---

[1] *L'héroïsme en soutane*, général AMBERT.

« Portez armes! Présentez armes! Genou terre! » Pendant que les soldats, fondant en larmes, présentaient les armes au Roi des rois, le chrétien qui allait mourir recevait avec bonheur le viatique de l'éternité. Après avoir reçu son Dieu, M. d'Épinay ajoutait : « Adieu, mes amis; en avant! au feu! »

Le capitaine Bouvière, adjudant-major au 77ᵉ de ligne, couché sanglant sur le champ de bataille, reçoit les secours religieux de l'aumônier, et, faisant un suprême effort pour se soulever, il dit, d'une voix assurée, à ceux qui l'entourent : « Maintenant que j'ai reçu l'Extrême-Onction, je vous prends à témoin que je meurs en soldat et en chrétien. »

Mais, de même que pour les prêtres, nous devons nous borner pour les soldats, et nous restreindre à quelques-unes de leurs actions d'éclat, dont le récit complet exigerait des volumes. Partout où nous avons combattu, le prêtre a eu sa part d'honneurs comme il avait eu sa part de peine. En Chine, en Algérie, en Italie, en Crimée, au Mexique, en France, plusieurs ont été décorés et cités à l'ordre du jour de l'armée. Tout récemment, M. l'abbé de Boude, aumônier militaire au Tonkin, et madame Laroche, en religion sœur Marie de la Croix, supérieure des Sœurs de l'ambulance d'Haïphong, recevaient la croix de la Légion d'honneur pour services exceptionnels. Après le combat de Farafate, à Madagascar, l'amiral Miot mettait à l'ordre du jour, pour sa belle conduite, M. l'abbé Milour, aumônier de la *Naïade*, qui, sur la ligne des tirailleurs, avait « donné les secours aux blessés avec le plus grand dévouement ».

SOLDATS CONFESSEURS ET MARTYRS.

Sans prétendre que les prêtres et les religieux soient absolument insensibles à ces distinctions, il n'est pas téméraire d'affirmer que de plus puissants mobiles les poussent aux actions d'éclat. C'est dans la conservation d'une âme ou dans le retour de cette âme à la religion, que les ministres et les serviteurs de Dieu trouvent leur véritable récompense ; c'est là, pour eux, la grande victoire, la conquête enviée, victoire et conquête plus faciles qu'elles ne paraissent de prime abord, et qui s'expliquent naturellement par ce fait que jamais la foi religieuse ne meurt dans une âme chrétienne, surtout dans celle d'un soldat. Elle y sommeille jusqu'à ce qu'un grand dévouement ou un noble sacrifice la fasse se lever grande et forte comme aux jours de la primitive Église, et qu'elle transforme un simple soldat en confesseur, un vulgaire ouvrier en martyr. Voici deux exemples à l'appui de cette vérité.

Dans une charge contre les cavaliers rouges d'Abd-el-Kader, nos chasseurs d'Afrique s'engagent corps à corps avec l'ennemi, supérieur en nombre. Le cheval du capitaine Saint-Germain est tué, son cavalier pris sous lui. Escoffier, trompette de l'escadron, met pied à terre et offre son cheval à son capitaine, qui le refuse. Escoffier insiste : « Prenez-le, je vous en prie », lui dit-il ; « ce n'est pas moi, c'est vous seul qui pouvez rallier l'escadron. » Le capitaine cède enfin ; il saute sur le cheval d'Escoffier, et celui-ci, fait prisonnier, est amené devant l'Émir, dans sa deira.

Il portait sa trompette en sautoir. Ayant reçu l'ordre

de jouer une fanfare, il se mit à sonner la charge. Un des chefs s'étant informé du nom de cette sonnerie, Escoffier dit à l'interprète : « Réponds au capitaine que lorsqu'il entendra *musiquer* cet air, il n'aura rien de mieux à faire que de tourner bride et de s'enfuir au galop. »

Le chef, blessé de cette réponse, demanda qu'il fût administré cent coups de bâton à l'impertinent. « Non, dit Abd-el-Kader ; il est de mon devoir de me montrer aussi généreux que les Français, qui ne maltraitent pas les prisonniers arabes; bien plus, si ce trompette veut se faire musulman, je lui donnerai trois jolies femmes, des chevaux et le grade d'officier dans mes réguliers.

— Je ne renierai jamais ni ma religion, ni mon pays, répondit le trompette ; tu peux me faire couper la tête, mais non me rendre parjure.

— Sois tranquille, dit l'Émir ; j'aime à t'entendre parler ainsi. Ton refus est glorieux ; ton parjure serait une honte. »

Escoffier fut compris dans un échange de prisonniers, et reçut la croix d'honneur, juste récompense de sa belle conduite[1].

La guerre d'Afrique nous fournira encore le second exemple de foi religieuse chez nos soldats. Il y a deux acteurs dans le drame suivant : un confesseur et un martyr.

Le 12 juin 1846, quelques Harars amenèrent à Tiaret un jeune homme de vingt-deux ans, nommé Beauprêtre, qui nous raconta les aventures émouvantes dont il avait été le héros.

---

[1] Capitaine BLANC, *Généraux et soldats d'Afrique.*

Il allait de Cherchel à Tenez avec deux ouvriers, lorsque, le 21 novembre 1843, il fut enlevé, près de cette dernière ville, par un parti d'Arabes. Ceux-ci le conduisirent à Bou-Maza, qui le donna ensuite à Abel-el-Kader non loin de Tiaret. De là, on le mena dans le Maroc, où il fut réuni dans un douar à dix-huit autres Français, colons ou soldats prisonniers. Le douar était près de la Malouïa. Il y resta enchaîné avec un soldat du 32ᵉ depuis son arrivée, en décembre 1845, jusqu'au 31 mai 1846.

Ce jour-là, il crut comprendre qu'un ordre était venu de massacrer les prisonniers pendant la nuit; il fit part de ses soupçons à son camarade de chaîne, et tous deux réussirent à s'évader, profitant du sommeil de leur gardien. A quelque distance du douar, ils s'arrêtèrent pour briser leur chaîne avec des pierres; puis ils continuèrent à marcher vers le sud-est. Le troisième jour, laissant le Chott-el-Gherbi à leur gauche, ils aperçurent les feux d'un camp : c'était celui de l'Émir, fuyant devant la colonne Renault.

Les deux fugitifs firent une petite provision de fèves dans un douar, et se hâtèrent de continuer leur route. Exténués de faim et de fatigue, il allèrent se rendre dans un douar.

Un marabout voulut leur faire prononcer le symbole de la foi musulmane; ils s'y refusèrent courageusement, et le soldat du 32ᵉ fut immédiatemedt décapité. Beauprêtre resta inébranlable devant le cadavre mutilé de son camarade; il allait subir le même supplice, lorsque les Arabes décidèrent de remettre son exécution au lendemain, pensant que cette nuit d'angoisses le ferait faiblir; il n'en fut rien. Beauprêtre, voyant ses gardiens endormis, se débarrassa de ses liens et s'enfuit. Sur son chemin, il trouva un mulet mort, qui lui fournit des vivres pendant deux jours. Il traversa le Chott-Chergui, arriva près de

Frenda et tomba épuisé de fatigue et de faim près d'un douar des Harars, qui nous le ramenèrent.

Tous ceux qui entendirent le récit de cette terrible odyssée furent profondément touchés de l'élévation des sentiments religieux avec lesquels ce jeune ouvrier racontait sans exagération, et avec le plus grand calme, le combat qui s'était livré dans son âme entre la conservation de sa vie et la conservation de sa foi, et le triomphe définitif de la seconde sur la première. Dans notre division, du dernier soldat au général, tout le monde regardait Beauprêtre comme un héros ; moi, je le considérais comme un saint[1].

L'IMPULSION DE L'ÉPISCOPAT.

Lors même que les prêtres et les religieux n'auraient pas été naturellement portés, par leur patriotisme et leur charité, aux actes de dévouement dont nous venons de citer quelques exemples, ils y eussent été puissamment excités par l'exemple et le langage des évêques. L'épiscopat français s'est, en effet, montré digne de son antique réputation de sagesse, de courage et de piété. Lorsque la France désemparée, sans armée, sans magistrature, sans administration, sans gouvernement, semblait près de voir finir sa glorieuse existence, les évêques ne désespérèrent pas de l'héritage de leurs illustres prédécesseurs. Ils mirent leurs palais, leurs biens, leur personne à la disposition de ceux qui souffraient ; pas un ne quitta sa ville épiscopale, lorsque l'ennemi pénétrait au cœur de la patrie par les

---

[1] Capitaine BLANC, *Souvenirs d'un vieux zouave.*

larges blessures de Metz et de Sedan ; et si, moins heureux qu'un pape et qu'une vierge, ils ne purent arrêter les barbares à la porte de leur cité, ils imposèrent tant de respect à leurs chefs, que ceux-ci adoucirent, à leur demande, les rigueurs de la rançon.

Dès les premiers jours de la guerre, les évêques autorisent leur clergé à postuler pour l'aumônerie de l'armée ; bientôt après ils l'y encouragent ; enfin, ils réclament pour leur clercs la faveur d'être admis comme infirmiers militaires.

A peine la représentation nationale était-elle reconstituée, que son rapporteur lui donnait connaissance de la pétition suivante de l'évêque de Châlons :

« Messieurs les députés, les résolutions de la Chambre, relatives aux élèves des grands séminaires, ne peuvent les désintéresser du mouvement national. Les jeunes clercs nous demandent d'être employés activement au salut du pays, en qualité d'infirmiers dans les ambulances ou sur les champs de bataille. Tous les prêtres qu'un ministère obligatoire ne retient pas dans les paroisses, sollicitent la permission de suivre l'armée comme aumôniers ou comme infirmiers.

« Nous demandons à la Chambre de vouloir bien utiliser ces dévouements, en attachant nos séminaristes et nos prêtres aux hôpitaux et aux ambulances de l'armée.

« Déjà grand nombre d'entre eux sont employés dans les hôpitaux et ambulances de la ville. Trop heureux si leurs services sont acceptés, ils ne demandent ni titre ni indemnité, mais seulement les vivres de campagne nécessaires en temps de guerre.

« GUILLAUME, évêque de Châlons. »

Le samedi 8 août 1870, lorsque le père abbé de la Trappe des Dombes eut connu le résultat de la bataille du 6, et que les Prussiens campaient sur le sol français, il réunit ses religieux pour leur dire que la patrie était en danger et que, dans ce moment suprême, le premier de tous les devoirs était d'aller la défendre. Tous lui dirent qu'ils étaient prêts.

Alors, ceux qui étaient valides, — au nombre de quarante-deux, — furent désignés pour aller à la frontière. Un Frère fut expédié à Lyon pour acheter des vêtements séculiers qui leur permissent de partir aussitôt.

Le R. P. Basile, provincial des Carmes déchaussés de la province d'Aquitaine, met à la disposition du ministre de la guerre les cinq couvents de Bordeaux, Agen, Bagnères de Bigorre, Pamiers et Carcassonne, pour y recueillir et y abriter le plus et le mieux possible nos soldats malades ou blessés. Il réclame pour lui et ses religieux la faveur et la gloire de les servir et de les soigner, dans chacun de ces monastères, en qualité d'infirmiers.

Le T. R. P. provincial de Toulouse, de l'ordre des Frères mineurs (capucins), accompagné du P. Marie-Antoine, se présente chez M. le général de division de Géraudon porteur de la pétition suivante, adressée au ministre de la guerre :

« Excellence, nous soussignés, Frères mineurs capucins de la province de Toulouse, venons, avec l'autorisation des supérieurs de notre ordre, supplier Votre Excellence de nous permettre de nous consacrer tous au service et aux soins des soldats blessés, tant dans les ambulances que sur le champ de bataille, à quelque titre que ce soit.

« Votre Excellence ne nous refusera pas cette faveur,

que nous implorons comme enfants de la France, dans le pressant danger où se trouve la patrie. »

Le général de Géraudon apostilla chaudement cette adresse, que le R. P. provincial alla lui-même remettre, à Paris, au ministre de la guerre, conjointement avec les Pères provinciaux du même ordre qui, depuis un mois, étaient en instance pour faire agréer les services de leurs religieux.

Et quel magnifique langage parlaient les évêques aux populations terrorisées par la rapidité des coups qui nous frappaient !

« La France est votre soldat, ô mon Dieu ! — s'écriait Mgr Langalerie, bénissant le drapeau des mobiles de Belley. — C'est elle qui nous a sauvés de l'arianisme avec Clovis, de l'islamisme avec Charles-Martel, de la barbarie avec Charlemagne, de la féodalité avec saint Louis, de l'hérésie future avec Jeanne d'Arc.

« Mon Dieu ! ayez pitié de la France. Un souffle mauvais passe sur elle en ce moment. Les athées voudraient qu'elle fût la forteresse de l'athéisme. Ne permettez point, Seigneur, que cette nation si noble descende si bas... De même qu'autrefois la tribu de Juda reçut d'en haut une bénédiction spéciale parmi les autres fils du patriarche Jacob, de même le royaume de France est au-dessus de tous les autres peuples, couronné par Dieu lui-même de grâces et de prérogatives toutes particulières... »

LA CAPTIVITÉ.

De même que le cœur des évêques souffrait de toutes les douleurs de la France, leur voix, fidèle écho de leur âme, avait des accents tantôt consolants, tantôt fortifiants, tantôt suppliants, et toujours inspirés par le plus pur patriotisme et la plus ardente charité.

A l'heure sinistre de la capitulation, ces accents de l'épiscopat se firent déchirants. Des centaines d'officiers, des milliers de soldats, toute une armée, naguère l'espoir et l'orgueil de la France, allaient subir les hontes et les misères de la captivité chez un ennemi dont les instincts n'ont rien de chevaleresque. Quel désastre moral pouvait s'ajouter à celui que venaient de subir nos armes! Au milieu de ces nouvelles épreuves, rudes et imprévues, combien d'âmes pouvaient succomber aux suggestions du désespoir! Les besoins étaient immenses et pressants. Notre armée prisonnière n'avait que des haillons, et l'hiver était rigoureux : il fallait la vêtir; sa nourriture était insuffisante et nauséabonde : il fallait l'améliorer; son courage s'affaiblissait : il fallait le relever; elle était désolée : il fallait la consoler.

Et qui se fera prisonnier volontaire avec elle? Qui se soumettra de son plein gré aux grossièretés, aux insultes, aux mauvais traitements dont elle est l'objet de la part d'un vainqueur demi-barbare? Qui se fera l'intermédiaire entre elle et la France? Qui lui parlera de son pays, de sa famille, de son église, de ses amis? Qui lui montrera l'étoile de l'espérance dans son ciel, où elle ne voit que d'épais nuages? Qui, si ce n'est le prêtre, toujours le prêtre, ce dépositaire fidèle des indulgences et des consolations que l'Église catholique, notre tendre mère, offre à ses enfants?

C'est alors que, dans toutes les églises de France, de la chaire de l'humble chapelle comme de celle de l'insigne basilique, descendit sur les fidèles la parole auguste des évêques, sous la forme d'homélies, de lettres pastorales et de mandements, rappelant à chacun les devoirs de la charité chrétienne et de la fraternité française.

Et dans quels termes touchants étaient conçus ces appels à la charité ! « Jamais, nos très-chers Frères, disait le vénérable cardinal Desprez, archevêque de Toulouse, à ses diocésains, jamais nous n'avons tendu la main devant vous, en faveur d'aucune infortune, avec plus d'émotion qu'aujourd'hui. Nous vous conjurons, par les entrailles de la miséricorde divine, de ne pas nous fermer la porte de votre cœur. C'est au nom de nos soldats, prisonniers de la Prusse, que nous vous adressons cette prière. »

Elle fut entendue de la France entière, cette prière ardente de l'épiscopat. De tous les points de notre patrie affluèrent les dons en nature et en argent pour les prisonniers ; il y en eut de riches, il y en eut de touchants, entre autres celui d'un prêtre de Toulouse, qui, n'ayant pas d'argent, offrit un calice qui lui avait coûté 420 francs au temps de sa jeunesse.

Ce don nous rappelle que, le 17 août 1870, le ministre de la guerre écrivait à M. l'abbé André, curé de Lagnes (Vaucluse) pour le remercier d'une somme de 10,000 fr. que ce prêtre donnait, au lendemain de son décès, à un enfant, garçon ou fille, d'un sous-officier mort sur le champ de bataille pendant la guerre allemande.

Quelques collatéraux avides guettaient sans doute le modeste héritage de l'abbé André ; mais son plus proche parent, pour le digne curé, c'était le soldat inconnu, son frère en dévouement, en patriotisme, en sacrifice, qui mourait pour son pays.

Des vêtements, des couvertures, du vin pour les hôpitaux, des douceurs de toute sorte, des livres, de l'or pour les achats s'entassèrent dans les palais épiscopaux et chez de simples particuliers ; des comités s'organisèrent pour les centraliser et en assurer l'envoi ; des délégués s'offrirent pour accompagner ces dons et en régulariser la distribution. Des hommes et des femmes du meilleur monde briguèrent cette honorable mission ; comme toujours, les prêtres et les religieux se montrèrent les plus ardents ; et de même qu'au plus fort de la guerre, Paris étonné avait vu une troupe de cent prêtres, sac au dos, se rendre à la gare de l'Est pour y prendre les trains allant vers le Rhin et la Moselle, le bourgeois sceptique put considérer d'autres prêtres se pressant dans tous les trains qui, de divers points de la France, se dirigent vers l'Allemagne.

Parvenus au lieu de leur mission, ils rendaient compte à leurs concitoyens de leur voyage et de l'accueil qui leur était fait par les prisonniers. Leurs lettres, rendues publiques, semblaient un adoucissement à nos douleurs ; nous aimions davantage les absents, nous bénissions leurs consolateurs.

Le R. P. Dufor, l'un des prêtres de Toulouse, envoyé en mission en Allemagne, écrivait de Carlsruhe (grand duché de Bade), le 2 décembre 1870 :

« Nous avons vu un assez grand nombre de prisonniers à Genève, à Bâle, à Fribourg, à Rastadt, et nous leur avons fait quelque bien. Si vous saviez combien ils sont heureux de nous recevoir, de causer avec nous de notre chère patrie ! C'est ici que l'on sent combien l'on aime la France !... Nos braves se sont battus pour nous ; il est bien juste que nous leur prouvions un peu de reconnaissance... Nos soldats sont très-bien disposés et reçoivent les sacrements avec bonheur. Le Français est essentiellement catholique. D'ailleurs, l'exil est une prédication éloquente, qui ramène franchement à Dieu. »

Le plus grand nombre de ces délégués de la charité, prêtres, religieux et gens du monde rentrèrent en France leur mission finie; quelques autres restèrent en Allemagne jusqu'à la paix, après avoir sollicité et obtenu du gouvernement geôlier la faveur de partager la captivité de nos soldats, absolument comme autrefois les Pères de la Merci dans les bagnes d'Alger.

Combien étaient-ils, ces prisonniers volontaires? Nos recherches ne nous ont pas permis d'en connaître le nombre ni tous les noms; mais nous pouvons nous fixer sur l'un d'eux, qui résume les vertus et les éminentes qualités de ses émules en charité... le Révérend Père Joseph.

LE PÈRE JOSEPH.

Le R. P. Joseph, missionnaire apostolique, ancien aumônier militaire, assistait en cette dernière qualité les vaillantes troupes qui subirent l'atroce bombardement de Strasbourg, auquel, seulement, les Allemands durent la reddition de la place. Après être resté sur la brèche avec ses derniers défenseurs, l'aumônier les suivit sur la terre étrangère, afin de partager leurs misères, comme il l'avait fait de leurs dangers; de les consoler désarmés, comme il les avait encouragés dans le combat. Après quelques jours employés à visiter des villes encombrées de prisonniers, le missionnaire apprend que le typhus a éclaté à Ulm; il y court; il s'enferme dans la citadelle; et lorsque la paix en rouvre les portes à ce qui fut l'armée française, il publie un volume de trois cents pages qui, sous le titre de *la Captivité à Ulm*, nous fait vivre de la vie des prisonniers, et souffrir des mille angoisses qu'eut à subir leur consolateur. Nous conseillons ce livre aux esprits légers, aux cœurs oublieux. Dieu condamne et punit la haine; mais il est, croyons-nous, une haine pour laquelle il sera miséricordieux... la haine des bourreaux de la patrie.

Ce n'est pas que, parmi les Allemands, il ne s'en soit trouvé de compatissants; le P. Joseph cite même quelques noms de gouverneurs qui se laissèrent attendrir par ses prières en faveur de leurs prisonniers. C'est ainsi que le digne aumônier parvint à faire gracier un jeune soldat condamné à être fusillé pour avoir frappé un officier allemand dans un de ces accès de colère que la dureté des geôliers explique, si elle ne les excuse pas.

UN PRISONNIER FUSILLÉ.

Moins heureux fut le sergent de zouaves René Gombaut, né à Dinan et fusillé à Ingolstadt par les Bavarois, et dont l'abbé Landau a raconté la mort courageuse dans son livre *Six mois en Bavière*.

Gombaut faisait une cigarette à la porte de sa baraque. Un caporal allemand passe et lui dit : « Rentrez », dans une langue que le pauvre prisonnier ne comprenait pas; et il reste à sa place. Aussitôt le caporal le saisit par l'épaule; à son tour, il repousse vigoureusement du bras son agresseur, et il est condamné pour ce fait à la peine de mort. Voilà le cas de René Gombaut...

Il n'y avait pas de recours possible; dès lors le P. Marterey le prépare à mourir, le confesse et lui administre le saint Viatique, qu'il reçoit avec la foi d'un vrai chrétien. L'heure fatale arrivée, on l'amène garrotté au milieu du camp, où il se tient debout sans bandeau sur les yeux ; il n'en a pas voulu. La cour martiale est là. Six mille Français, qu'on force à jouir du spectacle, l'entourent. « *Vous autres,* dit-il aux soldats bavarois, *vous autres, ne tirez que quand j'en donnerai le signal. Camarades,* dit-il ensuite aux Français, *je vais mourir ; mais avant, criez tous avec moi : Vive la France !* Une immense clameur s'élève ; les rives du Danube sont forcées de répéter : Vive la France ! — *Feu !* dit-il. Et il tombe...

« Cent mille hommes comme ce sergent de vingt-deux ans, ajoute le P. Joseph, et la France était sauvée. »

Ils existaient certainement, ces cent mille soldats chrétiens, mais séparés, disséminés, ne se sentant pas les coudes. Entre leurs intervalles, comme par autant de fissures, pénétraient les théories dissolvantes qui, après la guerre d'Italie, produisaient leurs effets même à la surface du corps social. Pendant qu'en haine de la dynastie impériale, la fameuse opposition des Thiers, des J. Favre, des J. Simon traitait de fables les rapports du colonel Stoffel, de fantasmagorique le chiffre des armées prussiennes, et faisait diminuer celui du contingent, en repoussant la mise en pratique immédiate de la loi Niel, loi de salut, celle-là ; pendant que ces grands patriotes faisaient cette œuvre antipatriotique, les sociétés secrètes, internationale et franc-maçonnerie, se glissaient sous les portes des casernes, dans les chambrées de soldats, et y déposaient les germes du libre examen, aussi funeste à l'armée qu'à la religion.

LABEUR DES AUMONIERS.

« Les sous-officiers n'étaient pas respectés des soldats, — dit l'auteur de *la Captivité à Ulm*, — ils n'étaient pas obéis; souvent ils eurent à subir des insultes; de là, on passait à des voies de fait, qui étaient punies du cachot.

« Nous devions défendre le principe d'autorité; quiconque l'attaquait devant nous était mal reçu.

« Ils ne sont pas plus que nous, — disaient les soldats. Nous répondions : Vous êtes dans l'erreur; ils ont reçu de par la loi, dans l'armée, un grade que les défaites et la captivité n'ont pu supprimer; ils conservent donc toute leur autorité, et vous leur devez l'obéissance et le respect.

« Eh oui, on avait dit : Les prêtres sont des hommes comme les autres.

« Qu'a-t-on prétendu par là?

« Il ne faut pas les écouter plus que les autres, ni pratiquer la morale qu'ils enseignent.

« Qu'en est-il résulté?

« On a tiré de cette maxime des conséquences rigoureuses. Le fils a dit : Mon père est un homme comme un autre; pourquoi compter avec lui? — Et l'on a brisé les liens de la piété filiale; on y a substitué la révolte.

« Le citoyen a dit : Le prince est un homme comme un autre; pourquoi me soumettre à ses décrets? — Et on a fomenté l'anarchie dans l'État.

« L'ouvrier a dit : Le patron est un homme comme un autre; mettons-nous en grève, ou supprimons-le. — Et on a créé l'anarchie dans le travail.

« Le soldat a dit : L'officier est un homme comme un

autre; pourquoi m'astreindre à son commandement? — Et on a suscité l'anarchie dans l'armée.

« Avec ces beaux sophismes on va loin. »

C'est de cette même époque que date l'intrusion du parlementarisme dans le régime militaire et la transformation des députés en défenseurs d'office des soldats; de telle sorte que le moindre incident de caserne devenait un accident de tribune, un sujet à interpellation. Il n'a pas été rare, depuis lors, de voir des militaires menacer leurs chefs d'une plainte à la Chambre des députés. Pareille chose arriva au P. Joseph.

« Un jour, raconte le bon Père, un soldat vint me demander une chemise de flanelle; il n'avait pas le *bon* exigé, et je n'étais pas convaincu de son besoin.

« Mon ami, lui dis-je, apportez un *bon* de votre chef de section (un sous-officier français) attestant que vous avez besoin de cette chemise de flanelle, et je vous la donnerai de grand cœur.

« — Non, dit-il, je ne vous apporterai pas ce *bon;* mais j'écrirai à Victor Hugo...

« — Vous avez là une bonne idée, répliquai-je avec calme; tous ces hypocrites flatteurs du peuple, tous ces faux amis des malheureux n'ont encore rien envoyé pour vous soulager; il leur est plus profitable de ruiner la France pour s'enrichir, que de donner la moindre obole à ses malheureux enfants.

« Le pauvre homme partit; il revint le lendemain avec un *bon*, et je lui donnai sa chemise de flanelle; il avait compris que Victor Hugo ne lui enverrait rien. »

Les prêtres de la captivité avaient à protéger les prisonniers contre les mauvais traitements de leurs geôliers, et les prisonniers contre eux-mêmes. Ils comptaient pour rien ce qu'ils avaient à endurer de la part des Allemands ; mais ils souffraient de la résistance des Français à leurs conseils de patience et de modération, ainsi qu'à leurs exhortations à revenir aux pratiques chrétiennes. La masse était bonne, mais il s'y mêlait quelques esprits dévoyés, quelques déclassés bourrés de maximes et de mots dont ils ne comprenaient ni le sens ni la portée. C'était, naturellement, à ceux-là que s'attachait le zèle des missionnaires ; et, chose étrange, ils y étaient parfois aidés par les officiers prussiens.

Donnons encore la parole au R. P. Joseph :

« A la tête du gouvernement d'Ulm, dit-il, se trouvait le général prussien Pritwitz, septuagénaire d'un haut mérite... Il n'aimait pas la France, et ne cachait pas son mépris pour nos mœurs, nos allures, nos défauts et surtout notre irréligion. Mais il paraissait équitable, et ne manquait pas de compassion... Il tenait personnellement à la présence d'un aumônier français, et si je n'ai pas été banni ou emprisonné comme plusieurs de nos collègues, c'est en partie à son esprit conciliant que je le dois.

« Le lendemain de mon arrivée, il me manda dans son cabinet, et me reçut avec politesse. « Monsieur l'aumônier, me dit-il, je suis heureux de vous savoir ici : *le militaire ne doit pas se passer du prêtre.* Votre brevet d'aumônier militaire sera visé au ministère de la guerre, à Berlin, afin que vous puissiez exercer votre ministère dans sa plénitude. Vous organiserez le service religieux comme vous l'entendrez, mais de façon que tous vos soldats en profitent. *Je ne conçois pas une armée sans religion, et une armée est sans religion quand la pratique du culte n'y est pas en honneur. Je sais qu'en France, vous ne conduisez pas vos soldats à l'église ;*

c'est une des causes de votre ruine. En Allemagne, l'office divin est obligatoire pour l'armée ; il faut que vos soldats se conforment à nos règlements. Lorsque vous aurez des difficultés, venez me trouver. »

Ainsi, dans les pays schismatiques comme dans les nations orthodoxes, l'exercice du culte dans l'armée est reconnu indispensable, et l'union du prêtre avec le soldat nécessaire.

Nous pouvons rapprocher du petit *sermon* du gouverneur d'Ulm cette boutade d'un capitaine, M. Von Hueber, que sa bonté avait fait appeler *Papa* par les prisonniers confiés à sa garde.

Pendant le carême, le capitaine, abordant un groupe de prisonniers endurcis, leur dit :

« Vous êtes tous des Chinois.

— Mais non ! se récrièrent-ils ; nous sommes Français.

— Eh bien ! répliqua le capitaine, les Français sont catholiques. Les catholiques doivent faire leurs Pâques ; si vous ne les faites pas, c'est que vous êtes des Chinois. »

Tout serait à citer, dans cet excellent livre, *la Captivité à Ulm ;* mais il faut nous borner et, — en nous privant même du plaisir de reproduire quelques-uns des noms des bienfaiteurs insignes des prisonniers, transmis à leurs enfants par le P. Joseph, — courir à la conclusion de chacun de nos chapitres : l'union naturelle, providentielle du prêtre et du soldat pour le bien particulier de chacun d'eux et pour celui de la société en général.

Même, l'union entre le prêtre et le soldat n'est pas rompue par la mort, et nous n'entendons pas seulement par cette union, celle qui naît d'une foi commune dans des promesses éternelles, mais celle dont témoignent les soins pieux prodigués par le prêtre aux restes mortels du soldat.

Pendant la captivité, les aumôniers avaient entouré les cercueils de leurs soldats du plus de pompe religieuse possible; et, il faut le reconnaître, les gouverneurs y avaient ajouté, pour chacun d'eux, l'appareil militaire des Allemands. Lorsque sonna l'heure de la délivrance, que les prisonniers vivants purent revoir la France, le P. Joseph voulut donner à ceux dont les ossements restaient en captivité « une prière qui rappelât la France, une « prière qui parlât d'eux et pour eux au trône de Dieu. » Il fonda l'*Œuvre des tombes et des prières pour les soldats morts en captivité.*

Avant même la conclusion de la paix, cette œuvre avait été commencée dans cinquante villes allemandes par des souscriptions d'officiers et de soldats français; aujourd'hui, cent quatre-vingt-dix mausolées s'élèvent sur divers points, couvrant les ossements réunis de nos chers défunts. Leur entretien et les services funèbres à y célébrer sont désormais assurés.

La plume émue de l'auteur de *la Captivité à Ulm* a perpétué les noms des Français qui se sont unis à lui dans l'accomplissement de cet acte de patriotisme et de foi. Ils sont nombreux et de conditions diverses; plus nombreux encore les témoignages de reconnaissance qui, de tous les points de la France, sont parvenus au pieux promoteur de l'*Œuvre des tombes et des prières pour les soldats morts en captivité.*

Le R. P. Joseph, sa tâche finie envers les vivants et les morts, revint en France, où il reçut la croix de chevalier de la Légion d'honneur, juste récompense de ses signalés services. La paix semblait devoir le laisser tout entier à sa *mission apostolique*, mais elle ne suffisait pas à son ardeur; il lui a cherché un aliment plus actif dans l'éducation des enfants pauvres et abandonnés que, dans deux établissements fondés par ses soins sur la frontière suisse, il dispute à la propagande protestante. Ce n'est plus la guerre, mais c'est encore la lutte, c'est-à-dire l'élément des Pierre l'Ermite de tous les siècles.

UN FRÈRE CAPUCIN SOLDAT.

Nous avons loué et admiré les prêtres de tous les diocèses, les religieux de tous les ordres, aumôniers, infirmiers, brancardiers volontaires à la suite de nos armées ; mais nous ne saurions, sans injustice, passer sous silence une autre catégorie de soldats improvisés, peu nombreuse il est vrai, mais dont nous avons eu un intéressant spécimen sous nos ordres immédiats pendant la guerre. Cette catégorie est celle des frères lais de divers ordres religieux auxquels la loi de recrutement avait arraché leur robe monacale pour les vêtir de la capote du soldat. Notre spécimen appartenait à l'ordre des capucins, où il avait nom frère André. — Nos lecteurs voudront bien nous pardonner de nous mettre en scène ; nous y sommes contraint.

Je l'avais connu à Perpignan, alors que, frère lai du couvent, il parcourait la ville avec sa petite voiture attelée d'un âne minuscule, recueillant les aumônes qui s'entassaient dans son véhicule. Je le vois encore, âgé de vingt-cinq ans environ, de taille moyenne, le visage amaigri, le regard modeste, craintif même, la voix douce comme la prière qu'il murmurait de porte en porte.

L'ouragan du 4 septembre détruisit le couvent des Capucins et en dispersa les paisibles habitants. Je les retrouvai en partie, quelques jours après, dans une petite ville, cachée dans un pli du Canigou, nommée Prats-de-Mollo, où l'un d'eux avait sa famille.

Je venais de recevoir l'ordre de me rendre à Toulouse pour y former un *second* 8ᵉ bataillon de chasseurs à pied, — le premier avait été détruit à Frœschwiller et à Sedan, — et y occuper un emploi de mon grade, sur la demande que j'avais faite de reprendre du service. Quelques heures avant mon départ, je vis entrer chez moi le prieur de la petite communauté.

« Cher monsieur, me dit-il, j'apprends que vous rejoignez l'armée ; que vous allez au 8ᵉ bataillon de chasseurs à pied, à Toulouse, et je viens vous recommander un de vos soldats.

— Un de vos parents, sans doute?

— Non... un de mes fils en Jésus-Christ... frère André.

— Frère André !

— Oui... Le pauvre frère nous a été enlevé par la loi militaire, et il a été incorporé au 8ᵉ bataillon de chasseurs. J'ai de ses nouvelles ; il est à Toulouse, caserne de Lignières.

— Mais son nom de soldat?

— Andrieux.

— Soyez tranquille, mon Révérend Père ; je pars cette nuit ; je serai demain à Toulouse ; après-demain je verrai frère André. Vous pouvez compter sur moi.

— Je le sais, monsieur. Voilà pourquoi je fais cette démarche, que je n'aurais pas tentée près de personne autre.

— Merci de votre confiance, et priez pour moi, mon Révérend, pour moi et surtout pour ma femme et mes enfants, que je laisse ici.

— Tous les jours... mes pères et moi, à la sainte messe. »

Le lendemain, j'étais à Toulouse.

Deux jours après, à l'appel de midi, je reconnus frère André dans les rangs de sa compagnie, et je donnai l'ordre à son sergent-major de me l'envoyer le lendemain avant le rapport. A l'heure dite, un caporal entra dans ma chambre.

« Mon capitaine, voici le chasseur Andrieux, que vous avez demandé.

— C'est bien ; vous pouvez retourner au quartier.

Puis, regardant fixement le chasseur :

— Bonjour, frère André.

— Ah! mon Dieu! Sainte Vierge! vous m'avez reconnu! Vous...

— Je vous ai reconnu parce que je vous savais ici.

— Mais si on sait qui je suis, c'est fait de moi ; ils me tueront, ces enragés. Si vous saviez, monsieur, tout ce que je suis condamné à entendre!

— Je m'en doute bien ; mais il n'y a guère d'autre remède à cela que la patience. Du reste, je vous ai fait venir pour vous donner du courage, et vous dire que vous avez maintenant au bataillon un ami.

— Oh! merci, monsieur! Quand je vous ai vu, je vous ai tout de suite reconnu. J'ai eu plaisir et peur tout à la fois. Je me rappelais combien vous étiez bon pour le pauvre frère quêteur; mais je craignais que vous ne disiez qui je suis.

— Encore une fois, ne craignez rien : c'est un secret entre vous et moi. Je vais vous prendre dans ma compagnie, et je tâcherai de vous rendre la vie le moins dur possible.

— Que le bon Dieu vous récompense du bien que vous me faites. »

Et il se précipita sur mes mains, que j'eus de la peine à l'empêcher de baiser.

« Tenez, me dit-il en tirant un chapelet de sa poche, je prierai bien la Sainte Vierge pour vous.

— A mon tour de vous remercier, répliquai-je en le congédiant; mais, croyez-moi, ne montrez pas votre chapelet. Il pourrait exciter les démons qui vous entourent, au lieu de les faire fuir. »

Je fis passer le chasseur Andrieux dans ma compagnie; je le recommandai à son sergent de subdivision et à son caporal d'escouade comme le fils d'un de mes amis auquel je tenais beaucoup. Outre cela, je veillais particulièrement sur lui, à l'exercice surtout.

Nous instruisions nos hommes littéralement à la vapeur, et il n'était pas adroit, le chasseur Andrieux, dans le maniement de son arme. Je rôdais le plus souvent autour de sa *classe*, prêt à intervenir si c'était nécessaire, et cette précaution ne fut pas toujours inutile. On sait ce qu'il faut de patience aux instructeurs des recrues, et de quelles expressions grossières quelquefois, burlesques le plus souvent, ils se servent dans leur exaspération. J'entendis un jour un sergent furieux s'écrier : « Tonnerre de...! vous, là-bas, numéro sept! ne vous creusez pas comme cela; ne vous roidissez pas; ne serrez pas si fort votre arme! On dirait que vous tenez un cierge à la procession. » Je regarde... C'était précisément à frère André que le sergent s'adressait.

Le pauvre garçon crut que c'était une allusion volontaire, et que tout était découvert. Il pâlit affreusement et tourna vers moi un regard plein de reproches et de supplications. Je m'approchai de lui sous prétexte de rectifier sa position, et je lui glissai à l'oreille, en langue catalane, quelques mots qui dissipèrent ses craintes et le rendirent tout entier à l'importante étude de la charge en cinq temps.

A quelque temps de temps de là, je conduisis un fort détachement à l'armée de la Loire ; mon protégé en faisait partie. La veille du départ, je le fis appeler pour savoir ce qui se passait dans son âme. Je vis un homme résigné, mais sans le moindre enthousiasme. Nous causâmes, moi lui expliquant ses nouveaux devoirs, lui me parlant de ma femme et de mes enfants, ne parvenant pas à comprendre pourquoi j'avais repris du service, ni quel besoin j'avais d'ajouter une trente-neuvième campagne aux trente-huit qui pesaient sur ma tête.

Je ne trouvai qu'une raison à lui donner : « Mon ami, « lui dis-je, comme notre âme appartient à Dieu, notre « sang appartient à la patrie. Elle nous le demande ; don- « nons-le-lui sans marchander. » Il garda quelques instants le silence, les yeux fixés à terre. Quand il les leva de nouveau sur moi, son regard s'était transformé. « Vous « avez raison, me dit-il résolûment ; c'est fait. » Il s'en fut ensuite à la maison de ses pères spirituels, où il passait tous les rares instants que lui laissait son service. Il y trouva les mêmes encouragements, sanctifiés par l'autorité qui résidait alors dans ce couvent aujourd'hui désert.

Dès les premiers engagements, le frère capucin fit place au chasseur à pied, et l'air calme, hésitant, craintif même du servant religieux, aux allures décidées du troupier. Sans rien perdre de son caractère soumis, discipliné, obéissant, il acquit en très-peu de jours l'aplomb et l'initiative d'un véritable soldat, tirant avec sang-froid, ardent aux attaques, impassible dans les retraites.

On sait que les chasseurs à pied se distinguèrent dans cette campagne par leur bon ordre autant que par leur bravoure, et les zouaves pontificaux n'ont pas oublié le concours que leur donna le 10° bataillon le jour de Patay. Jamais, d'un autre côté, les paysans n'eurent la moindre plainte à porter contre les chasseurs, lorsqu'ils en avaient tant à faire de certains autres corps. On peut dire qu'Andrieux était un modèle parmi ces hommes d'élite. Il donna plusieurs preuves de son initiative intelligente et généreuse. En voici une, dans laquelle on trouve vraiment le cœur du religieux sous l'habit du soldat.

C'était pendant la retraite d'Orléans. Les débris de notre bataillon formaient l'extrême arrière-garde, déployés en tirailleurs. Une ligne de uhlans nous suivait, réglant en quelque sorte son allure sur la nôtre. De temps à autre un obus nous arrivait comme pour nous dire d'accélérer le pas. Quelques coups de fusil étaient échangés avec les cavaliers ennemis. Un petit bois nous ayant paru convenable pour y reprendre haleine et nous reformer, les clairons sonnèrent halte! et nous nous arrêtâmes, tandis que les Allemands en faisaient autant, comme s'ils avaient obéi au même commandement que nous. Leurs chefs parurent se concerter; puis un mouvement se fit pour nous tourner et nous enlever. La fusillade s'engagea tout aussitôt; et après quelque temps d'une lutte assez vive, nous reprîmes notre marche en retraite, en suivant le mouvement général.

Nous n'avions pas fait deux cents mètres, que j'entendis autour de moi :

— Capitaine! capitaine! voyez donc... là-bas... ces

deux hommes... mais *c'est* des chasseurs de chez nous !

En effet, sans le secours de la lunette, on voyait deux hommes pressés l'un contre l'autre, marchant avec peine, en quelque sorte se traînant.

— Attendez donc... mais, c'est Andrieux et le sergent Jomard !

Ah ! oui, j'ai vu tomber le sergent près de moi ; Andrieux l'a relevé ; il doit le porter.

— Eh non !... puisqu'ils marchent tous deux !... Ah ! mon Dieu ! les uhlans vont les enlever... Mais non !... Malin, Andrieux ; il s'est jeté derrière le talus... Les Prussiens ne les voient plus... Il faudrait les attendre.

J'écoutais ces colloques, le cœur serré.

— Comment !... les attendre !... En avant, mes enfants !

Et nous nous portons au pas gymnastique derrière le parapet que nous offrait un remblai de chemin de fer. Les uhlans s'arrêtèrent, étonnés de ce retour offensif. Je fis tirer cinq minutes à volonté ; et Andrieux, qui avait très-intelligemment suivi la courbe intérieure de la voie ferrée, nous rejoignit, portant le sac et le fusil de Jomard en sus des siens, et soutenant le sergent lui-même, qui avait une balle à l'épaule.

Je serrai vigoureusement la main de frère André, et ses camarades lui firent une véritable ovation. « Eh bien ! quoi ? répondait le brave garçon ; fallait le laisser, peut-être, « le pauve sergent ? » Nous reprîmes alors cette marche en retraite qui devait, hélas ! nous faire dépasser Orléans.

Ce qui restait d'hommes valides ayant été versé dans un autre bataillon, je revins à Toulouse avec un petit noyau devant servir à la formation d'un *troisième* 8⁰ bataillon de chasseurs à pied. J'emmenai frère André avec moi, et je n'ai pas à dire où il courut tout d'abord.

Je trouvai à Toulouse un commandant brave, actif, intelligent, qui sut, en peu de temps, reconstituer un bataillon de fort bonne mine avec les éléments qui lui arrivaient un peu de partout, après la signature de la paix. C'est avec ce bataillon que nous concourûmes à la répression de la *commune* de Toulouse, en premier lieu, puis à celle de Narbonne.

Toulouse n'a pas perdu le souvenir de la première de ces deux journées, pendant laquelle grand nombre de ses habitants les plus distingués se rendirent à l'arsenal pour y prendre les armes, et marchèrent dans nos rangs.

J'attendais que la paix, en renvoyant dans leurs foyers les engagés et les réservistes, me permît de faire licencier frère André et de le rendre à son cher habit religieux. Je m'en entretenais souvent avec les bons pères capucins; nous formions des projets charmants ; nous tracions le touchant tableau du digne Frère arrivant à la communauté du Rousillon. Hélas ! Dieu en avait autrement ordonné. Un événement ni vulgaire devait détruire nos projets, effacer les brillantes couleurs de ce tableau, changer notre joie en deuil.

Un soir, la retraite venait d'être sonnée, les hommes rentraient au quartier. Il faisait très-mauvais temps; un vent furieux poussait sur la ville un ouragan de pluie, de grêle et de neige. Tout à coup un incendie éclate dans un îlot de maisons situées à l'est et parallèlement au boulevard Saint-Aubin, à deux cents mètres de la caserne Lignières, où nous étions logés. Le feu avait pris chez un fabricant de voitures.

Une lueur immense embrase le ciel; la sonnerie : *Au feu!* se fait entendre ; les officiers accourent à la caserne, forment leurs compagnies et se rendent au pas gymnastique sur le lieu du sinistre. De tous les points de la ville l'alarme est donnée; les autorités civiles et militaires, les pompes, de nombreux détachements arrivent de tous côtés, et l'incendie est vivement attaqué. Mais il est considérable et d'une violence extrême. Il a gagné quatre maisons qui ne forment plus qu'un immense brasier.

Vers deux heures du matin, après une longue lutte contre les éléments, l'îlot des quatre maisons était consumé; mais le reste du quartier était sauvé. Nos clairons sonnèrent la marche du bataillon pour rallier les hommes, et nous regagnâmes la caserne, en laissant sur le lieu de l'incendie quelques pompes et un détachement pour parer à tout nouvel accident.

On fit l'appel dans toutes les compagnies; un seul homme manquait à la mienne : c'était Andrieux. Où est-il, lui qui n'a jamais manqué à un appel, ni en campagne ni en garnison? Qui l'a vu?

— Moi, disait l'un; je lui ai aidé à enlever une bonbonne d'essence d'un magasin.

— Moi, répondait un autre; j'étais avec lui sur le toit.

— Je l'ai aperçu sur un mur, un pic à la main, ajoutait un troisième.

Une douloureuse pensée me vint aussitôt à l'esprit. Je pressentis un malheur, et je donnai l'ordre au caporal et aux hommes de son escouade de retourner là d'où nous venions, et de ne revenir qu'après avoir trouvé Andrieux. Un quart d'heure après, ils revenaient, portant leur pauvre camarade sur une civière, et dans quel état, bon Dieu! Sans connaissance, les vêtements, les cheveux, la figure brûlés, ruisselants d'eau. Le docteur du bataillon lui fit enlever ses habits, et, après l'avoir roulé dans des couvertures, il parvint à le faire revenir à lui, non sans avoir constaté qu'il avait une côte cassée. On le transporta à l'ambulance la plus proche du quartier. C'était précisément celle des Capucins.

Frère André put alors nous raconter l'accident dont il était victime. Après avoir travaillé à déblayer le bas des maisons des matières inflammables, il avait suivi les pompiers et les hommes du génie, chargés de couper l'incendie. A cheval à l'extrémité d'un pignon, il était tout entier à sa besogne, lorsqu'il entendit la marche du bataillon. En soldat discipliné, il avait aussitôt quitté son travail pour rallier sa compagnie, et il était parvenu à descendre les deux derniers étages de la maison, qui en avait trois, lorsque, voulant passer sur une poutre, il fut aveuglé par la fumée, et il tomba au rez-de-chaussée, sur des planches, des chevrons, des meubles embrasés. Des pompiers, témoins de sa chute, étaient accourus et l'avaient retiré des flammes.

— Une côte enfoncée ou cassée, lui disions-nous, n'est pas un cas mortel. Un mois de soins et de repos vous remettront, et vous irez rejoindre les chers Pères en Roussillon.

— C'est possible, nous répondait-il; mais, comme on ne sait point ce qui peut arriver, je veux me préparer à un plus long voyage.

Le lendemain, le prieur, entouré de toute la communauté, lui donnait le saint Viatique et l'Extrême-Onction. Sage prévoyance! car, deux jours après, une fièvre violente se déclarait, accompagnée de complications que la science fut impuissante à conjurer. Frère André entrait en agonie; elle ne fut pas longue, elle ne fut pas douloureuse. Le visage du moribond rayonnait; ses lèvres souriantes laissaient passer comme un souffle léger les noms de Jésus, Marie, Joseph. Par instants, ses yeux brillaient; il voyait Dieu, il l'entendait, il lui répondait. C'était comme une extase... au bout de laquelle son âme si pure, si bonne, si brave aussi, s'envola.

Deux jours après, un cercueil sortait de l'ambulance, allant au couvent des Pères Capucins; c'était celui du frère André. Dans la chapelle, quelques chasseurs avec moi; dans le chœur, les religieux: à l'autel, le prieur disant la sainte messe. Après l'absoute, les Pères prirent le cercueil et le portèrent au cimetière de la communauté. Les soldats ne comprenaient rien à ce qui se passait. Je dus le leur expliquer. Me tournant vers eux, après une pelletée de terre jetée sur la bière : « Mes amis, leur dis-je, le camarade auquel nous rendons les derniers devoirs était pour nous le chasseur Andrieux; mais il était, pour ces saints religieux, le frère André. Oui, le chasseur était un frère capucin. Moi seul le savais au bataillon, parce que je l'avais connu dans l'exercice de ses modestes fonctions. Eh bien! vous l'avez vu ce capucin-soldat; vous l'avez vu à l'ennemi et en garnison; vous savez qu'il n'y en avait pas de plus brave ni de plus discipliné. Gardez son souvenir, mes amis. Il vous a enseigné comment doit vivre et mourir un soldat chrétien; imitez-le. »

Au bout de l'allée principale du jardin du couvent des Capucins de Toulouse, à droite et au-dessous de la statue de la Sainte Vierge, se trouve le cimetière de la communauté. Huit Pères ou Frères y sont couchés, attendant la resurrection éternelle. Leurs tombes sont de simples tertres gazonnés. Celle du frère André est la première à gauche en entrant. J'ai été assez heureux pour m'y agenouiller quelquefois.

Dès que cette sainte maison sera rendue à ses propriétaires, faites ce pieux pèlerinage ; allez prier au cimetière des Capucins, sur la tombe du capucin-soldat. Vous en reviendrez meilleur et fortifié, car il s'exhale de cette terre sacrée un parfum de la sainteté religieuse et des vertus du soldat chrétien.

SIMPLE REFLÉXION.

Qu'est-il advenu de tous ces héros de l'année sinistre, prêtres et soldats qui, s'ils ne fixèrent pas la victoire sous nos drapeaux, honorèrent leur défaite par d'éclatantes vertus ? Quelle a été la récompense civique des généraux, des évêques, des prêtres, des religieux qui poussèrent le dévouement patriotique jusqu'au sacrifice de leurs biens et de leur vie ?

Les généraux, abreuvés d'outrages, ont été successivement dépouillés de leurs commandements, et languissent dans une obscure oisiveté, s'ils n'ont pas succombé à leur douleur.

Les évêques ont vu, d'année en année, diminuer leur traitement à ce point qu'il leur devient impossible d'exercer convenablement la charge la plus douce à leur cœur : la charité. Ils ont à subir l'insolence d'échappés d'estaminet ; les ministres leur refusent jusqu'aux titres d'honneur que les siècles ont consacrés.

Les prêtres sont, en très-grand nombre, privés de la modique indemnité que des traités solennels leur attribuent. La spoliation sévit principalement sur les curés de campagne. Les successeurs des prêtres qui se laissaient fusiller plutôt que de trahir leur pays, sont réduits à la mendicité.

Les religieux ont été chassés de leurs maisons, privés des droits que la loi donne et assure à tout citoyen français, contraints de chercher, pour leurs ordres, un asile à l'étranger.

Les Filles de la Charité se voient fermer les hôpitaux et les salles d'asile.

Les Frères des écoles chrétiennes, les brancardiers du siége de Paris, ne peuvent plus exercer leur mission d'éducateurs du peuple.

Partout, sur les couvents, sur les presbytères, sur les écoles, sur les hôpitaux, on peut écrire :

AUX BIENFAITEURS DU PEUPLE,
LA RÉPUBLIQUE INGRATE !

CHAPITRE III

MISSIONNAIRES ET MARINS.

C'est principalement sur mer et au delà des mers qu'apparait, avec tous ses heureux effets, l'union du prêtre et du soldat. Soit que, aumônier du bord, le prêtre vive de longs mois, des années, au milieu des marins; soit que, missionnaire aux pays lointains, il ne soit que passager, le prêtre est l'objet de plus d'affectueux respect de la part du soldat de mer qu'il ne l'est, sur le continent, de celle du soldat de terre.

Le soldat de mer est-il plus religieux que le soldat de terre?... Nous le croyons. Le soldat de mer se recrute sur nos côtes, où le sentiment chrétien est plus profond et plus universel que dans l'intérieur des terres, que dans les grandes villes surtout. Dès son enfance, il s'est formé à la piété, en même temps qu'au métier de marin, qui l'inspire et la développe par le contact continuel avec le danger, avec la mort même, dont il n'est séparé que par l'épaisseur d'une planche. C'est au Christ suspendu au chevet du lit, à la Vierge placée entre deux vases de fleurs sur la cheminée, que son père a dû cent fois la vie; c'est devant ces saintes images que brûlait le cierge bénit; devant elles que sa mère, ses frères et lui s'agenouillaient et priaient, quand la tempête faisait rage et que la barque du père n'était pas rentrée.

Plus grand et plus fort, embarqué sur les vaisseaux de l'État, l'enfant de nos côtes conserve le précieux trésor de ses croyances chrétiennes, dont témoignent la médaille ou le scapulaire, passés à son cou par la main de sa mère, et dont il ne se séparera plus.

Le soldat de terre, constamment distrait par mille objets extérieurs qu'on peut appeler les décors variés de la nature, par le mouvement des villes quand il y est en garnison, par les incidents divers de son étape lorsqu'il est en marche, ne réfléchit guère, et n'a que des impressions passagères et superficielles.

Il lui faut un grave événement, un danger imminent, pour le rappeler à la pensée de sa fragilité, à celle des destinées immortelles de l'homme et à la nécessité de bien vivre pour bien mourir.

Tout, au contraire, porte le marin aux idées graves et le maintient dans les principes et les croyances du foyer paternel. Sa vie se passe entre deux abîmes : la mer et le ciel ; si la mer le menace, il lève les yeux au ciel et l'invoque. Sur son navire, ce ne sont ni les promenades à la campagne, ni les bals, ni les spectacles qui peuvent lui rappeler la patrie absente ; il ne la voit, cette patrie, que sous son double aspect sérieux et religieux. Elle se personnifie à ses yeux dans l'aumônier du bord et ses entretiens paternels, dans la prière tous les soirs, et la messe les dimanches et jours de fête, — si la mer le permet, — enfin, dans l'immersion religieuse d'un camarade mort en naviguant.

On nous saura gré, bien certainement, de reproduire ici l'émouvant tableau qu'a tracé d'une cérémonie funèbre à la mer M. le docteur Bernard, dans un article du *Correspondant*, ayant pour titre : *De Toulon au Tonkin*.

A BORD D'UN NAVIRE.

« C'est le soir, à l'heure de la prière, que se pratique la lugubre opération de l'immersion des morts. — C'est, en mer, le mot le plus juste dont on se serve pour remplacer celui d'inhumation. — Dès qu'un de nos pauvres malades avait rendu le dernier soupir, on le transportait dans une cabine obscure de l'entre-pont, dite chambre de repos, et on le déposait sur un lit de fer, qui n'était recouvert que d'une planche étroite. Le cadavre était cousu dans un sac de toile à voile, et, aux pieds de ce paquet à forme humaine, était attachée une grosse pierre. Le commandant en second, l'un des officiers du bord et un piquet de matelots rendent sommairement les derniers devoirs à celui qui va nous quitter.

« La prière du soir est dite sur le pont; l'équipage, qui ne voit pas ce qui se passe, est un instant silencieux; l'hélice cesse un moment de tourner pour que le mort n'aille pas se briser dans ses ailes; le pavillon est hissé en berne; l'aumônier, qui vient de revêtir son surplis, arrive dans la chambre du repos, suivi d'un mousse, qui porte l'eau bénite; deux timoniers éclairent la scène avec des flambeaux de signaux; quelques soldats et quelques marins, amis du défunt, sanglotent à la porte de la cabine mortuaire. Quatre hommes prennent alors la planche sur laquelle repose le corps; le sabord est ouvert, la planche y est appuyée par le bout qui correspond aux pieds; l'extrémité opposée est élevée, et le cadavre glisse. Le navire, qui roule, s'incline souvent alors du côté opposé, et le pauvre mort s'arrête un instant comme s'il ne sortait du bord qu'à regret. Le coup de roulis inverse le pousse ; sa tête, qui heurte en passant le haut du sabord trop étroit, rend un son sourd qui fait mal à entendre ; il disparait ; on entend dans la mer le bruit de sa chute ; le sabord se referme, et tout est fini. Si on a la curiosité de le regarder du sabord voisin, on voit un fantôme blanc tournoyer et passer entre deux eaux, debout, suivre un instant, entraîné par le courant, le navire qu'il vient de quitter, et s'évanouir.

« S'il s'agit d'un officier, l'immersion se fait du haut de la dunette ; l'équipage est rassemblé, des coups de canon retentissent, et le mort disparait au milieu de la fumée, noblement drapé dans les plis flottants d'un drapeau tricolore qu'il entraîne avec lui.

« Pauvre soldat, pauvre marin tombé obscurément pour la patrie ! On savait qu'il revenait, on l'attendait là-bas, au pays, et nous en avons fait un paquet, et nous l'avons jeté à la mer ! L'aumônier seul est venu, au moment où il allait mourir, murmurer des paroles d'encouragement à son oreille ! Nous avons vu des protestants eux-mêmes réclamer les consolations de notre prêtre à ce moment suprême. On devient religieux, à la mer.

« Tous les dimanches, un autel est dressé dans la batterie, au milieu des pavillons disposés en tentures ; des marins et des soldats en armes forment la haie ; par instants, les clairons sonnent *aux champs*, et l'aumônier, qui se balance au roulis, célèbre la messe au milieu du recueillement le plus respectueux et le plus sincère.

« Le moment de la prière du soir est plus solennel encore : à un signal du clairon et à la voix de l'officier de quart qui commande : « La prière ! » tout le monde appuie sur l'arrière, sept ou huit cents hommes se découvrent à la fois, tournés vers l'aumônier, et, sur le vaisseau, seul et comme perdu sur l'imposante immensité, on n'entend plus que le grondement de l'hélice et la voix du prêtre, qui couvre le murmure de la mer et du vent.

« Nous n'avons vu qu'une fois un soldat, esprit fort, rire et grimacer pendant cette minute sublime ; il fut immédiatement saisi et mis aux fers par les deux pieds. »

Comment le marin ne conserverait-il point sa foi religieuse dans un milieu pareil? Aussi se considère-t-il comme un instrument de la Providence. N'est-ce pas lui, en effet, qui transporte à travers les mers les missionnaires destinés à établir dans le monde entier le règne de Dieu?

LES OFFICIERS DE MARINE.

Les marins ont les officiers qui leur conviennent. Taillés dans le même granit, ceux-ci sont, de plus, soigneusement polis, artistement ciselés, savamment ornés; ils sont à leurs soldats ce que la riche garde d'une épée est à la lame solidement trempée. Entrés jeunes au vaisseau-école, séparés du monde terrestre, appliqués à de fortes études, dressés aux manœuvres des navires et des armes, ils acquièrent vite la maturité; ils sont des hommes quand leurs égaux en âge ne sont encore que des enfants. De vieux loups de mer obéissent sans hésiter à de tout jeunes aspirants, tant ils ont confiance dans leur énergie et dans leur savoir.

La communauté de vie, de travaux et de dangers entretient la communauté de sentiments entre l'équipage et l'état-major du navire. En entrant à l'École navale, les élèves y arrivent avec des principes religieux, que leurs éducateurs, officiers généraux, supérieurs et autres entretiennent et développent avec la conviction que leur donne l'expérience. Et ce n'est pas aux marins qu'il faut demander des concessions aux idées nouvelles en pareille matière ; ils n'amèneront pas plus le pavillon de leur foi devant les séductions ou les menaces de la franc-maçonnerie que celui de la France devant l'étranger. A ceux de nos lecteurs qui pourraient concevoir quelques doutes à cet égard, nous offrons les paroles suivantes du commandant du vaisseau-école des mousses, l'*Austerlitz,* à la distribution des prix de 1885 à ses élèves :

« Des personnes que je n'ai pas l'honneur de connaître, mais dont la bienveillance ne manque jamais de me rappeler au souvenir du public, quand l'occasion leur semble favorable, m'ont reproché d'avoir trop parlé de Dieu et de la Providence, dans mon discours de l'année dernière. Je les remercie vivement de ce reproche, que j'accepte comme un éloge, et les parents sauront au moins qu'on élève ici leurs fils dans les principes que professent l'immense majorité de ceux qui nous les confient. (*Applaudissements.*)

« Comment ! vous voulez que, chargé de l'éducation professionnelle et, encore plus, de l'éducation morale de tous ces enfants, chargé de former avec eux de braves serviteurs pour la marine, je ne cherche pas à faire pénétrer dans leurs cœurs la foi robuste que j'ai dans la Providence, la confiance aveugle qui m'a toujours soutenu dans les épreuves d'une longue carrière dont j'aperçois le terme ; cette confiance qui adoucissait l'amertume des derniers moments pour le vaillant et à jamais regretté amiral Courbet, fauché par la mort au milieu de ses triomphes ! En agissant ainsi, je manquerais à tous mes devoirs, aux convictions de toute ma vie : je ne le ferai jamais, et je termine par ces mots, qui traduisent le refrain d'un bon vieux chant breton, ces mots que je vous demande de ne pas oublier dans les dangers futurs de votre vie de marin et de militaire, que vous ayez à affronter les balles ennemies ou les maladies de la zone torride :

« Si nous savons mourir comme des chrétiens, comme des Bretons, nous ne mourrons jamais trop tôt. » (*Applaudissements répétés.*)

Nous aurions à citer des centaines de professions de foi aussi énergiques que celle du commandant de l'École des mousses ; bornons-nous au brillant défi jeté par l'amiral Gicquel des Touches aux libres penseurs, pendant le Congrès catholique de 1885. Le brave marin venait de raconter comment les Sœurs de Saint-Vincent de Paul, appelées en toute hâte de Smyrne au Pirée, en 1854, pendant une épidémie à laquelle les infirmiers avaient succombé, relevèrent les courages abattus et ramenèrent les fuyards auprès des malades. « Je défie, s'écria-t-il de sa voix autorisée, je défie nos apôtres de la libre pensée de produire par leurs discours de sophistes le relèvement moral dû aux exemples de dévouement des humbles Filles de Charité du Pirée. Messieurs, il y a trois ans, tombait en héros, sur le champ de bataille, au Tonkin, le commandant Berthe de Villiers. Avant d'expirer, il appela le prêtre qui venait de l'assister, et, rassemblant ce qui lui restait de forces, il prononça ces dernières paroles : « Vous direz à ma femme que je meurs en chrétien et en soldat. » Le testament de Berthe de Villiers est le cri de l'armée française. Elle aussi vous adresse ces mots : « Je veux mourir en chrétienne et en soldat ! »

Nous ne prétendons pas que les officiers généraux de la marine aient le privilége de ce spiritualisme transcendant ;

nous avons connu bien des généraux de l'armée de terre qui en étaient doués au même degré, et qui ne s'en cachaient pas plus que leurs collègues de l'armée de mer.

Chanzy, pour ne citer que lui, Chanzy, la veille au soir de sa mort, quelques heures avant d'expirer, dînant chez le préfet de la Marne, s'écriait, en réponse aux légèretés sceptiques de quelques invités : « Messieurs, je prétends « que sans religion il n'y a pas d'individu de valeur, il n'y « a pas de société. »

Quelques jours plus tôt, le 1er janvier, à la réception officielle, il avait dit publiquement à l'évêque de Châlons, Mgr Sourrieu, ces mémorables paroles : « Le clergé est « étroitement lié à l'armée, l'armée est liée au clergé : « l'union de l'armée et du clergé est indispensable au sa- « lut de la patrie. La religion, disait-il publiquement en- « core dans une autre circonstance, est la source du vrai « patriotisme ; elle met au foyer domestique l'ordre et le « bonheur ; sans elle, il n'y a pas d'homme complet. »

Ce n'est pas sans émotion que nous insistons sur ces principes ; ils sont le fond de la thèse objet de ce livre, et ils émanent d'un homme illustre qui, à sa sortie de Saint-Cyr, partagea notre tente aux zouaves [1].

Oui, nos généraux, les généraux de la vieille armée, étaient spiritualistes et chrétiens, — on l'a bien vu dans les deux premières parties de ce volume. — Ceux d'aujourd'hui le sont-ils également ? Nous voulons le croire pour le plus grand nombre ; mais il faut convenir qu'ils dissimulent avec succès leurs sentiments ; en province, ils n'osent pas aller à la messe, même en bourgeois, à ce

---

[1] Il n'est pas inutile d'observer que Chanzy avait passé par la marine avant d'entrer à Saint-Cyr.

qu'on nous assure. Dans tous les cas, aucun ministre de la marine n'a donné son appui aux ennemis de la religion, jamais aucun n'a osé dire à la tribune que « les aumôniers « étaient un sujet de trouble dans les casernes », et que, partant, il fallait les supprimer. C'est que tous les ministres de la marine ont vécu avec les aumôniers à bord des vaisseaux, tandis que nos ministres de la guerre n'ont jamais habité la caserne[1]. Les premiers ont été témoins de la vie exemplaire des prêtres ; les seconds ne savent d'eux que ce qu'ils en entendent dire.

LES COLONIES.

L'histoire des colonies d'outre-mer n'est pas autre chose que celle de notre propre pays ; l'histoire se répète, le christianisme n'a pas changé ses procédés de civilisation. Ce furent les ordres religieux, naissant sous les pas des successeurs immédiats des apôtres, qui défrichèrent notre sol, y tracèrent des routes, bâtirent des ponts, élevèrent des temples à Dieu, fondèrent des hôpitaux, établirent les premières relations commerciales entre les contrées diverses, adoucirent les mœurs par la prédication de l'Évangile. Les évêques n'eurent dès lors qu'à « faire la France comme les abeilles font leur ruche » suivant l'expression aussi juste que pittoresque de Gibbon.

Les procédés du christianisme, avons-nous dit, sont toujours les mêmes en civilisation. Ouvrez l'histoire des premiers siècles de la France, mettez à côté les *Annales de*

---

[1] Nous en exceptons le seul général du Barail, qui sort des rangs (chasseurs d'Afrique).

la propagation de la foi, et vous en aurez la preuve. C'est par les armes, par le soldat, que les premiers rois ou chefs de nations, convertis, soumettaient les peuplades idolâtres ; puis, après leur soumission, ils les remettaient entre les mains de la religion, celles du prêtre.

Que se passe-t-il aujourd'hui ? Un navire trouve une île inconnue ; il y fait descendre un certain nombre de soldats ; il y plante son pavillon au bruit du canon ; il en prend possession au nom de son pays, et les naturels se trouvent subitement Français, Espagnols, Anglais ou tout autre chose, sans savoir ce que c'est que la France, l'Espagne ou l'Angleterre. Mais ils le sauront bientôt, car si le navire explorateur et conquérant a un missionnaire à son bord, il le déposera immédiatement à terre ; s'il n'en a pas, il ira en chercher dans sa patrie et l'y transportera au plus vite. Ce missionnaire sera peut-être mangé par les insulaires, peut-être simplement mis à mort, peut-être enfin vivra-t-il parmi eux ? Il ne s'en occupe guère, le bon prêtre : comme le général de Sonis, la veille du combat de Patay, « il s'est condamné à mort ». Si Dieu lui fait grâce, tant mieux, si non, à sa sainte volonté.

LES PROTESTANTS.

C'est en 1837 que nos premiers missionnaires apparurent dans l'Océanie, peu nombreux et conduits par Mgr de Pompalier, évêque de la Nouvelle-Zélande. Les méthodistes anglo-américains les y avaient devancés, et nos prêtres eurent beaucoup plus à souffrir de ces hérésiarques que des naturels des îles. Nous n'avons pas à faire le procès de ces faux prophètes, tour à tour marchands et fournisseurs, spéculateurs et consuls, inondant les îles du Pacifique de bibles, de lois coercitives et de prédications, s'en emparant comme d'autant de fiefs théocratiques et d'apanages commerciaux voués à leur famille; utilisant à leur profit l'influence des chefs et le travail du peuple, se faisant construire des maisons somptueuses, se mettant à la tête de la conspiration des Européens pour dépouiller les indigènes de presque la totalité de leurs terres. Ils ont été depuis longtemps jugés par les catholiques et par les protestants eux-mêmes, plus sévèrement par les seconds que par les premiers.

« Un honnête homme, s'écriait avec raison le R. P. Félix dans la chaire de Notre-Dame, un honnête homme, bourgeois ou gentilhomme, aimant les voyages et le bien-vivre, monte avec sa femme et ses enfants sur un vaisseau de l'État. Il s'en va, couvert du drapeau d'un grand peuple, aux rivages de l'Inde, de la Chine ou des mers du Sud, consommer un revenu qui suffit à l'aisance, souvent à l'opulence, et, cela, à la charge de semer, sur ces plages lointaines, les feuillets d'un livre que le vent emporte je ne sais où. Avec de tels apôtres, vous pouvez peut-être préparer des sujets à la Reine, mais pas un seul au Christ[1]. »

C'est là le jugement d'un prêtre catholique; mais écoutez parler les protestants de leurs pasteurs et prédicants d'outre-mer :

« Les Nouveaux-Zélandais décroissent si promptement que d'ici un demi-siècle ils auront presque entièrement disparu », dit le R. P. Paul.

« C'est une destinée fatale, inévitable, dont il est impos-

---

[1] Sixième conférence de Notre-Dame.

sible de parler sans honte et sans indignation », ajoute lord Goderich.

« Les missionnaires méthodistes, dit le commandant anglais Beechey, en extirpant l'idolâtrie dans l'Océanie, n'ont pas substitué de meilleurs principes. Le seul effet du changement a été d'abaisser le christianisme au niveau de ces peuples sauvages, qui n'ont reçu de la civilisation que ses vices. »

« Tous les missionnaires, dit lord Waldegrave, sont engagés dans le commerce, ce qui doit nuire à leur ministère. »

Le docteur Lang dit que ses confrères « partis de Londres, accompagnés des vœux du peuple anglais et des bénédictions de la Société des missions pour convertir les infidèles du Pacifique, se sont trouvés convertis eux-mêmes en astres de quatrième grandeur dans la constellation du Bélier et du Taureau ; qu'en d'autres termes, ils se sont faits marchands de bœufs et de moutons. »

« La nouvelle religion, dit Kotzebüe, a été établie ici (dans l'Océanie) par la violence. Les envoyés protestants ont changé en bêtes féroces ces populations autrefois si dociles, et les persécutions qu'ils ont excitées contre elles, ont été plus meurtrières que la peste. »

Dumont d'Urville, si sympathique aux missionnaires protestants dans son premier voyage, ne peut, en 1838, se défendre contre eux d'un vif sentiment de surprise et d'indignation. « Ils ont perdu, dit-il, la superbe position qu'ils occupaient ici, en se déconsidérant par leur orgueil et par leur ambition. »

LES CATHOLIQUES.

Nous pourrions emprunter de plus nombreux traits de ce genre à l'ouvrage excellent de M. Félix Julien, — *les Commentaires d'un marin,* — qui nous sert de guide ; ceux-là suffiront pour faire comprendre deux choses : que l'insulaire, comparant le missionnaire catholique et le prédicant méthodiste, la douceur, le désintéressement de l'un et la dureté, la cupidité de l'autre, se soit détourné de celui qui le pressurait, pour aller vers celui qui, pauvre lui-même, lui offrait ce qu'il avait ; et que, dès lors, le protestant ait voué une haine implacable au catholique, en excitant contre lui les passions de populations qu'il mettait ses soins à abrutir pour mieux les exploiter.

C'est à cette époque que se rapporte le fameux incident de Taïti, provoqué par la conduite odieuse des Anglais envers nos résidents. On crut un instant à un éclatant réveil de la dignité française, et le tout aboutit au désaveu de la conduite d'un amiral, — car nos marins étaient là, comme toujours, à côté de nos prêtres, — et à un vote d'indemnité en faveur de Pritchard, le missionnaire anglais, auteur des violences dont nous demandions réparation.

Forcés de quitter Taïti, nos missionnaires allèrent aux Tongas et aux Samoas, où la persécution protestante les suivit. Ils se réfugièrent alors à une cinquantaine de lieues plus à l'ouest, dans deux îles encore peu connues, Wallis et Futuna, que la nature du sol et la férocité des indigènes avaient jusqu'alors mises à l'abri des convoitises des méthodistes.

Les débuts furent rudes à Futuna; le premier apôtre de cette île, le R. P. Chanel, parvint à travers des épreuves sans nom à se maintenir seul et pendant trois années au milieu d'un peuple d'anthropophages... A la fin, épuisé, sans ressources, n'ayant plus que son cœur à donner, il tomba frappé d'une flèche à la tête, priant Dieu pour ses assassins.

Comme tout sang volontairement répandu, ce sang généreux ne fut pas stérile. Il attira sur les pas du martyr d'ardents imitateurs. Ce furent eux qui en 1842, en voyant la corvette l'*Allier* se disposer à tirer vengeance du meurtre du P. Chanel, se jetèrent aux pieds du commandant français pour le dissuader d'un pareil dessein.

« Nos actes, disaient-ils, ne sont pas du ressort de la justice humaine. Nous sommes tous prêts à mourir; mais de grâce, au nom de Dieu et au nom de la France, pas de sanglantes représailles! Notre sang ne peut être versé que pour faire ici des chrétiens et non pas des victimes. »

Ces vœux généreux sont ceux du véritable apôtre; ils devaient être exaucés.

Les natures les plus rebelles fléchirent peu à peu; les femmes, les enfants donnèrent l'impulsion; les hommes la suivirent. L'anthropophagie s'arrêta; au bout de peu de temps, l'île devint chrétienne. Au centre du Pacifique, Futuna et Wallis offrent, dans la plus sérieuse acception du mot, l'exemple d'une sincère et complète conversion.

Aux îles Wallis, les travaux de la première heure échurent au P. Bataillon. Il est des noms qui feraient croire aux prédestinations. Doux et patient à la fois, mais taillé en hercule, l'apôtre des Wallis joignait au mérite d'une indomptable énergie morale l'avantage non moins précieux, surtout pour les sauvages, d'une vigueur physique exceptionnelle.

Seul, isolé, perdu en face d'une population de deux mille cinq cents cannibales, il eut ses heures de crise et de détresse, ses journées d'épuisement, de faim. Traqué parfois comme une bête fauve, réduit à se nourrir des débris que l'on jetait aux porcs, jamais il n'eut de défaillance. Il avait trop conscience de sa force, trop d'espérance dans un prochain succès pour ne pas résister à la mort; il voulait vivre à tout prix, vivre pour gagner au Christ et à la vérité le peuple avec lequel il avait engagé une lutte héroïque. Ses efforts ne furent point perdus. Il lui fut donné de recueillir lui-même les fruits de son apostolat. Pour s'être fait attendre, la moisson n'en eut que plus de prix. Quelques années s'écoulèrent avant que l'on connût les merveilles accomplies aux Wallis.

En 1843, l'évêque d'Amata, traversant l'Océanie pour se rendre en Nouvelle-Calédonie, s'arrêta dans ces îles. Il était chargé par le Souverain-Pontife de conférer au Père Bataillon la dignité d'évêque. En le rencontrant sur la plage, sous un soleil ardent, nu-tête, la barbe inculte, la soutane en lambeaux, il tomba à genoux. Lui, prélat, il voulut recevoir la bénédiction de l'apôtre, avant de décorer de la croix pastorale ses glorieux haillons.

A cette heure, le P. Bataillon était entouré de sauvages qui l'aidaient à bâtir les murs de son église. La truelle à la main, il les initiait aux premiers arts de notre civilisation.

Cinq ans auparavant, Dumont d'Urville avait rencontré à Mangarewa l'évêque des Gambiers, Mgr Mingret, transformé en tailleur de pierres et en scieur de long.

Ailleurs, ce même évêque d'Amata, laissant à un modeste Frère les fonctions d'architecte, ne trouvait point indigne de ses épaules épiscopales le transport de lourdes charges de chaux et de moellons. Le travail n'est-il pas, après tout, la première de toutes les prières, et n'est-ce point ainsi qu'il faut prêcher d'exemple quand on veut annoncer à un peuple idolâtre la religion du Christ, le fils du charpentier? Ce principe a été oublié dans l'Océanie par les prédicateurs du pur Évangile; c'est une des causes de leur infériorité dès qu'ils se sont trouvés en présence des missions catholiques. C'est un reproche que ne leur ont point épargné leurs coreligionnaires. « Entre le « dévouement qui fait les docteurs et celui qui fait les « martyrs la lutte est inégale[1]. »

Les représentants subventionnés des Sociétés bibliques n'ont pu se maintenir que par l'intolérance et qu'à condition de rester exclusivement seuls maîtres du terrain.

Toute comparaison avec les catholiques leur a été funeste. Pour eux, la concurrence est un arrêt de mort.

EN NOUVELLE-CALÉDONIE.

Il est arrivé souvent que, dans leur ardeur pour la conquête des âmes, les missionnaires ont abordé à des îles à peine géographiquement reconnues, sans attendre leur prise de possession officielle. C'est ainsi qu'à la fin de 1843, Mgr Douare, évêque d'Amata, sans autres armes que sa croix et son bréviaire, se faisait jeter à Balade, accompagné de deux Pères Maristes et de deux Frères coadjuteurs, au milieu de populations féroces et affamées,

---

[1] *Revue des Deux Mondes*, 1843.

de la langue desquelles ils n'entendaient pas un seul mot.

Leur existence dans de pareilles conditions tient du prodige, et cependant ils en firent d'autres, parmi lesquels le sauvetage de deux cents marins français.

En août 1846, la corvette de guerre *la Seine*, voulant franchir, par une passe encore mal explorée, le grand récif qui entoure la Nouvelle-Calédonie, vint donner sur un banc au sud de Balade, à deux lieues de la côte. A peine échouée par l'avant, la corvette, sous l'action du vent et de la mer du large, s'engagea de plus en plus sur son lit de corail; elle le franchit, mais hélas! son flanc était ouvert, l'eau dominait les pompes. La nuit tombait; il fallut songer à sauver l'équipage. On le jeta à terre, et on n'eut que le temps de prendre de la poudre et des armes. Quant aux vivres, on dut y renoncer; la corvette coulait à pic sur un fond de vingt brasses. Le lendemain, au jour, il ne restait plus d'elle, sur les flots, que le bout de ses mâts.

L'évêque d'Amata, dans une pirogue manœuvrée par lui-même, accourut le premier sur le lieu du sinistre. Il avait encore à Balade quelques sacs de farine; il venait les offrir aux marins naufragés. Pendant un mois, en attendant les secours de Sidney, il les partagea jusqu'au dernier atome. Il fit mieux que partager son pain; il se dévoua sans réserve, avec l'élan de sa généreuse et puissante nature.

Mgr Douare rentra en France avec les marins sauvés par lui de la faim. Ses coopérateurs, laissés seuls, furent mis dans une situation atroce. Un des leurs fut égorgé, mutilé, emporté en morceaux sous leurs yeux. Ils s'enfuirent à Puebo, dans une tribu voisine, où les mêmes dangers les entouraient. Harcelés, traqués de toutes parts, ils s'étaient préparés au dernier sacrifice : à genoux, en prière, ils avaient reçu les uns des autres l'absolution suprême. Ils attendaient la mort, quand l'apparition soudaine de la corvette *la Brillante* vint les arracher à la mort. Le commandant du Bouzet put ramener ainsi à Sidney, après trois ans d'épreuves, les débris de la première mission chrétienne de la Nouvelle-Calédonie[1].

En même temps que ce drame se passait à Balade, d'autres scènes sanglantes avaient lieu à l'île *Isabelle* dans l'archipel de *Salomon*; Mgr Epalle y était massacré, et ses compagnons, dans une position désespérée, s'étaient réfugiés à San-Cristoval.

Au commencement de 1848, le trois-mâts *l'Arche d'alliance*, commandé par un ancien officier de la marine de l'État, M. Marceau, aussi distingué par son talent que par sa piété, ramenait les missionnaires à la Nouvelle-Calédonie, dont l'amiral Fébrier-Despointes prit possession au nom de la France en 1853. Le principal établissement fut fondé à *l'île des Pins*, reconnue la plus propice à cet objet. C'est là, au milieu des Kanaks, que vint mourir, jeune encore, mais épuisé par des travaux surhumains, Mgr Douare, leur premier apôtre. L'année suivante (1854), M. de Montravel, sous le nom de Port de France, fonda le chef-lieu de notre établissement au sud-ouest de l'île. Port de France est aujourd'hui Nouméa, trop connu pour que nous en ayons rien à dire.

On conçoit, sans que nous y insistions, de quel secours ont été lors de notre installation définitive et depuis ce jour, pour nos expéditions militaires, ces missionnaires, par leur connaissance spéciale de la langue et des mœurs

---

[1] Félix JULIEN, *Commentaires d'un marin*.

du pays, ainsi que par leur influence même sur les sauvages convertis.

L'amiral du Bouzet, commandant en chef de nos possessions françaises dans l'Océanie, fit aux Pères Maristes l'importante concession de deux mille quatre cents hectares d'excellent terrain autour de la baie de Boulari. A l'exemple des moines pasteurs et cultivateurs de l'Australie, et suivant les traditions des célèbres missions du Paraguay par les Jésuites, les Pères Maristes ont groupé leurs néophytes de la Nouvelle-Calédonie autour de certains centres, pour les fixer au sol par les travaux des champs. En 1870, le nombre des nouveaux chrétiens s'élevait déjà à dix mille. Le village de Boulari s'élève au milieu de vastes plantations ; il possède une église, un moulin et plusieurs établissements d'utilité publique.

Qui le croirait? cette colonie chrétienne et agricole, perdue aux antipodes, au sein de l'Océan, cette colonie, qui a coûté tant de travaux, de peines et de sang à ses fondateurs, a eu ses heures de crise et ses épreuves depuis qu'elle a triomphé de l'idolâtrie et de l'anthropophagie des naturels. Comme l'Algérie, elle a vu surgir la lutte entre deux pouvoirs destinés cependant à s'entendre pour réaliser sur la terre le règne de l'harmonie générale. Là-bas comme ici près, il a suffi d'un administrateur brouillon et prévenu pour dénaturer les faits les plus simples et les plus légitimes, et opprimer, par phases, la liberté des missionnaires sous couleur de protéger la liberté de conscience... des Kanaks, et de sauvegarder les prérogatives du gouvernement... de Paris.

UN DRAME A BALADE.

Comme sur notre vieux continent, le sang du prêtre s'est confondu avec celui du soldat, celui du missionnaire et du marin s'est mêlé dans l'Extrême-Orient, en Afrique et dans l'Océanie. Que de drames connus, que d'ignorés encore ! Que d'années se sont passées avant que l'on fût fixé sur le sort de l'illustre Lapeyrouse !

Les annales de la marine et des missions abondent en récits d'assassinats, de massacres, d'égorgements de nos prêtres et de nos soldats par les sauvages. Nous n'en rapporterons qu'un parmi les plus atroces, en l'empruntant au livre que nous avons déjà désigné : *les Commentaires d'un marin*, par M. Félix Julien.

« En 1851, la corvette *l'Alcmène*, commandée par le comte d'Harcourt, arrivait à Balade pour compléter l'hydrographie de l'île. A peine rendu au mouillage, le commandant expédiait dans ce but, à dix ou quinze milles au Nord, avec des vivres et des armes, une embarcation montée par deux officiers, douze hommes et un patron.

« Après avoir sondé toutes les sinuosités du rivage, le canot arrivait, sans rencontrer d'obstacle, au lieu d'observation. C'était une crique profonde dont les eaux transparentes, abritées par un cap avancé, reflétaient les blocs cyclopéens de noire serpentine. Tout autour, le site était désert. Pas de sauvages en vue. On débarque sans crainte; malheureusement, les armes sont laissées au fond du canot.

« Les hommes çà et là suivent divers travaux; les relèvements se complètent, les observations se poursuivent, les instruments miroitent au soleil. Tout à coup, comme autant de panthères bondissant de derrière un rocher, les sauvages s'élancent en poussant des hurlements affreux. Les deux officiers sont les premiers frappés. Vainement les marins courent prendre leurs armes : il est trop tard. Les malheureux succombent, un à un, avant de pouvoir gagner le canot.

« Plusieurs jours s'écoulèrent avant que l'*Alcmène* pût connaître ce résultat fatal. Mais quand le doute ne fut plus possible, n'écoutant alors que son indignation, le commandant d'Harcourt se rapprocha autant qu'il lui fut possible, avec sa corvette, de l'endroit du massacre.

« De là, à la tête d'une centaine de marins bien armés, il explora le pays dans toutes les directions ; il brûla les villages, rasa les cocotiers ; mais impossible d'atteindre un seul sauvage; ils avaient fui dans les bois comme des bêtes fauves. Autour des cendres encore fumantes, on retrouvait les débris de leurs affreux festins, des fragments de cadavres rôtis, des membres dépecés ; partout des ossements humains.

« Comme un sanglant trophée, des têtes grimaçaient au-dessus de la tente des chefs. De l'une de ces cases, au moment où les flammes allaient l'envelopper, on entendit sortir des cris confus et étouffés. Par pitié ou par rage on allait la cribler de coups de baïonnette, quand dans l'intérieur on découvrit deux hommes étroitement liés, se roulant sur le sol, dans l'ordure et la boue. Leur figure était méconnaissable, mais le son de leur voix fut bientôt reconnu ! c'étaient deux des malheureux canotiers de M. Devarenne que les sauvages avaient saisis vivants. Inutile de les tuer tout de suite, les vivres abondaient ! onze cadavres leur permettaient d'attendre une semaine.

« Conservés à l'engrais, ces deux infortunés eurent tous

les jours sous leurs yeux des scènes que la plume se refuse à décrire. Leur esprit n'y résista point. Quand on les détacha, ils étaient fous ; ils riaient, pleuraient, poussaient des cris confus. Leur raison ne revint en partie qu'en revoyant la France. »

RÉCIPROCITÉ. — SOLIDARITÉ.

La réciprocité d'affection, de secours, de dévouement entre les missionnaires et les marins provient d'un lien mystérieux qui les unit. Tous ne s'en rendent pas un compte exact, mais l'élite le perçoit clairement : c'est la solidarité. Les annales de la marine et des missions abondent en événements qu'on peut appeler providentiels, puisque la prudence humaine n'avait pu les prévoir, et qui font éclater au grand jour cette féconde solidarité.

Nous avons rapporté le naufrage de la corvette *la Seine* sur un banc de corail de Balade. L'équipage est sauvé des flots, mais il va mourir de faim, s'il ne sert pas lui-même de nourriture aux cannibales de l'île, et voilà qu'un évêque missionnaire, Mgr Douare, apparaît sur une frêle pirogue qu'il manœuvre lui-même; il conduit les naufragés dans sa hutte; il partage avec eux jusqu'à la dernière once de la farine qu'il possède, et ils peuvent, les uns et les autres, attendre les secours demandés à Sidney.

C'était un évêque missionnaire, qui sauvait des marins. Nous allons voir des marins sauver des évêques. Ce fait nous est révélé par une lettre d'un ancien officier de la flotte à un sien ami, capitaine de frégate, officier de la Légion d'honneur, qui, dans la force de l'âge, a renoncé à une très-brillante carrière pour embrasser la vie religieuse dans un de nos ordres les plus illustres. Voici la lettre :

M..., le 10 juillet 1885.

« Mon cher S... tu fais appel à mes souvenirs au sujet du sauvetage des missionnaires Dominicains espagnols, que nous avons opéré avec la frégate en 1853. Notre commandant était M. d'Ozery. Voici, en quelques mots, le récit de cet événement, dont j'ai parfaitement conservé le souvenir :

« Nous étions en rade de Tourane, lorsqu'un jour l'amiral Rigault de Genouilly reçut à bord de sa frégate, *la Némésis*, un Annamite converti, faisant partie de la mission espagnole, qui, après avoir affronté mille et mille dangers de toute sorte, était parvenu jusqu'à Tourane par la voie de terre. Ce brave chrétien apportait la nouvelle qu'une persécution implacable venait de se déchaîner au Tonkin contre les missionnaires et les chrétiens répandus dans le pays.

« Déjà, plusieurs Pères espagnols avaient été massacrés, martyrisés ; d'autres avaient été dévorés par les tigres sur une montagne où on les tenait bloqués ; enfin quelques-uns d'entre eux étaient parvenus à échapper à leurs cruels persécuteurs, grâce au dévouement de quelques cathécumènes, en se cachant dans les pirogues qui flottaient au gré des vents et des typhons dans le golfe. La nuit, on se rapprochait de terre, où, en prenant les plus grandes précautions, on descendait pour faire quelques provisions et de l'eau ; on reprenait la mer avant le jour.

« Il s'agissait d'aller à la recherche de ces infortunés dont la vie ne tenait qu'à un fil, s'il était temps encore de leur porter secours.

« Nous reçûmes donc l'ordre de l'amiral de partir aussitôt et d'aller fouiller le golfe du Tonkin; nous embarquions, avant de partir, l'aumônier en chef du corps expéditionnaire espagnol, Dominicain lui-même (le R. P. Gaïnza, si je ne me trompe).

« Je ne sais plus au juste combien de temps après notre arrivée dans le golfe (affaire de quelques heures, avec notre marche rapide) nous fûmes assez heureux pour recueillir sur mer deux ou trois pirogues où se trouvaient, cachés sous des nattes, Mgr Hilario et trois missionnaires dont voici, je crois, les noms : les RR. PP. Colomer, Domingo et Atchura. Dès qu'on eut acquis la persuasion que ces quatre pauvres fugitifs étaient les seuls échappés à la persécution, nous reprîmes le chemin de Tourane.

« Je n'essayerai pas de te dépeindre les sentiments divers de ces pauvres gens au moment où, mettant le pied sur le pont de la frégate, ils se trouvèrent dans les bras du P. Gaïnza : ce sont de ces choses qui se comprennent mieux qu'elle ne peuvent se dire.

« Autant que je puis me le rappeler, c'est Mgr Hilario, le chef de la mission, qui fut trouvé le premier. Je te laisse à penser quel saisissement de joie devaient éprouver les trois autres, au fur et à mesure que nous les rencontrions, en retrouvant à notre bord leur évêque et leurs compagnons. Ce sont de ces scènes qui ne s'oublient pas.

« Avant de faire route pour Tourane, le P. Gaïnza célébra sur le pont de la frégate une messe d'action de grâces, à laquelle assista tout l'équipage, et il donna la sainte Communion à Mgr Hilario et aux trois pauvres missionnaires. J'en ai gardé pour mon compte, la plus vive impression.

« A toi de tout cœur.

« N... »

ÉPILOGUE.

Arrêtons ici notre étude sur LES PRÊTRES ET LES SOLDATS, pour en tirer les conclusions pratiques qui nous paraissent devoir en découler.

L'histoire de tous les temps nous enseigne qu'il existe, entre le prêtre et le soldat, des principes, des sentiments, nous dirions presque des instincts communs de discipline, de courage, de dévouement jusqu'au sacrifice de la vie à une idée surnaturelle : honneur, religion, amour de son semblable. La civilisation s'est établie dans le monde à l'aide de ces deux forces agissant simultanément ou successivement, mais toujours sous la même inspiration.

Nous nous sommes convaincus de cette vérité au spectacle des vicissitudes de la colonisation algérienne, suivant que l'action du prêtre et du soldat était parallèle, ou qu'une force supérieure à l'un et à l'autre les poussait dans des directions divergentes.

La conclusion pratique que nous cherchons est donc toute trouvée : ne séparer jamais le prêtre du soldat; ne les séparer jamais dans l'intérêt de la société, dont ils sont l'un et l'autre le bon exemple et l'appui; ne les séparer jamais dans l'intérêt primordial de l'armée, notre sécurité dans le présent, notre espérance dans l'avenir; maintenir chez elle le sentiment religieux; lui rendre ses aumôniers.

Les soldats ont dans les veines le vieux sang français, qui est un sang chrétien. Ils ont, avant de quitter leur village, salué le clocher à l'ombre duquel ils ne reposeront peut-être pas. La veille de la bataille, ils chercheront autour d'eux une main amie pour les bénir au nom du Dieu de leur enfance, une parole chrétienne pour leur parler de l'autre vie, une affection qui prenne souci, à cette heure, de leur âme immortelle.

Si les grands criminels ne montent pas seuls à l'échafaud, nos braves soldats n'ont-ils pas droit qu'un prêtre marche avec eux au champ de bataille?

Donner du pain, des souliers, des couvertures aux soldats de la France et leur préparer des ambulances, ce n'est pas assez. Si, à l'heure de leur mort, leurs lèvres demandent une croix, il faut que la main d'un prêtre la leur présente. Les mères de ces enfants qui vont au combat sont rassurées, si elles savent que Dieu tiendra dans les ambulances, au soir de la bataille, la place de leur tendresse maternelle.

On sait l'invincible courage de l'armée russe opposée à la nôtre dans la journée de Borodino. A la fin de cette journée atroce, sans égale dans les annales humaines, l'artillerie de la grande armée tira pendant plusieurs heures sur les masses russes qui persistèrent à se tenir en ligne sous cette épouvantable canonnade, perdant plusieurs milliers d'hommes sans s'ébranler.

« La veille de cette terrible lutte, — M. Thiers le raconte, — les soldats russes, tristes, exaspérés, résolus à mourir, n'espérant qu'en Dieu, étaient à genoux au milieu de mille flambeaux, devant une image miraculeuse de la Madone de Smolensk, portée en procession par des prêtres grecs au milieu du camp. Les soldats étaient prosternés, et le vieux Kutusoff, le chapeau à la main, l'œil qui lui restait baissé jusqu'à terre, accompagnait, avec son état-major, cette pieuse procession. On la voyait de nos bivouacs, à la chute du jour, et on pouvait la suivre à la trace lumineuse des flambeaux. »

Aujourd'hui, le prêtre réclame le droit de suivre l'armée, d'aller soigner les blessés, de fermer les yeux des mourants, d'ensevelir les morts. Il tient à la patrie, lui aussi, et s'il ne peut pas porter le fusil sur le champ de bataille, c'est qu'il doit y porter la croix.

A certains *patriotes* bruyants, qui ne tiennent aucun compte de la Providence dans les événements humains, nous rappellerons le fait suivant, rapporté par l'histoire guerrière de la France.

Après la bataille de Pavie, où « tout fut perdu fors l'honneur », François Ier, prisonnier, fut conduit dans un couvent de Chartreux. Il entra dans l'église au moment où les moines chantaient ce verset d'un psaume : « *Bo-* « *num est mihi, Domine, quia humiliasti me, sed di-* « *cam justificationes tuas.* » C'est un bien pour moi, Seigneur, que vous m'ayez humilié; mais dorénavant j'apprendrai votre justice ! — Le Roi, abîmé de douleur, fut frappé de ces divines paroles et se les appropria.

Exemple magnifique dont la France du dix-neuvième siècle ferait bien de profiter ! Dieu l'a humiliée, malgré la vaillance de ses soldats; mais cette humiliation serait pour son bien, si elle parvenait à en comprendre la justice.

A tous nos lecteurs, nous rappellerons cette pensée de Donoso Cortès :

« Si vous considérez l'âpreté de la vie du prêtre, le
« sacerdoce vous paraîtra une véritable milice; si vous
« considérez la sainteté du ministère du soldat, la milice
« vous paraîtra comme un véritable sacerdoce. »

FIN

TABLE DES MATIÈRES

Avant-propos. I

PREMIÈRE PARTIE

L'ARMÉE ET LE CLERGÉ. — LEUR ACTION EN ALGÉRIE.

CHAPITRE PREMIER

La colonisation. — Les colons. — L'administration. — Le gouvernement. — Le parlement. — Conséquences. 1

CHAPITRE II

La religion mise en interdit. — Les sophismes. — Déclarations de l'Épiscopat. — Le père Creusat. 17

CHAPITRE III

Préjugé et réalité. — La famille et la femme arabe. — M. l'abbé Suchet à Constantine. — Déductions et réfutations. — La petite Constantine. — La petite Zoé. 31

CHAPITRE IV

Les aumôniers. — L'abbé G'stalter. — La messe au camp. — Les aumôniers en campagne. 48

DEUXIÈME PARTIE

ÉVÊQUES ET GÉNÉRAUX.

CHAPITRE PREMIER

Mgr Dupuch. — Les maréchaux Valée et Bugeaud. — L'évêque et les soldats. — Mgr Dupuch dans les provinces d'Oran et de Constantine. — L'insurrection de 1839. — Combat du 31 décembre. — Charité de l'évêque. — Premier échange de prisonniers. — Le capitaine Morizot. — L'abbé Suchet et Abd-el-Kader. — Mgr Dupuch continue ses œuvres. — Les reliques de saint Augustin. — Les Trappistes de Staouëli. — Le tombeau de l'évêque Reparatus. — Cruelles épreuves de Mgr Dupuch. — Fin du son épiscopat. 65

CHAPITRE II

Mgr Pavy. — Le maréchal Bugeaud. — Le duc d'Aumale. — Le général Cavaignac. — Le général Changarnier. — Le général Charon. — Intérim du général Pélissier. — Le maréchal Randon. — L'arabe Geronimo. — Notre-Dame d'Afrique. — Le prince Jérôme ministre de l'Algérie. — L'empereur et l'impératrice à Alger. — Le maréchal Pélissier. — Mort du maréchal. — Le maréchal Mac Mahon. — L'empereur retourne à Alger. — Dissentiments. — Mort de Mgr Pavy. — Coup d'œil d'ensemble. 104

CHAPITRE III

Le cardinal Lavigerie. — Le maréchal Mac Mahon. — Conflit entre le cardinal et le maréchal. — L'amiral du Gueydon. — Le général Chanzy. — Œuvres de l'archevêque. 139

CHAPITRE IV

Les évêques d'Oran et de Constantine. 165

TROISIÈME PARTIE

AUMONIERS ET MISSIONNAIRES.

CHAPITRE PREMIER

Lettres d'un aumônier de Tunisie. — Une première communion de soldats. — Un dîner chez le kalifat de Tabourka. — Une école arabe-française à Téboursouk. — L'aumônier en expédition 177

CHAPITRE II

Les prêtres pendant la guerre allemande. — Les victimes. — Les suppliciés. — Le clergé jugé par les Prussiens. — Courage et foi des soldats. — Soldats confesseurs et martyrs. — L'impulsion de l'Épiscopat. — La captivité. — Le père Joseph. — Un prisonnier fusillé. — Labeur des aumôniers. — Un frère capucin soldat. — Simple réflexion. 195

CHAPITRE III

Missionnaires et marins. — A bord d'un navire. — Les officiers de marine. — Les colonies. — Les protestants. — Les catholiques. — En Nouvelle-Calédonie. — Un drame à Balade. — Réciprocité. — Solidarité. — Épilogue 246

www.ingramcontent.com/pod-product-compliance
Lightning Source LLC
Chambersburg PA
CBHW050649170426
43200CB00008B/1216